紅色帝國的邏輯

二十一世紀的中國與世界

張博樹————著

序言　警鐘敲響‧猶未晚也

多年來，關於中國，海內外盛行兩種幼稚病。一種表現為西方學界政界的某些人，認為經濟增長必然催生民主；另一種存在於中國民主運動內部，斷言中共早已朝不保夕，免不了哪天崩潰的命運。

事實證明這兩種判斷都錯了。

中共治下的中國既沒有走向民主，也沒有崩潰，反而在紅色帝國的框架內迅速崛起，這讓人們有些愕然，不知所措。比如，就美國而言，華盛頓也是遲至2017年年底，才在政府的官方文件《國家安全戰略報告》中首次明確中國是主要的「競爭對手」，已經構成對美國和美國所代表的價值觀及全球秩序的重大威脅。

警鐘敲響，猶未晚也。現在需要做的，是對這個紅色帝國更加透徹的政治、經濟、文化、外交和歷史哲學層面的分析。

本書願意對此做一嘗試。

這部文集彙集了過去五年我對中國內政外交變化的持續觀察和思考。不謙虛地講，筆者可能是為數不多的、較早意識到習近平的中共將走「黨國中興」和紅色帝國之路的華人學者之一。2013年9月，當時還在北京的政治評論家李偉東先生發表〈走不通的紅色帝國之路〉，首次使用「紅色帝國」這個概念，準確

預估了習近平的新獨裁走勢；我本人則在2013年11月寫出〈一個
「紅色帝國」的崛起？——從中共十八大到十八屆三中全會〉
（已輯入本書），對紅色帝國的性質、未來走向給出理論分析。
那時，還有不少朋友對上臺不久的習近平充滿期待哩！

　　今天看來，這些分析的大框架仍沒有錯，仍然站得住腳，
只是需要進一步細化、補充、發展。收入本書的所有其他文章幹
的都是這個活兒。它們分別作於2014年到當下（2018年），基本
按寫作時間排序，既體現了研究對象（紅色帝國崛起與大國關係
演變）之發展，也反映了研究者（我本人）的認知和研究歷程。
為了閱讀方便，筆者在這次成書前，為大部分文章增寫了「題
記」，點明文章背景、主要觀點，讀者很容易看出各文之間的聯
繫及發展脈絡。最後一篇〈新極權、新冷戰、新叢林：二十一世
紀的中國與世界〉是全書總結，筆調冷峻，代表筆者目前的思
考。當然，歷史仍在生成之中，未來充滿變數，充滿張力。我在
書中言：致力於中國民主事業的人士應該有「功成不必在我」的
胸襟和心態，方能腳踏實地，集跬步以成千里。西方民主共同體
也應反躬自省，檢討民主體制自身的問題，方能戰勝紅色帝國的
挑戰。這是筆者的真實心聲。

　　本書能在臺灣出版，讓我格外榮幸。筆者多次來臺灣訪問、
講學，對這片土地充滿感情。就紅色帝國而言，臺灣人民最能感
同身受，遼寧號航母和解放軍轟-6K戰機不是直到最近還在「繞

台」巡航以示威懾麼？可以說，臺灣未來的命運與紅色帝國息息相關。在下關於這個問題的思考也統統收入本書，雖然我的觀點可能比較悲觀。筆者願意和臺灣的讀者朋友們交流，接受大家的批評、指正。

　　感謝明鏡中國研究院、《中國戰略分析》雜誌社，本書收入的大部分文章由這兩個機構首發。也感謝秀威出版公司編輯朋友們的努力，使得本書能在不長時間內同臺灣讀者見面。

　　是為序。

張博樹

2018年6月9日初稿，9月10日修訂於美國新澤西

目次
CONTENTS

一個「紅色帝國」的崛起？
——從中共十八大到十八屆三中全會

　　題記：本文作於2013年11月，習近平上臺剛滿一年。今天再讀這篇文字，感覺立論仍然堅挺，判斷大體正確，足以構成本書分析的基本出發點。唯「集體世襲」一說，需略作補充或修正：習本人五年來的「打虎」式反腐，並未觸動太子黨權貴集團，說明他擁有陳元所謂「統治階級的統治意識」（見閻淮《進出中組部》一書，明鏡出版社出版），不愧為紅二代權貴勢力的總代表，在這個意義上說習政權體現紅色江山的「集體世襲」仍然是正確的；但不同於十八大，中共十九大組成的政治局班子，紅色家族味道減弱，習氏個人獨裁凸顯，且有終身化趨勢，未來權力如何傳承，尚在未定之數，還要看。當然，習近平幹勁正足，這個問題似乎還遠。但，黨國最高權力的交接問題是中共黨國體制的阿基里斯之踵（Achilles' Heel）。這個問題遲早要爆發出來，它也給紅色帝國的未來命運帶來極大的不確定性。

　　本文的標題用了問號。然十八大結束以來中國政情的發展，

已經可以大體給出一個肯定性斷言：是的，一個「紅色帝國」正在崛起。[1]這個事實值得全世界關注，也似乎給現代人類文明和中國民主轉型提出一道難題。

十八大後中國政治形勢的急遽左轉

當今中國的所有問題最終都可以歸結於黨國獨裁體制，這幾乎是自由知識界的共識。近十餘年來，呼籲政治改革和憲政轉型的呼聲在中國大地此起彼伏，不絕於耳。溫和的民間自由派、黨內民主派、新權威主義者乃至某些「憲政社會主義者」都在以各種形式敦促當政者順應歷史大勢，哪怕先從「碎步改革」開始，先從體制內可以做、容易做的事情開始，建立起官方與自由民間的溝通渠道，一步一步創造條件，推進中國的政治轉型。習近平一代新的領導人上臺，也曾給人們以希望。有些人甚至以習的父親習仲勳是著名的黨內改革派為由，想當然地以為小習也將效法其父，成為中國改革新的推手乃至「中國的戈巴契夫」。

然而，這一切想像均落空了。**民間呼籲憲政改革的「熱臉蛋」不但碰到了官方拒絕憲改的「冷屁股」，而且事情還要糟糕**

---

[1] 據我所知，最早用「紅色帝國」這個術語概括中國當下政治變化的，是北京的政治評論家李偉東。他的〈走不通的「紅色帝國之路」〉一文已經在網絡產生巨大反響。

得多： 自十八大結束以來，官方反憲政逆流甚囂塵上，文革式意識形態大棒滿天飛舞。今年（2013年）4月份中共中央辦公廳印發《關於當前意識形態領域情況的通報》，即中共中央「九號文件」，該文件一下子列出七種必須加以批判的「錯誤思潮和主張及活動」——

一、宣揚西方憲政民主，企圖否定黨的領導，否定中國特色社會主義政治制度。

二、宣揚「普世價值」，企圖動搖黨執政的思想理論基礎。

三、宣揚公民社會，企圖瓦解黨執政的社會基礎。

四、宣揚新自由主義，企圖改變我國基本經濟制度。

五、宣揚西方新聞觀，挑戰我國黨管媒體原則和新聞出版管理制度。

六、宣揚歷史虛無主義，企圖否定中國共產黨歷史和新中國歷史。

七、質疑改革開放，質疑中國特色社會主義的社會主義性質。[2]

幾個月來，作為對「中央精神」的響應，大批御用文人甚

---

[2] 見明鏡新聞網記者陳曦「《明鏡月刊》獨家全文刊發中共九號文件」，明鏡新聞網2013年8月19日。

至軍人撰寫的反憲政檄文充斥官媒。最近的例子如2013年10月16
日《求是》刊登署名「秋石」的文章〈鞏固黨和人民團結奮鬥的
共同思想基礎〉，同日中央電視臺《新聞聯播》節目摘要播出
此文。該文複述了「九號文件」的基本內容，稱「沒有共同思
想基礎的維繫和支撐，黨將不黨，國將不國，民族也不會有凝
聚力」，而「國際反華勢力骨子裡是不希望中國發展壯大的，一
直在不遺餘力地推行西化、分化中國的戰略。西化是手段，分化
才是目的，一個分裂動亂、軟弱渙散的中國才符合他們的利益。
他們西化、分化中國最主要的一手，就是搞意識形態滲透，搞亂
人們的思想，瓦解黨和人民團結奮鬥的共同思想基礎。這也是最
厲害的一手，是釜底抽薪的一手，是最需要我們警惕的。一個國
家、一個政權的瓦解往往是從思想領域開始的，政治動盪、政權
更迭可能在一夜之間發生，但思想演化是個長期過程。思想防線
被攻破了，其他防線就很難守住。」[3]

一黨專政與「紅色世襲」

人們驚詫於中共中央紅頭文件及御用文章的惡毒、蠻橫、毫
不講理，為了維護一黨統治的私利，竟然不顧基本邏輯，一定要

---

[3] 秋石〈鞏固黨和人民團結奮鬥的共同思想基礎〉，求是理論網2013年10
月16日。

給憲政、普世價值等主張扣上「西方」的罪名，卻絕口不提沒有
掌握政權時的中國共產黨天天在用憲政標尺批評國民黨；當政者
甚至把所有善意的批評、建議統統歪曲為「敵對勢力的圖謀」，
又用「沒有共同思想基礎的維繫和支撐，黨將不黨，國將不國」
之類恫嚇它的臣民。當人類早已進入二十一世紀，民主、自由、
人權等準則已成現代文明的基本公理時，還在用這套黨國不分、
「中國特色」的愚民術欺蒙視聽、排斥異見、糊弄百姓，說來真
是令人不齒！

那麼如何解釋當政集團如此冥頑、如此悖謬的行為？

不想放棄權力自然是中共當政者的基本心理。在他們看來，
「憲政」就是搞多黨制，就是讓共產黨下臺。儘管溫和的自由派
一再聲稱憲政只是改變制度，改變規則，至於共產黨是否下臺，
要看選民的選擇和共產黨自己的表現；和平的轉型、公平的權力
競爭與權力替換機制甚至給共產黨提供了體面的出路和自身轉型
的無限可能，共產黨應該順應乃至主動引領這個歷史潮流。但這
一套人家就是聽不進去，認准了自由派是在給黨國挖坑。此可謂
鄧小平、江澤民、胡錦濤、直至今天的習近平，歷代中共當權者
的共同認知模式。**但仔細分析起來，他們之間還有不同，乃至重
大的不同。**江、胡兩代中共領導集團，出身平民者居多，雖然在
他們掌權期間，「太子黨」勢力已經在發展、蔓延，但畢竟尚未
佔據最高權力中樞，故江、胡帶有明顯的「守攤者」角色特徵，

加之尚未走出六四鎮壓帶來的合法性陰影，一直如臨深淵、如履薄冰，謹守鄧氏遺訓，不求有功，但求無過，進取精神差，「抱著定時炸彈擊鼓傳花」可謂對江、胡時代的一個傳神描述。**習近平上臺後，情況發生了重大變化**。這不但表現為十八大常委班子中出現了習近平、俞正聲等標準「紅二代」，而且在於劉源等「紅二代」軍界代表人物對最高權力中樞開始產生直接影響。「紅二代」領導集團不同於江、胡的地方在於他們擁有更為明確的「江山意識」，也就是，「紅色江山」是他們的父輩打下來的，他們對守住這份「家產」負有天然的責任；黨國肌體的嚴重癌化激發了危機感，同時也激發了使命意識。僅僅「守攤」是沒出息的，「紅二代」領導人的抱負是要實現黨國的「中興」，這個「中興」將證明「紅二代」無愧於他們的父輩。而在現實利益層面，「中興」又將意味著黨國權力的重新穩固，這對於遍佈黨、政、軍、國企、民商各個領域、已經控制中國政經命脈的太子黨集團來說，乃是其既得利益的最佳保護。

因此，理解今天的中國政治和中國時局，僅僅講一黨專政已經不夠了，還要加上四個字：紅色世襲。「紅色世襲」不同於中國前現代皇權時代的皇位世襲，因為權力傳承不再局限於天子一家；但「紅色世襲」又承續了前現代皇權制度的根本和精髓，那就是血緣關係構成權力傳承關係的基礎，只不過中國黨國時代的血緣傳承表現為「紅二代」對其父輩權力的集體傳承，而不再是

某個家族的單獨傳承（比如北朝鮮金氏家族）。

「紅色帝國」的崛起

　　這個格局的形成對未來中國政治的影響至深且巨。從實踐層面看，「紅二代」領導集團正在迅速拋掉江、胡時代謹小慎微的形象，而同時在幾個重要方面展開動作：

　　首先，以更加強有力的方式宣示黨國權力不容挑戰，這是一年來反憲政逆流高潮迭起，官方主動出擊、重拳打壓民間反對力量的根本背景。[4]

　　其次，對內展開大刀闊斧的反腐和毛式整肅（所謂「洗洗澡、照鏡子」、「群眾路線」乃至「民主生活會」之類），以期改善「黨風」，整頓吏治，收復民心。

　　第三，繼續推進民生領域的各項「改革」，包括金融、商貿、勞動保障、住房、教育、民營企業的平等待遇等，這些領域的改革成功了，均有助於「黨的執政地位」的鞏固。

　　第四，藉助三十年經濟增長造就的國力強勢，「紅二代」領導集團一改過去「韜光養晦」的鄧氏國策，開始在國際舞臺和對

---

[4]　當然，這個過程並非始於習近平，胡錦濤執政後期面對洶湧發展的中國公民社會，已經開始一輪強似一輪的打壓。習繼續了這個勢頭，並更有「主動出擊」的味道。

外關係領域頻頻示強。**筆者把這種現象稱為黨國版的「新國家主義」。「新國家主義」不同於傳統意義上的民族主義，對它的解讀可以包含三層意思：在民族國家層面，這是一個正在「崛起」之大國的社會達爾文主義再現；在民族記憶層面，這是被黨國刻意渲染的一個曾經輝煌、但飽受近代列強羞辱的古老民族的「復興」之舉；而在黨國政治層面，這又是確立、強化黨國體制與黨國政權合法性的新動能、新支點。在黨國現實邏輯中，前兩條必然服務於第三條，且最終歸結為第三條。**

釣魚島是精心選擇的第一個切入點。黨國一改過去數十年在釣魚島主權問題上的低調，借日本宣布釣魚島「國有化」之機，迅速把這個無人小島炒作為東亞政治乃至國際政治的新焦點。接著是南海問題。圍繞南海一些島礁的主權歸屬，中國和菲律賓、越南等國家產生嚴重衝突。這種衝突過去也存在，但最近一年來大有升級趨勢。中國海軍和空軍實力的迅速增長是重要背景。而如果說南海問題表面看還是較為單純的民族國家層面的利益交織和利益衝突的話，那麼在亞洲乃至全球範圍內黨國展示的外交新思維和新佈局則蘊含著更為複雜的戰略意圖。**這個戰略意圖的根本點是在未來同美國爭奪對世界的「引領權」，因此它既是民族國家意義上的，更是價值觀和意識形態意義上的。**毛式「世界革命」是「紅二代」（也是包括筆者在內的整個一代人）曾經的「理想」，雖然今天很難說還有誰相信這一套烏托邦，但

既然「西方亡我之心不死」，「東風」、「西風」之爭就仍然是個現實。「崛起」的中國為什麼不可以和西方較量一把？為此，習近平上臺後的一年，黨國迅速展開外交新佈局，一方面提升與俄羅斯的關係層次及「戰略合作」水平，形成聯俄抗美的基本格局，[5] 一方面把外交觸角伸向非洲、拉美，以拓展黨國在這些地區的經濟、戰略利益。「上合組織」、「金磚國家組織」等都是實現這個戰略意圖的新的國際組織框架。至於歐洲這頭病老虎，黨國的辦法是又打又拉，充分利用歐洲經濟的不景氣，讓反共的歐洲各國政府臣服於黨國的金錢、商貿外交。

所有這些努力的根本目的，當然是遏制美國和西方，遏制美國的「重返亞太」，並形成對美國和西方的反遏制。

這難道不是一個超級**紅色帝國**的崛起？

可以說，這個超級「紅色帝國」既是黨國，又是帝國。對內，它是黨國；對外，則越來越像帝國。把二者連在一起的，是它的紅色。

三中全會與「國家安全委員會」

當然，「紅色帝國」內部並非充滿自信。剛剛閉幕沒幾天

---

[5] 儘管骨子裡，中俄雙方都彼此保持著警惕。

的中共十八大三中全會就是證明。三中全會決定設立「國家安全委員會」，用習近平的話講，這是因為「我國面臨對外維護國家主權、安全、發展利益，對內維護政治安全和社會穩定的雙重壓力」。[6]「國安委」的設立就是為了應對此「雙重壓力」，就是為了滿足對內、對外兩方面的「安全需要」。

首先是內部安全。請注意，「對內維護政治安全」是一個新提法，至少在公開的文件中。**所謂「政治安全」，說白了，就是黨國的安全，政權的安全。凡批評一黨專制者，在人家看來都威脅到黨國的「政治安全」。所以黨國才要嚴控輿論，打殺一切反對力量。**習近平本人在今年8月「全國宣傳思想工作會議」上的講話（即「8.19」講話）就是一個最好的證明。根據網上披露的材料，習在這個講話中提出對意識形態問題「要敢抓敢管，敢於亮劍」，「對那些惡意攻擊黨的領導、攻擊社會主義制度、歪曲黨史國史、造謠生事的言論，一切報刊雜誌、講臺論壇、會議會場、電影電視、廣播電臺、舞臺劇場等都不能為之提供空間，一切數字報刊、移動電視、手機媒體、手機短信、微信、博客、播客、微博客、論壇等新興媒體都不能為之提供方便。對這些言論，不僅要在網絡上加強控制，而且要落地做人的工作。對違反四項基本原則的，必須教育引導，要建立責任制，所在地方和單

6　見習近平「關於《中共中央關於全面深化改革若干重大問題的決定》的說明」，新華網2013年11月15日發佈。

位要切實管起來；對造謠生事的，必須依法查處，不能像《三岔口》裡那樣摸著黑打來打去，也決不能讓這些人在那裡舒舒服服造謠生事、渾水摸魚、煽風點火、信口雌黃。」[7]

除了互聯網，公眾維權、民族地區衝突、港澳自治呼聲等均涉及黨國「政治安全」，都需要應對。所以新設立的「國安委」又是一個超級的黨國強力機構，它將整合公安、國安、政法、武警等內部安保部門，連同涉外的外交部、國防部及中聯部等部門，組成一體化的國家強力決策機構。**對內，它將確保臣民的忠誠，至少是就範，這是黨國「政治安全」的需要；對外，它將確保崛起中的「中國海外政治經濟利益」不受損害，這是紅色帝國的需要。**它要具備處置國內、國外各種突發事件的能力，為此它必須整合黨國的所有資源，而且用高度集中的一體化權力掌控之。

以上對這個超級強力機構的描述，大體不會錯。

它告訴我們，**正在崛起的，不僅是一個紅色帝國；這還是一個新極權時代的到來。**

---

[7] 見博訊網2013年11月4日報導〈習近平「8·19」講話傳達全文曝光，殺氣騰騰〉。儘管至今未看到這個講話的官方版本，但據各方面情況綜合分析，博訊網提供的版本應該是真實的。

再談中國政治轉型的三種可能

這一切，對中國未來意味著什麼？或曰，在上述背景下，當如何估計中國的政治轉型？這種轉型還是可能的嗎？其前景又如何？

筆者在幾年前發表的《中國憲政改革可行性研究報告》的「主報告」中，曾對中國未來政治轉型給出三種可能性預期：

> 第一種可能：「中左」與「中右」主導改革，在較平穩的制度轉型中達致憲政改革的成功。
> 第二種可能：當權者拒絕憲改，社會矛盾激化，最終走向崩潰。
> 第三種可能：當權者拒絕憲改，但用更加純熟的手段維持統治，使專制體制死而不僵。[8]

「中左」在這裡指中國共產黨內的改革派，「中右」指中國民間的溫和自由派。二者在憲政民主的旗幟下匯合一處，理性地、漸進地推進中國民主轉型，本應該是未來中國轉型之路的**最**

---

[8] 見拙著《中國憲政改革可行性研究報告》，香港晨鐘書局2008年版，頁58～59。

佳選擇。但這需要條件。一方面是中國公民社會的發展對官方形成足夠的壓力，另一方面是當權者對這種壓力做出**正面回應**。**從這幾年的實際政治演進看，情況並不理想，甚至恰恰相反。中共當權者，從胡到習，對中國民間民主化要求的回應，均是負面的**。胡錦濤當局對「零八憲章」的打壓、對「茉莉花散步」的強力震懾，表明中共「守攤」領導人全無政治遠見，丟失政權的恐懼遠遠壓倒對民族未來的歷史責任感。習近平的「左轉」則繼續了這個倒退勢頭，而且有過之而無不及。**「紅二代」領導人的「江山意識」從根本上對立於中國民主轉型的大方向。所有這些，均意味著中國民主轉型的理想形式（即體制內外結合的理性漸進轉型）的可能性在降低**。

那麼，中國會崩潰嗎？誠然，「黨專制體制有其內在的脆性，在常態下，它可以有效地維持自己、複製自己，然遇到非常情況，卻極可能出問題。黨專制控制越嚴密，社會減震裝置就越少，越容易失靈，危機爆發的可能性就越大。」[9]但是，近年來的黨國實踐卻證明，這個體制有著異乎尋常的自我調整能力和抗風險學習能力，它正在不觸動黨國制度根本的前提下嘗試增加社會減震裝置，它也在充分利用國力增長給予統治集團的所有有利資源。**雖然黨國的危機仍然帶有根本性，即權力**

---

[9]　同前註。

自身的癌變已經無法逆轉，但只要它手裡還有錢（經濟仍能保持一定的增長勢頭而不致發生大的波動），只要它把社會矛盾和衝突爆發點控制在臨界範圍內（一方面整頓吏治、遏制貪腐，一方面充分利用中國國民性的軟弱、勢利和小富即安施以「安撫」），這個體制再挺上十年八年乃至更長時間，並非不可能。更何況民族主義和「新國家主義」正在成為黨國新的得手工具，它能夠發揮的合法性再整合作用也不可小覷。綜合上述，我以為中國現存體制在某個觸發點崩潰的可能性儘管不能完全排除，但實際發生的幾率並不高。

這樣看來，「主報告」中提到的第三種可能，即「當權者拒絕憲改，但用更加純熟的手段維持統治，使專制體制死而不僵」更接近於當今中國的現實，甚至，「死而不僵」都低估了人家，「紅二代」領導人還要實現紅色帝國的「崛起」和黨國的「中興」呢！

當然，話說回來，歷史發展的總潮流不會逆轉。自由、民主、人權、正義是當今人類的普世價值，即便黨國統治者也不能不從表面上接過這些口號，只是給它們加上「社會主義」的紅色標籤。迄今為止，中國在世界上的角色仍「繼續充滿了矛盾：既是經濟增長中的大國，又是全球最大的現代專制主義國家」。[10]

---

[10] 同前註。

「紅色帝國」的「崛起」將使這個矛盾更加凸顯。然而，從根本上說，我質疑這個「崛起」的人類學含義，也不認為它真的會有什麼美妙結局。即便中國的GDP在十年或十五年後超過美國、成為世界第一，那又能證明什麼？一個骨子裡不承認公民的政治權利、不能給國民帶來基本尊嚴的政體，即便獲得更高的經濟成就，也只能證明這個國家本身的畸形。更何況從內部看，帶有前現代皇權文化基因的「紅二代」集體接班，在權力繼承和權力分配上將面臨新的困難。前些時發生的薄熙來事件，已經讓人們看到中國「紅色帝國」高層權力繼承的非確定性和權力鬥爭的無規則性。即便他們成功壓制了民間力量的成長，這個「紅色帝國」也可能毀於內部的自我絞殺。它絕不、也不可能代表歷史發展的方向，更談不上「引領世界的未來」。

總之，在歷史哲學範疇內，中國的民主轉型仍然是必然的。體制內外結合、理性漸進的和平轉型，固然仍是我們應該努力爭取者；崩潰背景下發生的突發轉型也需要納入民間政治家和轉型研究者的思考視野，而無論其發生的幾率如何；至於「死而不僵」甚至短暫「中興」的黨國體制，最終仍無法避免或轉型、或毀滅的命運，則現在就可以斷定。

（本文作於2013年11月19日，《中國人權雙週刊》第118期，2013年11月28日刊發）

中國再入險境
——明鏡中國研究院的幾次發言

題記：明鏡中國研究院成立於2013年，每年在紐約、新澤西、華盛頓等地召開數量不等的學術研討會，討論各種各樣的時政話題。每次會後，有專人把全部會議討論整理成文，在明鏡的各種刊物上發表，後來明鏡出版社還出版了幾本專書以為記錄。

這裡輯入的是筆者2013年到2016年期間在明鏡中國研究院若干研討會上的幾次發言。這些發言均和紅色帝國話題有關，大大擴展了這個課題的廣度和深度。比如，正是在這些發言中，筆者詳細闡釋了紅色帝國作為民族國家和黨國政體相捆綁的概念界定，這對於理解中共外交政策的實質具有關鍵意義。香港、臺灣問題在這些發言中也多有涉及，但我的觀察是冷峻的，甚至是悲觀的，知我罪我，全在讀者矣！收入本書時，筆者對文字做了若干整理、潤色，並加了小標題。

不要小看了中共

　　從學者的角度分析當今中國現實，我不像在座的行動家們樂觀。當今中國政局，共產黨三十年發展到現在，也是經過了幾個階段。「六四」時，整個政權戰戰兢兢，危機感非常重，他們自己也不知道還能堅持多長時間，所以「六四」後的幾年，他們基本上處在一個盡可能想辦法維持下去的情況中。新世紀來了，人家的底氣逐漸增長，經濟在高速發展——問題不能說沒有，我相信他們心裡還是有很深的危機感，但餘地在增大，騰挪空間在增大，只要經濟上繼續發展，中央政府手裡有錢，局面就可以掌控，問題就可以「擺平」，老百姓維權、知識份子說話，他就有能力和空間把你壓制住。

　　在最近的十多年裡頭，他們也在學習、在想各種辦法，甚至某種意義上蠻成功的。有一個現象特別要注意，在這邊（美國）能看到中央電視臺四台，這是國際頻道，是面對海外的電視臺，我幾乎每天看晚上黃金時間段的《海峽兩岸》和《今日關注》，這些節目的國家主義色彩非常明顯。從習近平現在的思路看，實際上是把幾個東西拼在一起，其中有繼承了江、胡前兩任作法的，包括收緊言論、對知識份子打壓、收買……。這些東西可說是一直存在，不是從習近平開始的，但習上臺後的一個重大變

化，就是國家主義興起，「中國夢」被解讀為「強國夢」、「復興夢」。

這個問題為什麼值得引起大家高度重視？我以為至少可從三個層面來分析；

首先，從世界各國的發展來看，當一個國家在經濟上崛起後，就有對外擴張的自然趨勢。談這個問題，我們可以暫時抽象掉這個政權到底是國民黨還是共產黨，是專制還是民主，它體現的，是在大國崛起過程當中，社會達爾文主義邏輯的衝動。第二，中國曾經有一段被列強欺負的屈辱經歷，這成了當政者的一個很好的「資源」，從江到胡到習，是越來越主動地打這個牌。人家現在在大眾傳媒中已經不太提過去的共產主義那一套（內部當然還要講），對外、對老百姓講的基本上是「民族復興」，國家博物館的現代史陳列現在就叫《復興之路》。因為前面有一百多年的屈辱歷史嘛，所以這東西很容易獲得老百姓的認同。第三個層面，是黨國體制自身的需要，中國的貪官向為老百姓所痛恨，但如今中國強大起來了，可以對外「叫板」了，這難道不是黨的成績？以此作為合法性的新支點，一俊遮百醜，黨國可以自信地存在下去，甚至「中興」。

前兩個方面，在中國今天的背景之下，會很自然地服務於第三個方面。中國今天這種新國家主義、民族主義、甚至發展趨勢上的某種法西斯主義，之所以有它的生長空間，有今後發展的進

一步潛力，是因為這三個東西同時在發揮作用。從黨國的角度，會非常自覺地把前面兩層的意思大為發揮，儘管口頭上說「和平崛起」，但實際上現在這個路子很清楚，是一種令人不安的紅色帝國之路。我想不管是作為學者研究，還是作為反對派制訂策略，這都是中國政治的新要點。

（2013年10月28日，紐約）

關於內部宣傳片《較量無聲》

《較量無聲》在邏輯上沒有講出更多的東西，還是那一套，而且，別忘了，這是個內部的片子，不是公開在中央電視臺播映的。中南海在這些方面一向內外有別。有一套是公開講給外面聽的，講給我們老百姓聽的，講給國際社會聽的，那就是中央電視臺那一套，我們通過新聞聯播聽到的語言。比如講到中美關係，他們會講「建設新型大國關係」；這次習近平訪美，中國媒體宣傳的重點，就是這個「新型大國關係」，講「和平崛起」。在這些場合，不會用那種冷戰色彩特別濃厚的語言。冷戰語言是內部講的，我在社科院工作時，兩類報告我是要去聽的，別的會，我不去。一類，是每年都會傳達的「全國宣傳工作會議」，全國各個省的宣傳部長，到中央開會，會後會形成一個中宣部文件，中辦轉發，社科院這種機構，會傳達到每一個人，要求大家去聽。

另一類，是所謂形勢報告，會請安全部等一些機構的領導來講。在這兩類場合，當然完全是內部的一套，內部的語言，就是我們從這個片子中聽到的語言：西方國家亡我之心不死；中國與西方的意識形態鬥爭尖銳複雜；海外就是五種勢力：民運、台獨、藏獨、疆獨、法輪功——五毒俱全。他們有一套完整的口徑，而且根據不同的級別、不同的形勢，不斷在傳達，在黨的內部灌輸這些東西。從這個意義上來看，這個片子沒有什麼奇怪的。就像社科院搞的《居安思危》、《蘇共亡黨亡國20年》，都是同一個類型。不過這個《較量無聲》是由國防大學、社科院、軍隊總參謀部一起搞的。這個片子裡面關於蘇聯垮臺的部分，幾乎就是節選了社科院李慎明他們搞的東西。作為一個作品來講，是很粗糙的。假如要和習近平「8.19」亮劍講話相對比的話，甚至不合格，沒有跟上習總書記的步伐。當然，拍這樣的片子，本身就有拍馬的成分。前一段時間另外一位從國內來的朋友就講，以前覺得劉亞洲是自由派的人物，十八大之後，他寫了幾篇東西，「黨性就是神性」，顯然是在重新站隊，但他重新站隊在「今上」看來，已經晚了。也有人說，這個片子就是一份投名狀。

我為什麼說，如果將「8.19」亮劍講話作為標尺的話，《較量無聲》是個不合格作品？

首先是粗製濫造，水準太差，有些邏輯上沒法自圓其說。像剛才大家講的將中國的腐敗歸結為美國、西方的腐蝕。（眾笑）

（高瑜：你剛才講的「五毒」，都是美國挑的。）「五毒」呢，倒可以勉強這麼說，他們就在那兒呢，現實存在，要顛覆中共統治。但你說共產黨的腐敗都是CIA（美國中央情報局）幹的，就是普通黨員看了，他也不會信啊！這太離譜了，腦殘才會這麼想問題。至於點一堆公共知識分子的名字，更愚蠢了。像賀衛方就說，不用理他！

我說它不合格的第二個理由，就是這個東西所表達的還是被動態，不是主動態。說西方怎麼盯著我們，五條戰線，都是人家攻過來。從毛澤東關於西方把和平演變的希望寄託在中國第三代、第四代身上這個思想說起來，NED（美國國家民主基金會）也好，CIA也好，索羅斯也好，反正都是人家在攻我們，我黨一直是被動應戰的狀態。這與「8.19講話」的「亮劍」，是不吻合的，顯然思想高度不夠嘛。我要是習近平，我會不滿意的。如果作為內部宣傳片，強調中美之間對抗的必然性，那就要強調自身意識形態的強項，我跟西方就是你死我活，你滲透我，我也要滲透你，要拿出這麼種架勢來。假如說在江澤民時代、胡錦濤時代，沒有這個氣魄，那麼現在新主上來了，對少東家，為什麼不拿出這麼個東西來？還是沒有主動的態勢，還是原來那一套，落後於形勢。（高瑜：不是G2時代，還是改革開放那個時代。）

第三點不合格，他們沒把自己的邏輯講清楚。本來黨國語言，在他們公開的東西裡面，有一樣是做得很成功的，那就是

「走向復興」。他們強調的不是建黨時那套共產革命的東西了，強調的是中華民族復興。在毛那個年代，這個說法並不明顯。毛更重視的是社會改造，他要做世界革命的領袖、第三世界的領袖，對中華民族的傳統不傳統，他並不是那麼在意，在意的還是中國要向全世界輸出革命。轉到「走向復興」，是九〇年代以後了，尤其是最近的這十幾年。江澤民等大概也是吸取原來的教訓，知道那套共產革命的邏輯，在老百姓中已經基本上沒有市場了，文革失敗了，文革前的也基本上沒什麼東西可用了，雖然他們口頭上還在講社會主義，但他們心裡是很明白的，要為共產黨找到新的合法性根據。中華民族過去百年屈辱，現在我們要崛起，要在中國共產黨的領導之下去實現。「沒有共產黨就沒有新中國」，過去是一種解釋，現在要加上一種解釋，要強調民族主義、國家主義。中共的宣傳邏輯是要把兩個東西相結合，一個是「復興之路」，一個是黨國原來那套東西，問題是怎麼把這兩者揉在一起？（陳小平：沒揉。）這正是《較量無聲》沒有做到的地方。我要是中宣部長的話，一定會先強調兩條：一條是百年屈辱，有大量的文章可作；還有一條，是大國崛起，百年屈辱的邏輯結果就是走向復興，原來沒有能力做的，現在有能力了，就要做了。他們雖然實際上是按照這個邏輯在走，但從意識形態宣傳上做的文章還不夠。這兩個點：被害者情結，百年受屈辱，今天大國要崛起，剩下的就是要把這兩個點與既有的黨國邏輯如何很

好地結合在一起。就是內部宣傳，也要體現這個邏輯。現在這個片子卻只顧了一頭，當然，幸虧它沒做，做好了，就危害更大。

（2013年11月12日，新澤西）

理解當下中國的兩種不同框架

剛才聽各位發言，各種觀點都有。怎麼看三中全會，需要先解決一個問題，就是觀察問題的框架。在不同框架之下會有不同的結論，儘管可能出於同樣的事實，但大家的解讀不一樣。

我把當下對中國問題的討論區分為兩種框架。一種，我稱之為「改革期待框架」，比如過去對十一屆三中全會或十二屆三中全會，人們的理解、解讀都符合「改革期待」，即遵循從經濟改革到政治改革的思路，認為既然中央提出經濟改革方面的舉措，就期望政治改革隨之而來。一般自由派或黨內民主派的看法，都希望市場化能一步步走向民主化、經濟改革能一步步走向政治改革，所以當中央做出某種經濟改革舉措，大家往往就會做出善意的期待，認為這些改革將導致政治改革方面的啟動。這個框架能解釋很多朋友的思路。（李）偉東剛才講到國內有相當多的朋友對十八屆三中全會做出善意的解讀，這些人觀察問題的方式都符合「改革期待框架」。但這個框架的前提是，當權者有主動改革的意願，比如當年的胡耀邦、趙紫陽；或者當政者自己承認處在

危機四伏的狀態，不改革就沒有出路。在後一種情況下，政治改革作為經濟改革的後續步驟，是一種被動的反應。所以**「改革期待」的理解框架，或包含了對當政者主動改革意願的邏輯上的設定，或設定當政者自己已經焦頭爛額。這個框架在過去二十年到三十年內曾經為溫和自由派、黨內民主派、新權威主義者，甚至某些現在的憲政社會主義者所共同擁有，大家都是這樣的思路，包括我本人在內。但根據十八大到現在的十八屆三中全會，這一年來中國政治情勢的演變，我以為「改革期待框架」已經不適合分析當前中國的政治現實。**

我想借用李偉東所提的「紅色帝國」概念，把它發展成一個新的觀察框架，用來理解當今中國的政治狀態、判斷未來中國的政治演變。

首先，我們要確定**「紅色帝國框架」的邏輯前提，這樣的前提有兩個：第一，當政者至今無主動改革的意願；第二，當政者雖仍然存在深重的危機感，但信心感也同時在增強，這是二十年前所沒有的。以上兩條均與原來的「改革期待」設定完全不同。**信心感增強有一個非常實際的背景，就是今天中國GDP成為世界第二，在這個意義上，說中國正在「崛起」、要走「復興之路」，這些提法並非全是當政者的自吹自擂，而是有一定事實根據的。

其次，**應該看到，正是在這個事實基礎上，今天的中國共產**

黨正在向全世界叫板，而且是雙重叫板：首先，中國作為一個大國、一個文明古國，有過近代史上百年屈辱的經歷，現在國家正在重新崛起，這是一個叫板，民族國家意義上的叫板。現在中國是世界第二，再過十年、十五年，只要保持現在的發展速度，中國GDP會超過美國，成為世界第一。不管內部還有多少問題，這個GDP第一，已具有足夠的刺激力和象徵作用。所以它要重新界定自己在這個世界上的位置，社會達爾文主義幽靈附體。還有一層叫板，就是中國作為紅色體制，似乎證明了自己的生命力。作為一種黨國政權結構和社會政治結構，蘇式社會主義在二十世紀曾經風行一時，當時稱世界社會主義陣營。在冷戰時代，它曾經和西方資本主義並駕齊驅。1989年蘇東巨變後，紅色黨國體制在其他國家都解體了，唯獨在中國沒有倒。儘管跟跟蹌蹌，還是堅持了下來。近年不但復甦了，而且還在「崛起」。這樣的黨國政權結構，在當今所有大國中，是唯一、僅存的一個，但它似乎又很有「效率」，甚至在用自己的成就證明這個體制的「正確」。這也是令世界其他國家感到惶惑又警惕的現象。所以我覺得這是「雙重叫板」，既是民族國家的叫板，更是專制體制的叫板。這是我們可以從「紅色帝國觀察框架」中看到的東西。

人家用什麼來叫板？簡單地說就是「中國模式」。中國模式包含了很多東西，用最簡單的語言來概括，就一句話：在共產黨領導之下的市場經濟的發展、社會治理的完善、和諧社會的建

設、強國夢或中國夢的實現。從這個角度來理解三中全會，就會發現所有的「改革」舉措、「改革」內容都是對「中國模式」的完善，是對黨的領導或中國現存政治結構的完善。這裡並不包含任何政治體制改革的意蘊，更沒有自由派所期待的憲政轉型，因為按照紅色帝國的邏輯，現在所做的一切，恰好是為了強化黨國體制，強化這個體制最核心的東西。現在我們說的還僅僅是內政這一塊，因為三中全會決議的60條，絕大部分涉及的是中國內政。假如把外交層面加進來，情況就更清楚了。十八大以來，黨國在外交上表現出咄咄逼人的架勢，表現出前所未有的外交強勢，中共在釣魚島、南海主權問題上，在聯俄抗美等全球戰略的重新勾畫和佈局上，都可看出紅色帝國的發展趨勢。黨國在外交上的一連串新動作，完全符合紅色帝國的崛起邏輯。

從內政和外交的互動關係上看，中國今後的總體趨勢，我判斷會繼續向左，因為中共在經濟、外交上的強勢會促使中國內政進一步向左轉化。從「紅色帝國框架」的觀察角度看，三中全會提供的信息不能讓人感到樂觀。當然，未來中國如何演變，前景會怎樣，我們還要觀察。從根本邏輯上說，專制政體畢竟違背現代文明發展的總趨勢，早晚要走向歷史終結，這是沒有疑義的。但中國的黨國體制還有轉圜空間，甚至可能短暫「中興」。如若如此，**未來二十年甚至更長時間很可能形成一個新的「三國演義」時代，三國指的是美國、中國和俄國，其中一個是世界上最**

大的民主國家，一個是世界上最大的專制國家，俄國比較特殊，民主轉型向前走了一截，但現在有倒退的一面，舊式的沙俄帝國之夢似乎也在重演。因此，未來的世界是一個新格局下的世界，是一個在現實主義原則下紛爭凸起的世界，也是一個民主原則與紅色專制原則一方面不得不共處、另一方面又充滿了衝突和博弈的世界。這個世界不會很美妙。

（2014年1月3日，新澤西）

「紅色帝國」的界定

有朋友說習近平不想做亡國之君，我認為多少有點低看了人家。習近平當然對中國形勢有判斷，這方面他會有大量的信息，他不會不清楚，甚至可能比我們更清楚，因為他材料更多嘛。但是換另一個角度來看，習還是有自信的一面。他大概很想從正面去證明自己的價值，證明他自己這一代中共領導者是有作為的，要實現「黨國中興」，而不僅僅是不做亡國之君。這如同過去的皇權時代，一般來說，皇權時代的開國皇帝都是有作為、有本事的，但後來一代不如一代，突然冒出一個想幹事的，於是就「中興」一把。

應該承認，「中興」對習近平來講，並非全無基礎。最近（李）偉東提出「紅色帝國」的概念後，我也在認真考慮，如何

更準確地界定當下黨國政體的性質並判斷其未來走向？「紅色」和「帝國」這兩個詞，如果當作學術概念來考慮的話，可以做很多進一步的思考、界定。比如「紅色」這個概念，除了指今天掌權的「紅二代」是「紅色血統」、仍然是共產黨政權的延續之外，這個「紅」跟毛時代其實是有所不同的，毛那個時代相信共產革命的邏輯，習這一代已經大大減弱了，但他換了一個東西：國家主義、民族主義，這一套東西有民意基礎。習現在聲稱，共產黨建國以來六十多年，我是繼承者；1911年以來的中國現代史，我是繼承者；中國一百多年來反帝反封建的民主革命，我是繼承者；過去五千年中華文明，我也是繼承者——他現在是從這麼個角度給自己定位。他講民族主義、國家主義一套東西，會有更多的民意基礎。這個跟過去毛時代講共產革命那套東西相比，實際上是完成了一個巨大的合法性轉變。這些都可以理解為他在強化現在的權力，強化他現在的體制，他一定要強調，只有共產黨才能帶領人民走向復興。所以「紅」在這裡意味著黨的權力，意味著這個權力的延續，儘管其口號已經從世界革命變成了民族復興。**當中興之君，和不做亡國之君，這兩個判斷之間是有差別的**。我們不要低估，認為他只是在消極地應對他所面臨的各種挑戰，甚至惶惶不可終日，擔心我這兩屆是不是做得下來。我覺得現在他們的心理狀態，不完全是這個狀態，甚至完全不是這個狀態，儘管他也知道他面臨著很多危險。

　　至於「帝國」這個概念，我最近在好幾個場合一直在強調，它是把兩個東西扯在一起：民族國家加黨國政體。一方面，中國作為一個民族國家正在崛起，在東海爭霸，和日本；在南海擴張，和菲律賓、越南搞得越來越緊張……凡此均帶有傳統意義上的民族國家層面的衝突含義，它所體現的原則，實際是過去四百年以來——就是人類建立主權國家體系以來的那種社會達爾文主義邏輯，弱肉強食，靠實力說話。這種衝突仍在民族國家範疇之內，是國與國之間為了資源、利益進行的爭奪。

　　但，中國作為帝國還有一個非常特殊的層面，那就是它的政治體制、政治結構是黨國政體，這與民主國家共同體完全不同，完全是另外一種體制。這種體制，在二十世紀上半期、特別是二戰結束後，世界上美蘇兩大陣營對峙時，有一段時間很紅火，但是1991年就已經解體了，蘇聯、東歐社會主義衛星國都不在了，唯獨中國的黨國政體挺了過來。黨國領導者在過去的二十多年中如臨深淵、如履薄冰，現在終於「崛起」了，「世界第二」了，覺得自己有底氣了，這似乎證明了黨國這個機制還是可以的、有效的。然而，紅色帝國的統治者很清楚自己這套一黨專權的東西在別人眼裡是另類，因此，它內心裡並不坦然，總懷疑別人要「顛覆」它。一方面，黨國領導人強調中國是「和平崛起」，甚至要和美國建立「新型大國關係」，這裡邊似乎沒有任何意識形態色彩，他自己還講「冷戰早結束了」；但是你看中共最近的內

部文件，講的仍然是西方在分化我、在瓦解我，在對我構成威脅……。這才是典型的冷戰思維！我們甚至可以說，**中共十八大以來的內政外交新格局，其根本特徵就是對內的新極權主義和對外的新冷戰，以「和平崛起」形式出現的新冷戰。**

總之，今天中國在崛起過程中，**是黨國政體和民族國家的雙重纏繞，既有民族國家對外擴張的一面，也有黨國政體與全球民主共同體為敵的一面。這樣的「崛起」對當今世界的威脅是非常大的。**自然，對我們的老百姓、對一般國民來講，區分不了這麼複雜的東西，因為黨國所有媒體都在講，我是代表國家利益的，我在世界上所做的一切都是為了中國人民，為了偉大復興的中國夢。其實黨國是用這些綁架民族國家，綁架13億國民。我們把這些道理講出來，就是為了讓更多的民眾瞭解真相、瞭解事情的複雜性。至於行動層面，凡有助於中國民主轉型的，我都不反對。我們之所以要看到中共十八大以來這樣一個變化，這樣從原來的後極權和威權主義，到現在習式新極權主義的變化，就是要根據這樣一個新變化，考慮我們能做什麼。要進行認真的設計，然後採取相應的行動——比如辦個刊物，發出些聲音，在我的理解，這就是一種行動。當然還可以有其他各種行動。

（2014年6月，華盛頓D.C）

香港在劫難逃

關於雙普選，從1984年中英簽署聯合聲明，到1997年香港回歸，在原來的《基本法》裡，最後目標要實現香港的雙普選是清楚的，這是原來早就有了的東西。香港市民很認真，確實覺得這事我們就應該爭取，爭取也不是今年才開始的，爭取多少年了。最近這幾年這個聲音越來越強烈，呼聲越來越高漲。但是，恰恰碰到現在是黨國中興，紅色帝國要崛起，恰恰碰上習近平十八大以來整個的強勢內政外交局面，這個局面和香港過去十幾年、二十幾年的抗爭，正好處在一個相碰撞的點上。這個點，從香港方面來講，可能還沒有充分意識到問題的嚴重性，他們還按照原來固定的思路在……。（插話：北京是一定要打掉這個「反共基地」的，習上來時，這個問題已經持續很久了，他要在他的任上解決這個問題）

這是另外一個問題。北京在簽1984年協議的時候，未必意識到香港以後會對中共構成多大威脅。那個時候，鄧小平、趙紫陽這些人還都在臺上，之所以承諾香港的資本主義五十年不變，他是當作一種過渡性安排。在這個意義上，黨國對自己似乎還有點兒信心：五十年以後我是要把你拿過來的。沒想到在後來的發展中，香港不斷發出些異議聲音，香港成了大陸禁書的發源地、集散地，讓黨國很難受。但在江時期和胡時期，這一塊，你可以說

他不作為，反正深圳我該攔要攔，不讓禁書流入內地，但是對香港內部，有些東西就睜一隻眼閉一隻眼，至少不會把矛盾激化。雖然說在前面至少十年的時間裡，香港在慢慢赤化，或者說半淪陷的狀態早已開始，但在胡時期，並沒有採取更為激烈的動作。

現在香港要求2017年實行雙普選，要抓住你對普選的承諾逼你兌現諾言。在港人看來，我這個要求並不過分；但是北京解讀，你這就屬於蹬鼻子上臉，越來越肆無忌憚了。習上來以後，有一個內政外交全盤的安排，這個全盤安排，最簡單的一句，就是要黨國中興，對外強化中國的大國存在。我在全世界都越來越牛，香港不過彈丸之地，早就想把你拿下了，不能再讓你這麼為所欲為。（插話：「六四」這件事，已經意味著中港蜜月期的結束和互相敵對化的開始。當香港百萬人上街去反對中共政府鎮壓「六四」，在這幫軍國主義者的心中，已經把香港當作敵人了。這個火是憋了多少年，今年終於有了一個出口）

所以現在要評估當前的形勢，從黨國方面來講，有些事情他們也會做，像必要的安撫，但是在核心問題上他們絕對不會妥協。因為他現在不僅是面臨一個香港，還面對著臺灣，面對著全世界，他在全世界面前，要呈現中華帝國的強硬姿態——弄不好他會把香港當成一個表現自己強勢的重點。港人方面對這些東西是不是經過全面評估？我不清楚，這是問題的嚴重所在。

（2014年6月，華盛頓D.C）

臺灣兩黨都缺乏兩岸政策的長期戰略考慮

談到香港、臺灣、中國大陸，三大塊，到底現在是個什麼架勢、什麼狀態、什麼趨勢？我以為，在「黨國中興」、紅色帝國崛起的背景之下，我們現在基本可以斷定，在臺灣問題上，習是有雄心的。所以我認為（馮）勝平剛才講的習要把兩岸統一這樣一個「千秋偉業」拿下來——最好能在未來八年把它拿下來，如果時間不夠，再幹一屆我也要把它拿下來等等——這都有可能。

但是最近連續發生的香港占中和臺灣九合一選舉國民黨慘敗這兩件事，對習近平來講，似乎都不妙。首先，在處理香港問題上，應該說，從當下看，從表面看，他的處理似乎是成功的。剛才好幾位提到了，香港占中，沒有人事先預料到這個占中居然持續了79天。黨國能夠容忍在這樣一個彈丸之地，一群學生，一群市民，撐著個黃雨傘，在那個地方連續不斷地「製造麻煩」。開始的時候，有些人估計，很有可能是第二個「六四」要發生。按照習近平幹事的強悍作風，似乎會以比較強勢的方式迅速結束「占中」，是完全可能的。但是結果不是這樣。在處理香港問題上，習近平的智慧比我們原來估計得要高，處理手段老道而成熟。他居然容忍在香港這個地方連續亂了79天！而且在這中間，北京還開了APEC會——這麼一個給黨國增光的事，他居然能夠

讓這兩件事並行不悖。說老實話，從這件事上，我倒是對習有一點兒刮目相看。他最後是用拖的辦法，把這個事情解決了。而且在整個宣傳上面，應該說黨國文宣系統做得可圈可點，有張有弛。我是每天看央視新聞的，我也看鳳凰衛視（何頻：所以你讚揚習近平就很有邏輯了）（眾笑）Yes！在這個問題上，他似乎做得不錯。

但是剛才我說了，這是「按照黨國自身的邏輯來講」，他這麼做似乎成績多多。然而，我同時又認為，習對香港問題的處理，其實是因小失大，即便按照黨國自身利益來衡量也是如此。為什麼說是「因小失大」呢？雖然現在來看，黨國這樣處理似乎是成功的，但是就香港的青年一代而言，這個事情會對他們構成長期的、深遠的影響。按照憲政自由主義邏輯，香港人民爭取真普選的運動，是天經地義的。香港人不接受大陸習以為常的那一套假選舉，他們要求的是真普選。雖然這個努力被黨國暫時挫敗了，但它也會促使港人加深對大陸政權專制本性的認識。沒有這麼一番博弈的話，他們不一定會體會得這麼深、上升得這麼快、這麼澈底。所以我說，就香港來講，黨國當下的成功，並不意味著今後可以永遠這樣下去，這是第一條。

第二條就是臺灣的事情。歷史有時充滿了偶然，充滿了巧合。臺灣正好在這個時候搞了「九合一」選舉，國民黨慘敗，臺灣政治版圖巨變。這兩個事情之間有沒有關係？當然有關係。關

係在哪兒呢？就是香港發生的事情，實際上提醒了臺灣民眾——特別是年輕的一代，而臺灣的年輕一代，正在逐漸上升為臺灣政治的重要角色，雖然不敢說他們已經成為主角。臺灣過去的特點，在政治上是兩黨博弈，甚至是相對撕裂型的兩黨政治，因為國民黨和民進黨的確代表了完全不同的政治傳統。國民黨是大陸過去的，原來是個威權政權；民進黨是從「黨外」和民間自由力量發展起來的，這兩個黨之間不僅僅是本土力量和外來力量之爭，而且還包含著民主與威權之爭、精英與民間之爭等許多不同的政治蘊含。在過去三十年臺灣民主化演進中，藍綠雙方的這種爭鬥，是理解臺灣政治的一個關鍵。但是現在來看，隨著年輕一代的成長，情況似乎在發生變化，我不能說原來的那個東西完全沒有了，而是說那個成分逐漸在淡化。那麼新的一代上來之後呢，他們如何看待兩岸之間的關係？如何看待對岸那個巨大的政權？香港正在發生的事情，對臺灣新一代是一個直接的刺激。這個刺激會促使臺灣新的一代對海峽對面的這個強權更加警惕、更增添疏離感而不是親近感。這是一個方面。

我們再來看北京，剛才大家提到了，說是九合一選舉失敗以後，習近平批評陳雲林，批評那些涉台幹部，說這些年你們都幹什麼了？其實他不應該批評他們，他應該首先反思一下自己。對於香港正在發生的事情及其對臺灣的影響，你自己是不是考慮到了？是不是想到了這些東西？是不是想到了打壓港人對臺灣青年

一代的影響？當然話說回來，按照他自己那個紅二代邏輯，黨國自身的邏輯，他能不能把這個事想明白了，我表示懷疑。他沒準還充滿了道德自負，認為自己才真正代表兩岸三地的未來呢！

過去這些年，中共在臺灣、特別在國民黨身上，花費了巨大的心血。假如說陳水扁執政年代，是兩岸關係相對低落的時期，那麼2008年馬英九上臺以後，國民黨重新執政，在這個時期，兩岸真是蜜月狀態。客觀地講，馬英九面對大陸，有些東西他也無可奈何。中共的辦法就是，一方面兩岸關係我要拉你，經濟上，我要統戰你，你的政界商界，我要收買你；另一方面，在國際上，我要打壓你，我要限制你的空間，你想撇開我，自己獨立發展國際經貿聯繫，我要抑制你，不讓你獨立發展。伴隨著兩岸間經濟體量反差的日益加大，大陸要做到這一點很容易，這讓馬英九幾乎沒有選擇。從兩岸經貿協定的簽訂，再到服貿協定的商討，看得越來越清楚，國民黨是在無可奈何的情況下，逐漸被北京拉到一個已經預設好的位置。這件事情，可以說黨國做得非常成功，而且，這件事不是從習上臺之後才開始做的，是從前邊江時期和胡時期就已經開始做的。習只不過是在繼續，他希望在原來已有的基礎上繼續推進，最後實現統一大業，那才真正是黨國中興，那才真正是習的千秋偉業，毛沒有做到，鄧沒有做到，而習做到了，我想這個夢他肯定在做。

但是現在「九合一」選舉國民黨慘敗以後，臺灣的政治格

局、政治地圖被重新改寫了，黨國過去十幾年甚至二十幾年長期
經營的這套東西也需要調整，對習中央來說這是個挑戰。我們不
能說黨國原來在民進黨方面完全沒有做工作，不是這樣，其實他
們也做了很多工作，但是重心顯然在國民黨，共產黨希望國民黨
繼續執政。現在臺灣的政治版圖突然變了，對北京也是個問題：
怎麼來適應新情況？怎樣根據臺灣發生的變化，來調整原來的政
策，找到新的對台政策的支撐點？這對習是個問題。我相信他的
智囊，他身邊的這些人，肯定在認真地籌劃此事。

　　**對於臺灣來講呢？我記得前幾年我寫的關於中國憲政改革
的書裡面，對臺灣問題做過一些分析，當時我對臺灣兩黨都有批
評：他們都缺乏關於兩岸政策的長期的戰略考慮，都缺乏這個東
西，國民黨缺乏，民進黨也缺乏。**國民黨原來的說法，就是所謂
「九二共識，一中各表」──我們都承認「一個中國」，但是你
說的是「中華人民共和國」，我說的是「中華民國」。這個問題
到底最後怎麼解決？不知道，那就以後再說吧，往前走，走一
步看一步。民進黨更簡單，你看1999年民進黨的《臺灣前途決議
文》，中國就是另外一個國家，希望中國共產黨，希望中國的執
政者，理解臺灣人民的這個選擇，理解臺灣人民的這種苦衷，我
們也希望和對岸發展「正常的國與國之間的關係」──他們就是
這麼一套！根本不承認跟你是同一個國家，甚至不是那個「中華
民國在臺灣」，以後沒準要改成「臺灣民主共和國」呢。這樣一

個前提下，它根本不可能跟中國大陸有任何交集。假如2016年民進黨真的上臺了，那麼對它來講，也有一個挑戰，它怎麼來調整自身的兩岸政策？畢竟它也要跟大陸對話，也要跟共產黨對話，誰上臺了就必需要正視這件事，這是個問題。

所以，簡而言之，最近在香港臺灣發生的一系列事情，對兩岸三地未來的政治格局走向，都具有深刻意義。**中國的獨裁體制不變，港臺問題、兩岸統一問題都不可能真正解決，但在習政權「黨國中興」和紅色帝國崛起的背景下，兩岸三地只會進一步走向撕裂。**

（2014年12月19日，紐約）

未來中國的真正危險

（馮）勝平的優點是鍥而不捨地堅持他的論點！我記得上次關於勝平給習近平的三封信，就是在這個地方討論的，除了勝平自己堅持他的觀點以外，其他人基本上都是在批評勝平，但批評就批評，勝平同志依然如故，似乎從來不消化別人的批評是否有一點道理，結果優點又變成了缺點，就是太固執。

關於「黨國」的概念，剛才大家的發言其實已經解釋了什麼叫「黨國」。勝平自己也談到了——「千秋萬代」就是「黨國」嘛！我們用學術一點兒的詞，**一個黨，不但現在執政，而且要永**

遠執政，雖然說的是「我在代表人民執政」，但反正這個政權永遠在我這兒控制著，「國」是屬於我這個「黨」的，不允許別人染指，這就是「黨國」的概念，這就是人們通常講的「黨國」。「黨國」不是僅僅指意識形態立國，雖然意識形態獨斷是黨國的一大特徵。此外，黨國不是從共產黨開始的，國民黨就開始了，而且「黨國」作為一個詞，國民黨公開地講，共產黨在它自己的官方文件上反倒不這麼講。（馮勝平：照你這麼講，過去歷朝歷代都是「黨國」）。不對呀，過去沒有黨啊！過去中國的皇權制度和我們今天的黨國體制之間有文化上的連續性，但有形式上的區別。再談「軍國」，勝平同志自己給「軍國」一個定義，似乎它已經不再信仰意識形態了，只是憑實力甚至是憑暴力來維持政權，這是你剛剛解釋的「軍國」。但按照這個邏輯，今天的習近平，人家還真不是你那個意義上的「軍國」，他不是僅僅靠暴力，他仍然在講意識形態，儘管他講的不全是傳統意義上的馬克思主義那套，而更多講的是「中國夢」，中國夢是他的新意識形態，人家也正在鍛造自己的「軟實力」。這顯然不是你那個意義上的「軍國」。

回到今天討論的話題，作為黨國新掌門人，習近平上臺以後的兩年，特別是在今年（2014年），他做了些什麼事呢？我覺得他無非做了這麼四件事：

第一件是反貪腐，力度極其大，有人說翻遍中國二十四史

也沒見過這麼有力度的，遠遠超過前面的胡、溫，也遠遠超過了江澤民，得罪了很多人，有人甚至擔心他怎麼收場。但我覺得他在這方面是有信心的，到現在為止做的也算是基本成功的。也不是說他胡亂打，「紅二代」他打得很少，打得更多的是草根上來的。這裡顯然有精細的考量。不管怎麼說，習在反貪腐方面幹得不錯，幹得很帶勁，老百姓是鼓掌的。

第二件事，收緊意識形態，打壓自由知識界，收拾異己分子，毫不手軟。這件事不是從習開始的，前面江澤民也在幹、胡錦濤也在幹，但是到了習，不但在繼續，而且強度在加大。這兩件事情，看起來方向是相反的，因為過去很多人對習近平有期待，到現在北京一些老共產黨人仍然有期待，覺得習總還是在為中國的政治體制改革開路，他們就不理解為什麼許志永要抓，最近徐曉也被抓，這就沒法解釋了。其實按照「千秋萬代」的思路來想，反貪腐是為了「千秋萬代」，打壓異議分子也是為了「千秋萬代」，兩個完全是一致的。

第三件事，整頓民生、整頓吏治，這些方面他也下了功夫。三中全會60條「深化改革」，四中全會180條「依法治國」，這些都是在立規矩──立黨的規矩。按照勝平同志的解釋，這就叫「憲政」（馮勝平：叫「立規」吧）。習中央在改善民生方面，是下功夫的，改善一般意義上的公共服務、改善一般意義上的吏治是下功夫的，你不能說他什麼也沒做，能不能奏效另說，但左

一個會、右一個會也是緊鑼密鼓的，這三條大家平時議論得也比較多。

第四件事，是大家關注相對少的，就是他在外交領域做的事情。所謂「紅色帝國崛起」，主要是指這塊。**習上臺以後外交上的變化，大於內政上的變化**。（陳小平：外交新常態。）逐漸拋棄原來鄧小平確定的相對低調、「韜光養晦、絕不當頭」的外交國策，拿出越來越強勢的、咄咄逼人的、開始向四處伸張的勢頭，不僅僅是周邊地區，而且到了非洲，到了中東，到了拉美，到了歐洲，形成了全方位的外交戰略，和俄羅斯的關係已經走到了准結盟的地步。我自己在最近寫的文章裡這樣概括黨國外交：它力圖在紅色帝國崛起中形成新的全球戰略格局，核心是聯俄制美，這構成了二十一世紀全球新的「三國演義」。

就中國自身而言，**區分黨國作為一個民族國家和黨國作為共產黨自己的政體，具有重要的分析價值和方法論意義。在黨國實踐中，這兩個東西是自然捆綁在一起的。在外交場合，黨國名義上打的都是民族國家旗號，似乎中國與其他國家發生的關係（無論合作還是對抗）只是民族國家層面的事，中國捍衛的也只是民族國家利益；但實際上這裡包含著更複雜的邏輯關係，中國不僅僅是一個民族國家，同時還是一個黨國政體，它的獨裁政治制度和由大部分成熟民主國家構成的民主世界共同體，構成一種衝突的態勢，這也是我剛才說的聯俄制美背後的價值觀衝突和意識形**

態背景。但這個東西在外交場合和黨國的對外文宣中一般是隱而不顯的，儘管事實上這是一個實質性問題。

所謂「習近平新政」，包含了內政和外交兩個方面的動作，對內是服務於黨國中興，對外是服務於紅色帝國的崛起。而且習自認為越來越具有這種實力，三十年經濟增長，中國已經達到的體量似乎給了他越來越強的信心。只要擺平內部權爭、理順吏治、重塑「理想」這些都做到了，他就要這樣搏一把了。

這條路到底走得通走不通？剛才勝平表達了比較樂觀的想像，他認為習有可能走出來，習已經幹到現在，後面還有七八年時間，他得罪了這麼多人，如果真下去的話，他要考慮後果，再加上他自己的志向非常大，幹八年後還想繼續幹。但是以什麼名義往下幹？勝平的推斷是，他會走向民主，會採取選舉，黨內競選總書記，或者國家競選總統的方式。然而，我覺得勝平過於樂觀了。無論是競選總書記還是選舉總統，我都看不到這樣的可能性。總書記搞競選，在一個向來強調任何情況下都要「與中央保持一致」（實際就是與黨魁保持一致）的極權主義政黨中，是難以想像的，因為極權主義政黨排斥黨內分派，而搞競選勢必形成黨內有黨。這也是極權體制內所謂「黨內民主」不可能的原因，除非這個體制正在經歷重大危機、在外部壓力下黨的內部分化已經出現，只有在這個時候，「黨內民主」作為某種過渡形態才是可能的。至於公開選舉總統，假如我們按照現代民主的概念來評

估這件事情，這就不是單單選舉一個總統的事，而要涉及到中國現存體制，也就是黨國政治體制根本性的變革。習近平真要走這一步，除非在自己的認知上做一個根本性的調整和改變，那就是認同憲政民主制度。如果僅僅為維持自己的最高權力，他肯定不會走這條路，特別是考慮到我剛才假設的前提，就是他還想實現黨國千秋萬代的話。千秋萬代、黨國中興、紅色帝國崛起，他要是按照這個思路走，他繼續延續最高權力的方式就絕對不是按照我們現在理解的現代民主的方式來選舉國家總統，因為這是個系統工程，而且這個系統完全建立在不同的原則基礎上。他真的想當總統，完全可以藉助黨國的慣常手段，先修改憲法，賦予「總統」必要的「憲法地位」，再靠控制「選舉」，由人大「選」出一個「總統」來，但這和我們所說的民主體制內的選總統完全是兩回事。

在我看來，中國未來的危險恰好在於：習近平按照現在高度集權（同時也是極權）的方式瘋狂推進，不管是整黨還是治軍還是治理國家，即便假設他沒有犯重大錯誤，既沒有遭到對手的暗算，也沒有在內政外交諸方面插出大婁子，而真的按照他的設想高歌猛進一路前行，那也總會推進到那麼一個點，在這一點上，他將成為一個新的大權在握、乾綱獨斷的獨裁者，成為第二個毛澤東，沒有誰再能制約他，包括整個黨國機器。問題是，這樣的獨裁者早晚有退出舞臺的那一天，就像毛澤東再能耐也要退出這

個舞臺一樣。他沒有給國家留下任何解決這個問題的出路，中國仍然在2000年的皇權繼承邏輯和60年的黨國接班困境中迴旋，找不到任何出路。這才是中國真正的危險！

（2014年12月19日，紐約）

我們正在目睹一個新極權時代的來臨

中國研究院開張兩三年了吧，意見分歧的時候居多，但今天好像是個例外，大家異口同聲在誇獎何頻同志。說老實話，誇獎是應該的。你看，我也很認真，我也要誇獎，把何頻的文章看了，還做了點筆記。我同意（馮）勝平的說法：極具思想力。思想力，在這裡意味著某種洞悉、洞察。何頻是不是把它解釋得很清楚了，那是另一回事，但是何頻很敏銳、很尖銳地把這個問題提出來了。剛才好幾位都提到，對這個現象大家都有所感悟，也都在琢磨，怎麼來把這事說清楚？但是誰也沒想到這個詞：「中國病毒」。我不禁想起李慎之那篇《風雨蒼黃五十年》，他說1949年參加「開國大典」時，特別激動，然後看到胡風的一句詩：「時間開始了」，覺得此詩特別貼切，但又心生嫉妒，這麼好的詩怎麼讓他給提出來了？我們現在大概會有同樣感覺：大家都在琢磨同一個問題，怎麼「中國病毒」這麼貼切的詞讓何頻提出來了？（笑）

　　我自己也在認真琢磨這個事。剛才有些討論，說「中國病毒」哪兒來的？毛負的責任大，還是鄧負的責任大？何頻自己的文章裡，講到鄧負的責任更大。我基本上贊成這個說法，因為當下所謂「中國病毒」，它指的是什麼？最概括的回答就是：腐敗在征服全世界！中國式腐敗，黨國體制之下的這樣一種腐敗，權錢交易，不但征服了中國人，而且在征服全世界。這當然是「中國病毒」的第一個顯而易見的特徵。那麼這種黨國體制下、中國式的權錢交易，這樣一種腐敗，什麼時候形成的呢？什麼背景下形成的呢？顯然不是毛澤東時代，這是「文革」以後，改革開放年代，鄧堅持了毛的專制獨裁那一套，又放開了市場的潘多拉匣子，他把這兩個東西結合起來了，有了這兩個東西，才有了中國式權錢交易，才有了腐敗蔓延，才有了孫立平講的「社會潰敗」。這個背景和邏輯應該說很清楚。毛澤東那個年代有沒有責任呢？有責任。正是因為毛澤東把「鬥私批修」，把烏托邦社會改造工程和道德禁欲主義推到了極端、推到了極致，才可能有後邊的這樣一種整個社會的大翻轉，金錢的力量、物欲的力量以驚人的方式重新迸發出來，這個歷史邏輯的連續性，是以反向的形式表現出來的。

　　另外一個連續性鏈條就是我剛才說的：毛時代奠定的專制極權的政治體制，被鄧全盤接受下來，一直到現在。沒有監督的權力和市場經濟結合起來，造成最野蠻的社會後果，這是中國今

天這種權貴經濟、道德墮落和腐敗，社會潰敗及其蔓延的基本背景。過去這類現象只是在中國國內，國人互相感染、互相中毒而已。改革開放、打開國門以後，和外國人的交往多了，做買賣的時候也多了，外國人跑到中國來，中國人跑到外國去，這個過程裡，很自然，中國人會把國內那一套生意術也用在老外身上，且屢試不爽，同樣有效。外國商人為了賺錢勢必在中國式生意經面前就範，學會了「搞關係」，巴結中國官員。這個過程，用（羅）小朋的一個詞，並非是說誰在主觀、故意地如何如何，這是一個自然擴散的過程。把中國國內那些在我們看來是很齷齪、很低劣、很見不得陽光的做法，逐漸變成了一種國際間交往的潛規則。而老外過去大概沒這個東西，但他們能夠接受，能夠心有靈犀，一點就通，這當然涉及剛才好幾位都談到的「人性」——勝平用了這個詞，這個詞在這兒需要進一步解釋，因為人性內容很複雜，有正面的，也有負面的。我覺得要更準確概述的話，應該是：這樣一種中國式的腐敗，是利用並放大了人性中負面的、惡劣的東西。我在過去的寫作中把這種負面人性歸結為「生物性」，這不是一個生物學概念，而是哲學人類學概念，這裡無法展開。簡單說，正因為它是人性裡邊都有的，所以，不管是哪國人，接受起來並不困難。只不過在西方的法治經濟範圍內，這東西沒有伸展空間，而在中國就不同了。所以這是一條。就是說，中國式腐敗征服全世界，這個過程，我們可以把它理解是一種自

然的、甚至是集體無意識的、但導致了重大後果的一個過程。

用「中國式病毒」的擴散來形容這個過程，我覺得是相當貼切的。當然，如果我們把這個詞的適用範圍再擴大一下的話，那還有其他的現象。比如，中國政府的對外援助，往往被西方批評，你援助不講規則，不講底線，只要對自己有利，什麼人、什麼政府都支持。中國政府自己則美其名曰「我們真心幫助發展中國家，不附加任何政治條件」。中國不少老百姓大概也相信這個東西，他們不瞭解更多的情況嘛！而在西方，美國也好，歐洲國家也好，在對某一個發展中國家提供經濟援助、進行經濟合作時，是有一定政治條件的，比如說，你不能是一個過於專制的政府；我給你提供援助的話，會要求你在國內政治、社會方面，做某種改革。也就是說，他們把經濟援助、經濟合作和受援國的政治民主化進程，當作一個有聯繫的議題來處理。中國則不是這樣，因為黨國統治者自己就不贊成什麼民主化，他自己就是拒絕民主化的。那麼他這種援助除了地緣政治方面的考慮外，在客觀上造成的結果往往是支持、加強了那些專制政體，反過來又使講原則的西方在這些場合顯得比較被動，比較尷尬。這是不是也是某種「中國式病毒」的擴散？我不知道何頻原來的思路裡是否包含這些東西，但我覺得如果我們做伸展性討論的話，這些內容也可以列入。

我們現在需要一個更準確一點的學術上的定義或者概念，來

把這個東西抽象出來。我跟何頻在短信交流時也涉及這個問題。到目前為止，你這個文章基本還是描述型的，還不能說是一個嚴格的學術意義上的定義。當然我也沒想好。假如我們借鑒一下，西方現在有個詞不是叫「軟實力」嘛，一個國家除了硬實力以外還有軟實力，指的是我不是靠武力，也不是靠國家強力，而是靠我的價值觀、靠我的文化產品、精神產品所弘揚的那些東西，對其他國家的人民產生吸引，讓你認同我，這叫作軟實力。比如說美國大片、迪斯尼動畫片，談的都是非常普世價值的東西。不是光靠武力征服，而是靠一種道德的、價值觀念的力量來征服你。這種軟實力概念被認為是政治學上一個很重要的發展。

以此作為參考，何頻所講的「中國式病毒」，其實也具有某種「軟實力」的特徵，只不過著力點正好相反：它也不是靠強力，而是靠吸引，但這種吸引，是利用人性中低級負面的東西，打進去，污染人類心靈、惡化人類交往。它確實行之有效，但從道德角度講，效果完全相反，它在顛覆現存人類文明中那些最基本的原則。所以我們要把這種「軟實力」加上一個定語，稱為「惡的軟實力」，「負能量軟實力」。它是在放大人性中卑劣的東西，但確實對獲得實際利益有幫助、有好處，顯得特別「好用」，無論是在個體的、民間的場合，還是在國家的場合，這個東西似乎都無所不在。這是不是一種很可怕的現象呢？

那麼，「中國式病毒」和今天人們常講的「中國模式」是個

什麼關係？在座的知道，我這段時間一直在琢磨「紅色帝國」的問題。昨天在另外一個會上我還發揮了這麼一種想法，沒有寫成文章，還在構思當中，就是，**最近幾年以來，特別是中共十八大以來，黨國統治者在力圖實現黨國中興、謀劃內政外交新格局的過程中，正在形成一種新的架構，這個架構可以歸結為黨國政體和民族國家的結合，它可能具有世界史意義，體現了某種新的歷史演進階段**。昨天那個會上，我曾把過去一百多年來人類政治的發展和文明演進，大體劃分為五個階段，我在這裡再簡單地概括一下：

第一個階段我指的是十九世紀，那是一個在主權國家框架內，弱肉強食、社會達爾文主義「叢林法則」支配一切的世紀。那個年代，強調民族國家邏輯，認可帝國擴張的合理性。當然這個東西從1648年威斯特伐利亞條約簽訂、建立近代意義上的主權國家框架以來就有了，只不過在十九世紀達到高潮，以至於直到今天的國際關係理論，很多所謂「現實主義」的主張和論證套路，還是建立在對這個原則基本認可的基礎上。

第二個階段是二十世紀的前半段：從第一次世界大戰爆發，到第二次世界大戰結束，我把它稱為「兩戰時代」。「兩戰時代」有兩個特點：一個特點是出現了否定十九世紀弱肉強食原則的新原則。比較突出的代表，就是一戰結束時美國總統威爾遜提出的14點和平倡議，那是一個體現康德主義精神的文件，強調用

和平、理性的方式來處理各國間的爭端，不應再訴諸武力，用拳頭說話應該被歷史所淘汰了。這個原則很具有超前性，甚至在美國國內都是很有爭議的（威爾遜提出來以後，當時的美國國會並沒有批准）。但是這個原則從後來的歷史演進來看，具有極高價值和足夠的歷史深邃性。到了二戰結束的時候，聯合國的成立，在某種意義上是這一原則的體現，儘管還沒有達到完全理想的狀態。這是「兩戰時代」的正面結果。「兩戰時代」還有另外一個東西：出現了德國納粹主義、意大利法西斯主義、蘇聯的斯大林主義，政治上它們都以極權主義著稱，外交上都有某種擴張性。具體過程咱們就不說了，比較複雜。這是「兩戰時代」的特點。「兩戰」所以能夠發生，其實還是十九世紀那個社會達爾文主義邏輯的延續。直到二戰結束、聯合國建立，民族國家的擴張行為、弱肉強食行為才成為被人類共同體反對的東西。

第三階段，就是戰後了，人們一般稱為「冷戰時代」，從1945年二戰結束，到1991年蘇聯解體。這段時間的特點，是意識形態衝突凸顯。出現兩大陣營，所謂資本主義陣營和社會主義陣營。蘇聯和中國當時秉承共產革命的邏輯，批判西方是資本主義。而在西方看來，蘇聯、中國都是紅色極權主義。這種意識形態衝突，成為冷戰時代的主要標誌，而民族國家衝突，不能說沒有，但是和意識形態衝突相比較，處於一個相對次要的地位。

第四階段，冷戰後。整個前蘇聯東歐社會主義陣營統統瓦

解了，除了中國一枝獨秀，挺了下來，其他那些社會主義國家、紅色專制政體，紛紛退出歷史舞臺。意識形態衝突似乎已經不存在了，所以才有福山的「歷史終結論」，說民主已經取得勝利，今後再有什麼衝突存在的話，大概就是文明之間的衝突了，比如基督教和伊斯蘭教或儒教之間的衝突，是亨廷頓講的那套東西。這是冷戰後，從1991年到本世紀頭十年吧，基本上是這麼一個狀態。換言之，無論以弱肉強食為基礎的民族國家衝突，還是以「主義」為基礎的意識形態衝突，似乎都已經退居幕後，不再是歷史的主角。

誰也沒有想到的是，恰恰是在這段時間裡，當年屬於共產革命陣營一員的中國，它的掌權者雖然歷經六四危機，非但沒有倒臺，反倒經過二十幾年發展逐漸「崛起」，今天已然是世界第二大經濟體，它在世界上的位置，已經和過去完全不一樣了。**特別是習近平上臺以來，中國的內政外交均發生了、且還在發生著重大變化。內政方面，習政權一方面強力反貪腐，一方面強力反憲政，目的在實現「黨國中興」，可以說中國已經進入一個新極權主義時代。外交方面，則在全力謀劃聯俄制美的全球戰略新格局，一個紅色帝國正在崛起，它的根本特徵，就是把民族國家弱肉強食的擴張邏輯和黨國政體的專制邏輯重新拾起來，並把二者結合在一起。**談到「擴張邏輯」，可能有人不同意，因為中國歷史上從無主動向外擴張的傳統，也缺乏此類衝動。這當然是事

實。我所謂今日紅色帝國的擴張，一方面是指在南中國海等地發生的事情，北京正在用武力威脅方式向爭議方頻頻示強，它體現的是典型的十九世紀傳統；另一方面，這種擴張，更是紅色帝國海外利益的擴張，因為今日中國的需求已經成為全球性的，它要從中東、北非、俄羅斯進口石油，從北美進口糧食，從拉美進口礦產品，中國的公司也在遙遠的非洲、歐洲、拉丁美洲投資建廠做生意。中國需要保護這些海外利益，所以才要建設遠洋海軍。**以上這些，似乎是民族國家性的，是基於民族國家發展的需要，但它同樣基於黨國政體的需要。我在最近寫的一些文字中曾指出，黨國外交的第一要務，是反顛覆、保政權，可以說，恰恰是這種政權和意識形態意義上的自保需求，成為打著民族國家旗號對外擴張的根本驅動。這與當年的納粹德國、軍國主義的日本完全不同，也和冷戰時期的蘇聯完全不同。**

總之，我們正在目睹一個新時代的來臨，中國的習式新極權主義，既要在內政方面實現黨國中興，又要在外交方面實現紅色帝國的崛起，後者最根本的特徵，就是把民族國家的邏輯和黨國政體的邏輯結合起來。從世界演變史的角度看，這是不是一個新現象、乃至一個新時代呢？這樣一種結合，在過去經歷的四個歷史階段中似乎從未出現過，它本身已足以構成近代以來第五個歷史時代的標誌。若真的是如此，這對當今人類、對二戰乃至冷戰後所形成的人類文明規則，又意味著什麼呢？

　　我這麼說，可能有些人不贊成，因為大家多是對黨國政府持批評態度的，有些人甚至希望它儘快倒臺。我個人也希望，中國的制度應該儘快發生積極方向的變化，實現民主化。但這只是一種願望。作為研究者，我們現在要做的是分析，是客觀、冷峻地看待今天中國的現實，這麼一個現象恐怕得正視。

　　在這個背景之下，我們再來看「中國式病毒」，可以獲得更大的想像力和討論空間。**「中國式病毒」作為一種「惡的軟實力」，或者稱為紅色帝國的一種力量，正在對這個世界產生巨大影響。不是一直有人在鼓吹「中國模式」嗎？據說，黨國的決策模式比西方更「有效率」，黨國的「民主」也比西方的「選主」更高明；更根本的是，黨國似乎證明了，一個專制政權是可以和一個開放經濟並行不悖的，甚至正相關；更何況，黨國的完美統治術，包括高超的媒體、互聯網控制，迫使知識人就範的種種手段，讓中產階級既滿足又恐懼的經濟社會氛圍，通過民生投入對底層民眾的收買，國家主義情緒的鼓噪，軍隊的進一步黨化，社會生活與藝術的「小時代」化，等等，都在造就一代代病態的、奴化（臣民化）的、精於計算、老於世故乃至不知羞恥的人格，恰恰是這些東西，構成一個專制體制運行的基礎。黨國在所有這些方面的「成功」，不正在給全世界的那些威權政體提供「榜樣」麼？這個「中國式病毒」，真的是何其了得！它的潛能，來自於對負面人性的駕馭，也正因為此，它具有了某種征服世界的**

力量。

何頻貢獻的價值，如果我們放到這個框架裡來看的話，無論怎麼講都不算過分。當然這裡頭還有很多具體問題需要討論、琢磨。另外也需要給它歸納出一些定義，這是從學術角度、學理角度看，至於說從行動角度，如何改變它，結束它，那是另一回事。

（2015年9月20日，紐約）

完全不同的格局：我看「習馬會」

今天舉行的習近平、馬英九之間的「習馬會」，習有習的格局，馬有馬的格局。馬的格局相對小，騰挪空間也很有限，他受到來自方方面面的壓力，包括島內民眾和反對黨派的壓力，這我同意（張）艾枚剛才的分析。而習的格局完全不同，他是一個全球性的格局。馬呢，主要還是臺灣島內的格局。即便他希望得到「對等的尊嚴」，希望大陸能夠給他一些國際空間，但也是很有限的要求而已。兩邊的空間，這個格局是完全不一樣的。

就馬英九而言，剛才孟玄兄提到了一個臺灣民調的問題，我正好把這個民調打印出來了，很有意思。我給大家介紹一下。

這個民調是臺灣中央研究院社會所「中國效應主題研究小組」搞的，2015年10月19日公佈，風傳媒報導的標題是「中研院

調查，迫於現狀，半數民眾預期未來『被統一』」。調查樣本數是1091人，給出兩組數據，一個叫作「統獨選擇」，問被調查者：你對當下的統獨問題怎麼看？是贊成統呢，還是贊成獨呢？還是你沒有主張？這是第一組要調查的問題。調查結果是這樣的：贊成統一的，16.1%；贊成獨立的，46.4%；中間立場的，37.5%。這是第一組數據，這組數據顯示，臺灣今天的民眾──就它這個調查而言──贊成獨立的要多一些。當然，孟玄剛才講了，實際上有60%甚至70%的人，是希望獨立的。我呢，也去過臺灣兩三次，跟臺灣學界做過比較深入的交流，我得到的印象跟你說的差不多。它現在這個調查結果，比平時大家感覺到的似乎還要低一點。

第二組數據是，讓這1091人預估一下：未來兩岸的走向是什麼？很有意思啊，也是三個數字：一個叫做「被統一」，兩岸未來將「被統一」，這麼認為的高達49.7%；認為今後臺灣會獨立的，是35.9%；預測將維持現狀的，14.4%。

就這麼一個調查結果，下面中研院的學者還做了些具體分析，這裡就不講了。在某種意義上，它反映了當下臺灣島內大體上的民意狀態，應該是客觀、真實的。說到這裡，我插句題外話：這樣一條消息公佈以後，第二天，2015年10月20號，鳳凰衛視就這個調查做了個報導，主題是「民調顯示，台半數民眾認為，未來兩岸必將統一」。單看標題，似乎也不算錯，但它實

際上是把「統一」作為臺灣民眾的主觀期待，和「被統一」作為臺灣民眾的那種無奈，把這兩個東西給混淆了——準確地說，它是在故意歪曲！因為這個節目中的被採訪者，都在談「期待統一」。這當然符合黨國的「政治正確」，卻完全不顧及原調查結論的本來含義。正巧我頭天剛剛看了這個調查，從網上下載了，第二天鳳凰就搞了這麼一個報導，我當時真有點哭笑不得：鳳凰衛視，不管怎麼說，也是有影響的大媒體呀，過去也製作過不少好節目，居然墮落到這種程度，真是讓人難以想像！

我們回到剛才的話題，這次習馬會，馬英九是在臺灣這樣一個民意背景之下，來和習近平見面的。所以他的空間實際上很小。剛才艾枚談到了，他可能有個人方面的考慮，希望有一個歷史位置；他也有為國民黨的考慮，不管怎麼說，這些年來一路走下來，是不是跟大陸領導人見一下，明年會對國民黨的選情有點兒幫助，也沒準他想這個事情；另外，他也可能想為今後臺灣島爭取更多的國際空間，特別是在經貿方面。站在馬的角度，我想他作為總統，也是要想這些事情。但總的說，他想的範圍就這麼大，他不太可能再去想更多的東西。有朋友說，馬英九想率領國民黨回大陸，大陸「國粉」遍地，甚至馬會把臺灣的憲政帶回中國。這種說法是既不瞭解臺灣，也不瞭解大陸。不要說大陸遠談不上什麼「國粉」遍地，國民黨也不會做這個夢，他們躲這個話題還來不及呢！

　　事實上，這次馬英九跟習近平會談中，就刻意回避了很多東西，比方說，國號問題他是沒有提的，兩岸社會制度的不同也沒有提，他用了一個詞「敏感議題」，到底是哪些問題「敏感」？他沒有解釋。看得出來，馬英九這次跑到新加坡和習近平見面，可謂苦心孤詣，甚至在某種意義上違背了臺灣民主制度，據說，此行他並未獲得立法院的授權。但他之所以還是孤注一擲這麼做，顯然有他的考量，大概也認為非如此不可了，畢竟他的任期馬上就要結束了。

　　而習完全是另外一種情況。我自己的理解，穩住並最終拿下臺灣是習作為新一代中共領袖重要的戰略目標。我近年來一直在講習要搞一個「紅色帝國」——當然這個問題有不同意見，有人贊成，有人不贊成——我是從黨國政體和民族國家的捆綁來解讀「紅色帝國」，習中央主導下的紅色帝國企圖在內政方面實現「黨國中興」，在外交層面和美國人進行全球博弈。**按照紅色帝國這樣一個思路來判斷，臺灣的重要性何在呢？重要就在於臺灣可能成為紅色帝國一展拳腳的第一個目標、跳板或平臺，最直接也最方便。可以說，對於臺灣，習近平志在必得。**這是此次習馬會從習角度而言的根本背景。當然，習不是第一個和臺灣高層接觸的中共最高領導人。此前的2005年，已經有胡連會，那次是兩黨領袖——當時連戰是國民黨主席嘛，他是不執政的在野黨黨魁——恢復聯繫了，也算是「破冰之旅」。但是這次，是兩岸領導

人之間第一次會面，雖然大家在刻意回避正式的名義：兩岸什麼領導人？中華民國「總統」和中華人民共和國「主席」嗎？他們兩位握手了，是不是等於承認兩邊都是合法政府且雙方互相承認？有人有這個擔心，甚至覺得習近平為此在冒風險。當然，我們可以說這個問題雙方都有意回避，乾脆互稱「先生」，因為心知肚明嘛，中國人這種智慧還是有的。但我不認為習會擔心冒什麼風險。面對臺灣這盤早晚要吞下、但眼前又有些佐料仍需配齊、有些麻煩仍需搞定的小菜，習要親自下廚烹飪一下。與馬英九互稱「先生」有何難哉？正好顯示氣壯如牛的北京的自信與大氣。更何況會場下已經做足了功夫，比如，就在習馬握手的大廳外，五星紅旗可以在無數拉拉隊員手中任意揮舞，而青天白日旗卻被「維持秩序」者強行收起，以至現場報導的臺灣記者大為不滿。——當然，此類做法就絕非大氣了，卻顯得十分小家子氣。

就習近平而言，他此次會見馬英九，首要目標是給臺灣未來制定一個框子，或曰重申這個框子，因為他也知道，民進黨明年上臺，幾乎成為定勢，國民黨很可能這次就下去了，以後什麼時候再上來，不知道。而黨國這麼多年來，當然是習慣於和國民黨打交道，而不希望和民進黨打交道的，——儘管這些年來，對其工作也沒少做，和民進黨也在擴大交往。北京的前提很清楚，就是所謂「九二共識」。「九二共識」，北京方面強調的是「一個中國」，要統一，臺灣則強調「一中各表」。這個問題實際上是

非常微妙的。習現在就是要借這個機會申明，就算你國民黨不成了，民進黨要上來了，我先確定幾條：第一條，「一個中國」原則是不能動搖的；第二條，台獨是不能允許的，下面準備接盤的民進黨，我給你劃了個非常清晰的界限，這是沒什麼可說的。當然，也有一些更具體的背景，比如說，臺灣現在的青年一代更傾向於獨立，對臺灣這種民意，我相信習不是不知道，他就是要在這個時候，先給你確定這個大框架，不許你突破。

這麼一來，就兩岸關係而言，北京實際上是給民進黨出了一道難題。民進黨這麼多年來，其基本主張從未改變：按1999年那個《臺灣前途決議文》，它就是一個台獨黨，一點不假。在關鍵問題上，原則問題上，民進黨到現在也沒變。但是民進黨又一直有個希望：大陸你們能不能認可我們這個東西？我們希望和你和睦相處，我們作為兩個「國家」，共同努力促進兩岸人民福祉……，如何如何。民進黨公開發表的文件裡邊，不斷在強調這個東西。而這套說法在北京看來，是全然不可接受的。所以假如民進黨勝選、「小英」（蔡英文）總統上來之後，民進黨新執政班子面臨的第一道難關，就是你怎麼面對這個問題？怎麼解釋、處理這個問題？當然民進黨也在講「維持現狀」，怎麼個「維持」法？習在未來執政至少還有七年多時間——說到這裡我還要插一句，這次馬英九在對談中，說了一句話，他說我只有這幾個月啦，習先生還有七年多時間。其實這話說得早了點兒，也可能

習近平不止七年多呢！就算是習只有七年多的時間，但是從習的這種狀態，從他整個要實現的雄心而言，我感覺臺灣是他志在必得的一塊。

志在必得，不僅是說國家要統一，對一個領導人來講，這是彪炳史冊的大事。當年毛想幹這件事，沒幹成；鄧也想幹這個事，也沒幹成；現在如果習幹成了，就超越了毛鄧，在中國歷史上，那就是一大功臣。習肯定在想這個事情。第二，他把臺灣拿回來，不僅是實現國家統一，還是他的全球戰略中非常重要的一步，這就涉及我剛才講的中美之間的全球博弈。在這個問題上，（馮）勝平和其他一些朋友剛才的發言中，講到中國和美國之間到底怎麼來定位，覺得美國好像不能丟掉中國，中國真要把臺灣拿下的話，美國也未必會怎麼樣，美國在多少年前也曾經想過放棄臺灣，等等。——不過，說老實話，此一時也，彼一時也。1949年中共政權剛建立時，美國政府中的某些人確曾有過這方面的想法，那是因為當時美國人對蔣介石失望，加上當時美國主要的對手是蘇聯，美國需要分化蘇中這兩個共產黨國家，把中共拉過來，或至少中立。如果不是因為韓戰爆發，臺灣沒準就真被毛澤東拿下了。總之，在那個年代、那樣一個戰略格局之下，美國人對臺灣問題的考量大致如此，一點不奇怪。到今天，情況已經全然不同了。

美國人不會看不到，習自己也會這樣想，那就是如果臺灣

被大陸「統一」，不但可以大大提高中共在中國民眾中的合法
性，而且從地緣戰略意義上講，拿下了臺灣，對整個南中國海，
對西太平洋地區，甚至對全球而言，都大大地有利於黨國的全球
戰略。在這點上，肯定有不少人在幫習出主意，在做沙盤推演。
**別的不說，統一了臺灣，就理所當然地接管了太平島（不管是共
軍直接接管，還是仍然沿用國軍的名義駐守），中國在南中國海
的主權伸張就有了更過硬的證據。如果要適度動用武力，臺灣海
峽也是合適的練兵場所──畢竟在臺灣動武屬於中國「內政」，
旁人不好干涉，而解放軍已經幾十年沒打過仗了，一個崛起的帝
國怎麼能全無金戈鐵馬的鐵血轟鳴而充滿脂粉氣呢？這麼講，不
意味著一定要在臺灣用兵；而是說，如果用兵的話，臺灣是一個
比其他地方更合適的、可能性更大的選擇。至於美國人是否有勇
氣、有決心阻擋解放軍在台用武，這是個更複雜的問題，這裡無
法展開。很多人希望美國遵守對臺灣的價值承諾、在關鍵時刻承
擔起保衛臺灣的義務。歐巴馬總統（又譯奧巴馬）也正在推行
「重返亞太戰略」。但我認為美國在臺灣問題上能下多大的決
心，目前還不好說。美國已經在中東、阿富汗惹了一堆麻煩，和
俄羅斯也處在深度對抗中。未來台海兩岸若真的開戰，美國人再
度放棄臺灣並非不可能，但會基於完全不同的背景、出於完全不
同的考慮。其中重要的一點是中共軍事能力的進步和中美軍事差
距的縮小。美國是有對臺灣的價值承諾，但美國人又是高度現實**

主義的。面對正在崛起、咄咄逼人的北京紅色帝國，美國人真正開戰的決心並不容易下。在這個問題上，反倒是我們自己想問題過於簡單，甚至顯得幼稚。就像剛才孟玄兄提到的，是不是有什麼「天下體系」呀？中國人還在講「和平崛起」嘛！雖然「和平崛起」大家未必真的相信，但「天下體系」這個說法好像是我們文化當中的一塊，是不是黨國真要用這樣一個東西來取代過去四百年形成的主權國家框架呀？

其實，所謂「天下體系」，如果把它當作一種學問的話，那本身就是一個爭議極高的話題。提出這個命題的，不是別人，是我的同學、同事趙汀陽。我在社科院讀書的時候，他是我們班上最小的同學之一，還是個孩子。成名後，關於「天下體系」他寫了一本書，在國內影響蠻大。研究中國歷史的上海學者葛兆光最近寫了篇幾萬字的長文，批他這個「天下體系」。但有意思的是，這樣一個在學理上充滿爭議的觀點，現在真有可能成為黨國宣傳策略和意識形態戰略中某種可以利用的東西。我以為，在這些問題上，我們應該把這幾個層面分開：一個是黨國全球利益的現實和它為追逐這種利益採取的實際動作，一個是它為粉飾、遮掩其實際意圖而做的意識形態層面、文化層面的文宣，這幾個層面是不一樣的。我們不要上了老共文宣的當，而忽視了他們真正的戰略意圖。

總的說，就習馬會這件事而言，我覺得我們現在能夠看到的

是，第一，這兩個人之間談不上真正溝通，就是說，這個會見的象徵意義要大於它的實質意義；第二，因為馬不久就要下來，沒有多長時間了，習要通過會面給兩岸政策，特別是臺灣島內政治的發展，來定調。這個才是他真正要做的事情。央視新聞報導中也說他提到，我們現在是站在十字路口，要確定未來的前途和方向。所以在習馬會當中，我們更需要關注的，反倒是北京方面，習的方面，他的意圖和他今後會做些什麼，這種舉措究竟對兩岸未來有什麼影響，我以為這是我們今後更要關注的東西。說國民黨要回大陸發展，完全沒有的事。兩岸「統一在望」不假，但邏輯卻全然不同。對黨國而言，能「和平」取之，當然最好，但人家也一定會做好武力奪取的準備。畢竟事情不能這樣拖下去。

（2015年11月7日，紐約）

「蔡英文的總統就職演說可以打80分」

我先回應一下西諾講的「臺灣重返聯合國」問題。當然我很欣賞你的熱情，但在我看來事情沒那麼簡單，這裡面至少存在一個法理上的問題。就臺灣本身，或更準確地說，就中華民國而言，這兩個詞本來並非一個意思，臺灣其實只是地理概念，只是出於政治需要，人們有時候會用臺灣來代替中華民國，特別是民進黨會這樣用。

但從法理上來講，中華民國有自己非常明確的憲政界定，你看《中華民國憲法》，那是1947年1月1號正式公佈的，到臺灣後經過多次修憲，目前的《憲法》仍然繼承了1947年《憲法》的基本脈絡，它現在對中華民國國土範圍的定義仍然包括中國大陸在內。剛才胡平也提到，現在還有一個《兩岸人民關係條例》，條例中把臺灣跟大陸地區分開，臺灣地區就是台澎金馬，大陸地區是除台澎金馬以外的地區，所以現在大陸人去臺灣，除了在中國這邊要去公安局辦赴台通行證外，臺灣還要發一個入台許可，反過來也一樣，臺灣人過來，大陸要發臺胞證。

這裡面存在一個非常微妙的關係或狀態，就是雙方的《憲法》都在宣稱我代表包括臺灣在內的整個中國領土，但也都各自承認只管其中一部分，所以當你在努力讓臺灣重返聯合國的時候，首先遇到的一個法理上的問題是，你說的臺灣代表誰？領土範圍是什麼？原來的民進黨，作為一個有台獨傾向的政黨，他們原來想的也是這件事，就是我不管大陸怎麼樣，你承認我是獨立的就OK，我願意跟你保持一個良好的國與國之間的關係，1999年他們專門搞了個《臺灣前途決議文》，他們就是這樣講的。所以一直以來，民進黨的基本主旨就是，希望中國大陸你能理解我，共產黨能理解我，我們獨立、成為臺灣共和國以後，願意跟你保持良好關係、作個好鄰居。你如果了解這樣的背景，就會發現，這次民進黨重新上臺後，蔡英文的5.20就職演說實在是做出

了太大的調整。在語言上，原來的兩國現在悄悄變成了兩岸，因為她確實受制於方方面面的壓力，既有來自美國方面的壓力，也有來自中國大陸的壓力，當然島內的政治因素也非常重要。所以總的來說，蔡總統這次的演說可圈可點，她是下了功夫的，有朋友說蔡英文講話沒有稿子，我要糾正一下，她不是沒稿，她是有稿的，精心準備的。

如果僅就這次蔡英文5.20總統就職演說而言，我認為至少可以打80分。她刻意沒有把兩岸關係放在一個很重要的位置上，只是在講話的第四部分，講到區域關係時，談到兩岸關係；她也很明確地講，要在中華民國現行《憲法》和《兩岸人民關係條例》這個範疇內處理兩岸問題，同時還要考慮臺灣民意。**看得出來，她是經過認真考慮的，我們也可以說，這樣的調整，是她從一個黨派的立場，轉到了作為中華民國現任總統的國家立場上。**

另一方面，就經濟體量而言，臺灣在整個全球格局中份量並不大，和中國大陸完全不能相比。**臺灣如何找到自己的立身之地？如何確立自己的生存空間？如何讓自己真正發揮別人沒有或發揮不了的作用？我以為，只有更明確地強調臺灣民主化的經驗、臺灣的民主價值，才會對提升臺灣的地位真正有貢獻。這是別人沒有的東西，是臺灣獨有的，是大陸恰恰缺乏的。高揚這個東西，臺灣才有制高點，才佔據了道義高地。從這裡我們又可以說，蔡英文的演說似乎還有不盡如人意的地方。**

當然，臺灣問題不光是兩岸問題，更多的是中美問題，這就複雜了，我過去多次談過，也分析過，今天就不再展開。

（2016年5月21日，紐約）

（以上文字分別刊載於明鏡出版社《紅色帝國》、《中國新震盪》、《中國再入險境》等書及明鏡所屬各刊物，略有改動）

南海爭端癥結何在？

題記：南海已經成為中美全球博弈的主戰場之一，未來可能的中美軍事衝突，多半發生在南海——越來越多的人這樣判斷。確實如此。但很多人（特別是中國大陸被洗腦的普羅大眾）搞不清楚南海問題的來龍去脈，盲目相信黨國的「愛國主義」宣傳。這就顯得更加危險，因為建立在愚民基礎上的「愛國主義」從來是統治者實施擴張的幫兇和工具。

本文重在介紹「與南海問題有關的基本史實、基本事實、甚至基本常識」，就是希望對此有所糾正。文中坦言：筆者作為中國人，我也愛國，但在考慮南海問題時，我更願意強調自己首先是人類的一份子，要站在人類的角度、而非僅僅本國的角度思考問題、發表意見。這是當今文明人類應有的高度。

南海是北京紅色帝國戰略的重要組成部分，本書後續各文多次論及於此。在這個意義上，先行閱讀本文，也是理解後文的必要準備。

南海問題一直升溫，海內外都在關注。我看了不少資料，一

邊思考，一邊自我啟蒙。今天借這個機會，把我學到的、想到的東西跟大家分享一下。

關於南海，最近特別有兩件事：一個是菲律賓把中國告到國際仲裁法庭，北京對這種國際仲裁一直是拒絕的，而仲裁法庭有答覆：我們有資格來審理這個案子。第二件事，就是美國海軍拉森號導彈驅逐艦前不久直接進入中國聲稱擁有主權的南海島礁12海里範圍——直接進入，顯然「帶有挑釁性質」。不僅如此，後來兩天的新聞看到：美國國防部長登上了航母，也是在南海地區。儘管最近幾天中美軍方高層有接觸，但是這個劍拔弩張的勁頭一直沒有和緩下來。

這是個什麼問題呢？我是每天看我黨新聞的，不知道在座的諸位是不是看？「新聞聯播」，「今日關注」……（何頻：我看得出來，因為你剛才用了一個詞：「挑釁」。）對，中國大陸的詞——你就看得出來，我們國內這些節目，無論報導還是訪談，所有官媒都在用類似的語言形容在南海發生的事情。簡單地說，它的邏輯就是：南海是我們的，自古以來就是我們的，現在美國人一天到晚在生事，是在挑釁我們。我們和南海周邊國家本來談得挺好的，問題在商討、解決中，但美國人唯恐天下不亂，總想插一槓子，根子就是害怕中國和平崛起。這是一塊。

另一塊，和官媒宣傳相適應，和這樣一個文宣策略、文宣方式相對應的，是國內現在的民族主義——或者叫新國家主義——

情緒是滿高漲的。很早以前我就發現一個現象，國內老百姓的認知特點和情緒指向，如果是談國內腐敗問題，大家同仇敵愾，異口同聲地罵官府；但是一涉及到外交層面的事，或者是民族問題，那往往是另外一個樣子，不問是非曲直，就簡單地站在官府一邊，似乎黨國政府是在維護「國家利益」，維護中國的利益。我們國內民間的認知和精神狀態，在新國家主義、民族主義這個層面上總的說是這個樣子，和官方宣傳比較吻合，或者更準確地說，它就是官方有意誘導的結果。但正因為如此，問題就來了：到底南海問題大家瞭解多少？包括那些常識性問題？還真不一定懂——官媒能夠提供的信息非常有限，且是高度選擇的，再加上國內網絡高度屏蔽，不想讓你看到的東西，你就很難看到。所以一般公眾在認知上勢必出現這個問題，不瞭解與南海問題有關的基本史實、基本事實、甚至基本常識。當然，我自己過去也不瞭解。我們從小接受的教育就是，偉大祖國地大物博，東起東海之濱，西到帕米爾高原，北到黑龍江漠河，南到曾母暗沙——曾母暗沙是我們的最南端，我從小就知道。但是曾母暗沙到底在哪兒？後來看地圖，確實很遠哪！有個「九段線」，畫這麼一個大弧，幾乎把整個南中國海劃在了裡面，而曾母暗沙就在這個弧的最南端。

所以，我們討論南海問題，需要把一些基本事實，先梳理一下。關於「南海主權」和「九段線」，這些充滿爭議的概念，到

底是怎麼回事？

南海主權訴求與國際海洋法公約

　　中國宣稱：「九段線」以內都是我的，其實這個說法在很長時間裡不是很清晰。什麼意思？它是說，九段線以內整個海域都是中國的？還是說，這個海域裡的島礁都是中國的？過去中國政府好像也沒有很明確的說法，包括最早提出「十一段線」的中華民國政府和後來繼承了這個提法的中華人民共和國政府。另一方面，菲律賓、越南、馬來西亞、文萊等國家也宣稱對南海擁有部分或全部主權。越南的主權訴求基本上涵蓋了整個南沙島礁，還有西沙群島。菲律賓原來主張整個南沙群島是它的，最近兩年有變化，縮小了主權聲索範圍。總之，關於南沙，幾個國家同時在宣稱「這個地方是我的」。那怎麼來判定歸屬？

　　本來有一個最簡單的辦法：1982年，聯合國制定了國際海洋法公約，全世界大部分國家都是簽署的，中國也簽了。在這個國際海洋法公約裡，什麼叫「領海」，什麼叫「專屬經濟區」，有非常明確的界定。比如：從你的海岸基線向外12海里（1海里約合1.85公里）是你的領海，享有完全主權；從你的海岸基線往外200海里，領海之外的那部分海域，這算你的專屬經濟區，享有經濟開發方面的特權。好了，如果按照這樣一個規定，來判斷整個南

海——或者用國際說法，叫「南中國海」（South China Sea）——
的主權歸屬，你就會發現，無論菲律賓、越南還是中國的南海主
權要求都不盡合理，當然最不合理的是中國。為什麼呢？從華南
的廣州、海南島海邊，到曾母暗沙，相距1500公里之遙。而曾母
暗沙離南邊的馬來西亞海岸，只有100多公里。也就是說，按照
海洋法公約的規定，這個地方是馬來西亞的專屬經濟區。當然，
越南的要求也不合理，越南把南中國海這一塊——它稱之為「東
海」，因為在它的東邊——和北邊的西沙群島，全部劃在它自己
的主權範圍內，但是按照200海里專屬經濟區概念，實際上越南能
夠主張的也只是南沙群島的一部分，而不是整個南沙群島。菲律
賓原來也是這麼主張的，你要按照200海里專屬經濟區概念，菲律
賓也只能要求南沙群島靠近菲律賓巴拉望島海岸的那一部分（菲
律賓最近已經作出了主權聲索方面的調整，以更加符合海洋法公
約）。而中國，是根本夠不著南沙的，距離太遙遠了。

　　按照上述領海和專屬經濟區的規定，國際海洋法公約根本上
拒絕了宣稱像南海這樣巨大的海域屬於某一個國家的可能，因為
200海里專屬經濟區以外就是純粹的國際公海，任何一個國家無
權宣布擁有它。

「島」、「岩塊」、「低潮高地」的法律地位

當然，這裡有一個問題：島嶼。根據海洋法公約，符合條件的島嶼和某些海洋地貌也具有相應法律地位，可以據此聲索海洋權利。海裡有各種地貌嘛，海洋法公約區分了三種不同的海洋地貌，包括島嶼、岩塊和低潮高地。那麼什麼樣的叫「島」，什麼樣的叫「岩塊」、「礁」或「礁石」，什麼樣的叫「低潮高地」呢？

「島」的概念比較清楚：四面環水，中間一片陸地，不管海水漲潮還是落潮，陸地常年突出在水面之上的，就可以叫島。當然，這個島，如果要擁有較高的法律地位，就是說，它要擁有12海里的領海主權，而且擁有周邊200海里的專屬經濟區，那光是四面環水還不夠，上面還要滿足人類正常生活的條件，比如能從事墾殖，有淡水等等。按這樣一個標準來衡量，那麼南沙島礁裡符合這個條件的，非常非常之少，太平島是一個，就是今天臺灣占的那個島。這是一種類型。

第二種類型，叫作「岩塊」，岩塊是什麼意思呢？當海水處於低潮的時候，會有一片裸露出來的地貌，包括一些突起的岩石，但當海水漲潮的時候，那些低一點的地面就被全部淹沒了，只露出幾塊礁石來。岩塊的海洋法律地位，比島嶼要低了，它可以擁有12海里的領海，但不能有200海里專屬經濟區。

　　第三類，叫「低潮高地」：在海水落潮的時候，這片地方是可以裸露出來的，是在海平面之上的，但是一旦海水漲潮，它就整個被淹沒，什麼都看不到了。這種情況，在法律意義上，它享有的級別就非常低了，在海洋法上，它不具有任何主權聲索條件，既不能擁有領海，也沒有專屬經濟區。

　　現在我們按照海洋法公約所界定的這三種不同類型，看看今天南沙島礁的實際情況。南沙島礁，能夠數得上名的很多，實際佔領狀況是：越南占了二十幾個，（陳小平：我掌握的數字是越南三十多個，菲律賓十一個）各種資料上的數字有出入，這裡我只提供一種較為含混的說法──「二十幾個」。菲律賓，我看到的材料是占了九個；中國大陸占了九個；臺灣方面占了一個；馬來西亞也占了若干。（問：那三種類型裡邊，各國占的是哪一種呢？）簡單講就是，菲律賓占的，越南占的，大部分都是原來比較大的、海中凸顯的地貌，比如越南占了南威島，菲律賓占了中業島。它們也搶佔了大部分岩塊地貌，並想辦法擴大，搞一些人造設施，有些也住人了。中國相對來說介入南海比較晚，上個世紀八〇年代後期，中國才開始大規模地介入。我剛才說中國占的九個島礁，大部分是在八〇年代拿下來的。有價值的，突出海面比較高的，比較明顯的，都讓人家占完了，中國去了，最開始拿的那幾個島礁，是還沒有被別人佔領過的，比如永暑礁。中國所占的這些島礁，大部分屬於低潮高地，漲潮以後是看不到的，

落潮後才能顯出一點——大概正因為這樣，別人才沒占。有兩、
三個屬於岩塊——就是漲潮的時候，也可以看到幾塊礁石在那挺
著。有些島礁發生過爭搶，比如赤瓜礁，1988年中國和越南在此
打了一仗，越南幾十名軍人喪身於此。中國直接從別人手裡奪來
的島礁，就是2012年到手的黃岩島。黃岩島原來不是沒人占，那
是菲律賓控制的，離菲律賓海岸線很近，中國人上來，從人家那
兒直接奪過來，實實在在上演了一出帝國主義擴張活劇。黃岩島
說是「島」，其實也不過幾塊岩塊而已，海水漲起來以後，也就
那麼五、六塊礁石能夠露出來。不過今昔非比，如今在中國控制
的大部分礁石上都在進行規模巨大的擴島工程，甚至建起了幾千
米長的飛機跑道。

　　說到這裡，大家就能夠理解為什麼中國政府一直不太主張
用國際海洋法公約作為解決南海問題的法律根據，而是在某種意
義上回避這個東西，因為它知道，按照國際海洋法公約辦，對中
國南海主權的聲索，是不利的。就是咱們剛才說的：一是離得過
於遙遠；另一個，你占的又都是些岩塊或是低潮高地，低潮高地
根本就不具備任何法律地位。而且，不管你如何填海建島、在岩
塊礁石上建了多少人工設施，按照國際海洋法公約，都不能算數
的。所以在這個意義上，訴諸這樣一個公約，對中國主權的聲索
確實很不利。

「老祖宗留下來的」說法是否真站得住？

當然，習總宣布了，那個地方是我們老祖宗留下來的，屬於「自古以來」，包括整個南沙海區，也包括黃岩島。在國際法意義上這叫作「歷史權利」：我們的人最早來到這個地方，最早發現這個地方，最早命名這個地方，最早管轄這個地方，哪怕這個地方離本土遠得很。那麼，到底「老祖宗」的說法能不能成立？在多大程度上能夠成立？我自己也看了一些材料。南中國海這一塊，往前倒推一千年，甚至更長時間，整個地區的演變歷史，是一個很複雜的故事，今天沒有時間多說，只能簡單概括一下：過去一千多年，南海地區的歷史大體上是個多民族、多種語言、多種宗教不斷碰撞、糅合、演變、演化的歷史。有中國、特別是華南地區來的人，也有來自印度、中東或其他一些地方的人，也有本地的原住民，這是一個漫長的民族交往與民族融合的過程，很難斷定哪個地方是哪個民族的人最先到的，那時的人也根本沒有今天的主權概念。

從政權的演變看，歷史上這個地區產生過一些強悍的政權。比如早在公元最初的幾個世紀，湄公河三角洲一代就有所謂扶南國，興盛過數百年，後來在今天越南的中部又有一個叫占城的政權興起，興盛了大約一千年。在今天的印度尼西亞，爪哇、馬六

甲這一帶，當時也曾經出現過一些比較強有力的政權。但是，這些政權能夠產生、維持、運作，首先是基於貿易的發展和需要。南中國海這個地方，還有印度洋，乃至更遠，到中東，很早就有波斯人、印度人、馬來人、中國人之間的往來貿易。那時候貿易條件很差，當時的船也不能夠一下子行駛到那麼遠，它總要有一些歇腳的地方，像我剛才說的扶南、占城，還有印尼的巨港（當時叫三佛齋），這些地方，當時都是重要的物資轉運地。伴隨著這個過程，自然會興起強有力的政權，維持秩序、收稅、打擊海盜、甚至從事擴張。至於這些政權和中國是什麼關係，這是很複雜的問題，有些曾被歷史上的中國政權視為羈縻國，要向我朝貢，有些則完全獨立。這些政權之間缺乏歷史連續性，它們和中國歷朝歷代的關係也非線性、單一的關係，有的乾脆就沒關係，這裡就不細講了。這是從政治上來看。

從宗教上、文化上看，整個南海地區受中國華夏文化的影響，可能不如受印度文化的影響大，阿拉伯文化當然也有影響。印度宗教在東南亞地區的傳播曾經是西元第一個千年這個地區最主要的特徵。現在，伊斯蘭教是印尼、馬來西亞這些東南亞國家的主要宗教。當然，各個民族怎麼從當初的印傳佛教轉變為伊斯蘭教，這是另外一個話題。不管怎麼說，這個地方，呈現出文化上的、經濟上的、政治演變上的很複雜的狀態。真是不好說，哪個地方「自古以來」就是我的。更嚴格地講，現在我們所用的

「主權」，作為概念不過四百年的歷史。從1648年威斯特伐利亞和約那時算起，才逐漸衍生出今天意義上的「主權」理論，即明確的領土、人口、政權，所謂主權三要素。但在幾百年以前，沒有這樣的概念。難道還要援引歷史上的朝貢關係嗎？這更是前現代的東西，和現代主權概念風馬牛不相及。到了近代，葡萄牙人、西班牙人、荷蘭人先後進入這個地區，南海被殖民化，事情演變得更為複雜。附帶說一句，「南中國海」這個詞就是葡萄牙人發明的，他們開始時把馬六甲海峽以東的這片水域稱為「中國海」，後來在向日本方向推進時才發現中國大陸東側還有一大片海域，才改稱原來的「中國海」為「南中國海」。今天的南海各國邊界，既是殖民時代的產物，也折射出這個地區悠久而複雜的歷史。但無論如何，把南海歸結為某一個國家的歷史凝結，是說不通的，所謂「老祖宗」的提法，在學術上也是經不住推敲的。習這樣講，有黨國外交方面的現實需要，也可能真的反映出他的無知。黨國高層領導人被黨國教育所囿限，自己成為自己編織的偏見乃至謊言的俘虜，這樣的事情並不鮮見。

「九段線」是怎麼來的？

既然「歷史權利」未必靠得住，所謂「九段線」，原來叫「十一段線」，這個東西又是怎麼來的呢？原來，這是當年中華

民國政府搞的。1947年正式公佈,但之前在三〇年代,就已經開始做這個東西了。其中有個背景:三〇年代初一艘法國軍艦跑到南沙,在南威島下錨,還鳴炮21響,宣稱這個地方是法國的。當時的南京國民政府受到刺激,這個地方怎麼是你的呢?就成立一些專門機構,像「水路地圖審查委員會」,然後去勘測——其實說不上什麼「勘測」,只是根據西方能翻譯過來的資料,開始製作南海新地圖(說是「新地圖」,是因為中華民國成立後出版的地圖,比如1914年的《中華民國地理新圖》,只標出西沙群島和東沙群島在中國的主權範圍內,並不包括南沙)。而發明九段線、或者叫U型線的人,是當時的一個學者,叫白眉初,他於1936年最早劃出一條線,把整個南海變成了中國內湖。但是,由於當時測量力量不夠,南沙如此遙遠的地方,其實還沒有能力真的跑到那裡去實地測量一下各個島礁是什麼情況。這樣就出現一些錯誤,例如我們所講的曾母暗沙,「曾母」這個詞其實是音譯過來的,就是James,一個外國名字,而且開始的叫法不叫「曾母暗沙」,叫「曾母灘」。「灘」是什麼意思呢?想像中它應該是裸露在海面的一片平地。多少年以後才知道,那個地方其實沒有什麼灘。曾母暗沙,實際是在海平面以下22公尺深處的一片水下地貌——這才改名叫「暗沙」。它跟我們剛才說的那三種地貌都不一樣,它只是海床的一部分。

中華民國在三〇年代出版的地圖,已經把南沙島礁納入中

國版圖，儘管南沙很多地方並沒有真的經過實地勘察。這大概是那一代中國人「愛國心」的某種體現吧！近代以來中國不斷受到列強欺負，自強是民國時代的普遍呼聲，這也影響到領土意識，還有想像中的大中國意識，所以才會有U型線的出現。當然，宣稱對南海擁有主權的不光民國一家，法國也這麼講，越南那時是法國的殖民地，法國認為越南以東的這片海域應該歸它，所以才派軍艦去南威島。日本也宣稱南海是它的，因為日本不但早就占了臺灣，二戰期間，日本把整個東南亞地區都占了，南中國海幾乎成了日本的內湖，只不過二戰戰敗了，所以日本也不說什麼了。到了1947年，國民政府正式對外宣布，說這個地方是我的，並佔領了太平島。（孟玄：我去過那個太平島。1967年，我們中國青年反共救國團暑期戰鬥營，坐中字號軍艦到那裡去過。開了七天的船，很慢。那是landing craft（登陸艇），嗚嗚開到那裡。那個島多大呢？步行走一圈40分鐘。在島上，你可以看到一些斷垣殘壁，是日本人蓋的，捕海龜後，在那裡做海龜幹。我們到那兒待了一天半。那個地方到處是礁石，很漂亮，島上有淡水，島外一兩公里，都是非常漂亮的熱帶海，很清的海水。這個地方，我們國府每半年有海軍補給船到那兒去，中華民國實際控制這個地方從來沒有斷過，從1947年到現在，每半年就要到那兒去巡航一次。去之前我問，是不是去曾母暗沙？他們告訴說不去曾母暗沙，那兒太遠了，太平島是北緯10度，曾母暗沙是北緯4度，接

近赤道了）

　　我要糾正孟玄兄一下：並非中華民國對太平島的控制從未間斷。正如你剛才說的，1947年（準確地講是1946年12月），國民政府派兵去，到南沙宣示主權，當時立了一座碑。在那之前，法國人也去了。（孟玄：對，看得到。）法國人在那裡立了個碑，民國政府的軍艦到了後，又立了塊碑。（孟玄：法國那時就走掉了。）法國宣稱擁有南沙和西沙很多地方，後來的南越，一直到統一後的越南，其實是接過了法國的說法，是這麼一個歷史過程過來的。也就是說，今天越南關於南沙和西沙的主權要求，說到底，是從法國人那兒繼承來的。回過來還講太平島，中華民國1946年底派了軍艦去宣示主權，就叫「太平艦」；又去西沙永興島，也派了艘軍艦，就叫「永興艦」。這兩艘原都是美國人的軍艦，是國民黨政府從美國手裡接收過來的，現在正好用於宣示主權。

　　但是，到1950年，解放軍攻佔了海南島，國民黨大勢已去，退守臺灣，他們在西沙、南沙的駐守部隊也撤了。到了1955年，解放軍進駐西沙永興島，國民黨軍隊則於1956年返回南沙太平島。為什麼回來了？因為當時菲律賓有個有趣的人，他把南沙占了，且把太平島上中華民國的國旗拆下來送到馬尼拉，自己宣布在南沙成立一個「新自由邦」。臺灣的國民黨政府一看，這怎麼可以呢？是可忍孰不可忍！所以才派兵重新登上太平島。這才接

上孟玄剛才說的，你是1967年去的，那臺灣政府光復這個地方已經十多年了。

各國爭奪南沙確實自利益動機始

　　南沙成為熱點，大家重新開始搶這個地方，應該是從上個世紀七〇年代初開始。背景是發現那個地方石油、天然氣蘊藏量很大，簡直就是個金盆子（不過近來的研究發現，這個地區並沒有原來估計的那麼多石油資源）。那個時候，首先是菲律賓馬科斯政府搶先動手，占了南沙的三個島礁；接著南越阮文紹政府跟進，占了南沙六七個島或礁，開始石油開發。1974年，中越爆發西沙海戰，中國把南越占的西沙幾個小島拿了下來。不久後，南北越就統一了。鑒於南越在西沙的失利，在北越覺得已經勝利在望的時候，就迅速搶佔了南沙的幾個原來由南越控制的島礁。所以最早在南沙進行開發的是越南、菲律賓；而中國呢，真正進入這一地區，已經是八〇年代了，那時鄧小平主政，海軍司令是劉華清，人稱「中國的馬漢」，很有戰略眼光，解放軍占了南沙幾個地方，1988年又在赤瓜礁打過一仗，1995年佔領南沙東部的美濟礁，從而開始全方位爭奪南沙。這就是關於南沙這一塊主權爭議形成的大體經過，利益爭奪是重要動因，至少在開始時是這樣。

超越人類局限：南沙問題並非不能解決

　　這個問題到底怎麼解決？很多人在想這個事。根據剛才的介紹，中國也好，菲律賓也好，越南也好，各國所宣稱的主權要求，其實都有不合理的地方，中國不合理的地方更多。假如大家都遵循海洋法公約，來處理這個事的話，會相對簡單。比如，以各國的領海基線為基礎往外推200海里，南中國海的中間就會有一個很大部分是純粹的國際公海，在海洋領土清晰界定的基礎上，各國的合作將更容易進行，包括資源開發和環境保護，畢竟這個地區的生態條件已經變得越來越脆弱，各國基於一己私利展開的瘋狂爭奪，正在破壞著有限的資源，既毀掉了集體的未來，也毀掉了自己。這是典型的囚徒悖論。按照「歷史權利」處理南沙島礁問題，也是一種辦法，儘管聯合國海洋法公約是不怎麼講歷史權利的。比如，具體事情具體處理，像太平島，確實中華民國在那裡佔領很長時間了——好幾十年了，超過半個世紀了，OK，你有這個歷史權利，就是你的了。如果是這樣的話，不僅太平島，整個南沙群島就都要判給中國，太平島向四周延伸200海里嘛，那不得了啊！習總這次習馬會，真要把馬總統拿過來，再把臺灣拿下來，就有可能把太平島接過來啊。不過，也會有衝突，越南會強調南威島，菲律賓會強調中業島，都占了很長時間

了，都可以聲索「歷史權利」，同等的權利會發生衝突，因為它們要求的利益本來就是衝突的。**人類的局限在這裡表現得特別明顯。為什麼都那麼狹隘呢！其實如果大家都理性地、和平地面對這個問題，將心比心，己所不欲勿施於人，如果大家都遵循海洋法公約的基本原則，那這個事情處理起來也不是就那麼難。關鍵是要超越人類作為動物的局限，不能為了一點利益爭得你死我活。特別是中國，作為區域內最大的國家，如今的世界第二大經濟體，又對南海提出如此巨大的要求，別人自然既提防你，又怕你。中國如果真的是和平崛起，應該在南海問題上表現應有的大度，主動超越民國時代知識人和掌權者的局限，承認U型線有其不合理性，儘管它的提出是那個年代「愛國」的結果。我作為一個中國人，我也愛國，但在考慮南海問題時，我更願意強調自己首先是人類的一份子，要站在人類的角度、而非僅僅本國的角度思考問題、發表意見。這是當今文明人類應有的高度。**

可惜的是，到目前為止，我沒有從今天的中國領導人那裡看到這種高度。正相反，從黨國最高權力層到外交部、宣傳部門的官僚們，都熱衷於賣弄小聰明，一方面咬定那個「自古以來」不鬆口，一方面施展外交技巧，試圖分化、瓦解東南亞各小國面對中國的准聯盟態勢。比如，中國不願意集體地和東南亞國家討論南海問題，而寧願一對一地討論：越南、菲律賓、馬來西亞、還有文萊。——但是這些國家也知道，中國塊頭太大，跟它們單

個談的話，恐怕真占不到什麼便宜。2002年，中國與東盟簽署了
「南海各方行為宣言」，形式上有所進步，各方都承諾自我克
制，不再在無人居住的南海島礁採取新的行動，以建設性的姿態
處理分歧。但這個宣言並非法律文件，也不具有法律約束力。中
國照樣在2012年占了黃岩島。這是一個大國力量的顯示，同時也
是一個大國的悲哀，因為它證明了自己正在走傳統帝國的老路，
而它自己100年前曾經是帝國列強和強權的受害者。

　　再說一遍，按照國際海洋法公約的基本原則，找到南海問題
的出路，這個問題不是解決不了。現在之所以越絞越緊，越來越
難，甚至幾乎沒有解了，除了剛才說的民族國家行為的自私性、
傳統的弱肉強食邏輯、各國特別是大國只為自己的利益考慮而招
致的集體困境（囚徒困境）之類結果外，還有一個更特殊的、也
是更大的問題橫貫在背後──那就是中國和美國之間的博弈。這
是使南海問題更難解決甚至無法解決的核心或根本。

南海問題與中美博弈

　　中美之間的博弈，按照黨國公開的解讀：南海與你美國無
關，你一個「域外國家」跑到我們這兒來幹什麼？美國重返亞
太，是其再平衡戰略的一部分，你就是要遏制中國的崛起，所以
總是在南海生事。中國官媒的節目，一天到晚做的，給我們老百

姓講的，都是這一套東西。但是美國人的解釋，完全是另一套，他說，對南海主權問題我不持立場，這個地方是誰的，我不關心也不插嘴，我要捍衛的是國際航行的自由。你把這個地方圈起來，說這兒就是你的了，還搞些人工設施，就宣稱這些地方是你的主權——我不承認你這個東西。美國軍方高級將領還特意強調，說我這次派軍艦去南海，你們不要把概念搞錯了，我不是在進入什麼中國的主權領海範圍，我認為那是國際航道，是國際公海，不涉及任何領海問題。而且在這個問題上，美國在全世界也是同樣原則，就是捍衛航行自由的原則。

看起來，中美雙方各持一詞，都在較勁，其實以上講的這些，仍然帶有表面性。中美之間的博弈有其更深刻的內涵，問題也就更為複雜。我最近一直在強調一個思路，就是，理解中國問題，不能把它只看成是一個民族國家，似乎在南海爭議當中只涉及「主權」，只涉及「民族國家」的利益——不完全是這樣子。中國同時是「黨國」，黨國的概念就是，它把政權的生存看得高於一切，看作第一位的東西。國家主權問題和黨的政權生存問題相比較，政權是更重要的。事情的複雜性還在於，黨國在與美國的全球博弈過程中，在所有的國際場合，又都是以民族國家的姿態出現，宣稱我代表中國，是在實現中華民族的偉大復興；談到南海，則是「我要捍衛老祖宗留下的遺產」。他總是拿這樣一種邏輯來解釋自己的行為。其實，既然黨國認准了，美國與我的價

值觀不同、意識形態不同、社會制度不同，美國就是要遏制我
們、和平演變我們、乃至於要顛覆我們，所以我跟你的博弈，就
是生死博弈，是全球性的生死較量。**這種博弈賦予南海問題全新
的含義：它不再僅僅是地區範圍內民族國家之間的傳統衝突，而
是兩個意識形態、社會制度根本對立的大國全球較量中的一部
分。南海成了這種較量的一個點，而且是非常重要的點。**又由於
黨國把南海問題包裝為一個純粹的民族國家問題，在這個問題
上，它就更不能退讓——可以說無路可退！每天對國內老百姓講
的都是這套東西，實際上把自己的退路都斷掉了。你讓他按照國
際海洋法公約，比較理性地思考、處理這個問題，又怎麼可能？
這就可以理解，為什麼儘管實事求是地講，你一傢伙把「九段
線」劃到其他國家家門口去了，從常識上、常理上講也是說不通
的，但是這種聲音國內幾乎就沒有——我所看到的唯一的例外，
是三年前，2012年，天則研究所搞過一次南海問題研討，國內一
些學者參加了，我看了網上發佈的會議紀要，討論是比較認真
的，也算比較客觀。但是這樣的聲音幾乎很難聽到。

　　總之，南海問題，到現在之所以膠著不下，表面上看是個
地區問題，是不同國家之間海洋主權聲索問題，但是更深一層的
話，這是中美全球戰略博弈的一部分——儘管在八〇年代後期中
國剛剛介入南海的時候，大概還沒想那麼多。現在，尤其是習近
平上來以後的幾年，後一層的意思越來越明顯。這也是這個問題

之所以難解甚至無解的根源。

　　（本文根據作者2015年11月7日在明鏡中國研究院南海問題研討會上的發言整理而成，原載《中國密報》雜誌，略有改動）

中國新國家主義批判

題記：如果說紅色帝國是北京內定的官方戰略（儘管它絕不會使用這樣的語言），那麼「新國家主義」就是紅色帝國戰略的民間基礎。本文把新國家主義定義為「中國民族主義的病態變異」，它已經有二十年以上的演變史。近年來，產自民間的新國家主義和官方倡導的「中國夢」合流，正在成為當下中國政治的一道重要景觀，並孕育了黨國版的新國家主義（見本書首篇文章《一個紅色帝國的崛起？》）。

所以，洞悉紅色帝國，不能不瞭解新國家主義。希望本文的梳理給讀者提供一個梗概。

本文的另一個要點是提出了「中國自由主義的國家觀」問題。這是從正面對新國家主義的回答。鑒於本書其他地方再無對此問題的集中闡述，謹提請讀者特別關注耳。

「新國家主義」指近二十年來在中國繁衍、而於最近幾年迅速升溫的一種政治思潮。新國家主義是中國民族主義的病態變異，它表現為民族主義的畸形化、膨脹化，帶有鮮明的反「西

方」特徵。隨著中國「崛起」，新國家主義強調中國在世界上應該擁有新的地位和「使命」，那就是重構全球秩序，乃至取代美國，成為新的世界引領者。這股思潮，開始不過是些帶有新左派特點的文人和民間憤青的情緒宣洩，近年來卻獲得一些學界、軍界重要人物的支持。中共十八大後隨著中國形勢的進一步左轉，本來產自民間的新國家主義和官方倡導的「中國夢」合流，成為當下中國政治的一道重要景觀。**在某種意義上，新國家主義以民間或半官方形式表達了習近平一代新領導人不便通過正式外交語言表達的那些咄咄逼人的戰略意圖，可謂「黨國中興」和「紅色帝國崛起」的民間腳本。這個東西，正在深深影響著當下乃至未來一段時間中國政治的走向。**

從「中國可以說不」到「中國不高興」

1996年，北京出了一本暢銷書《中國可以說不：冷戰後時代的政治與情感抉擇》，[11]作者為宋強、張藏藏、喬邊、古清生等。該書首版即發行五萬冊（據說後來發行了上百萬冊），吸引了全世界100多家新聞媒體的關注和報導，先後被譯成8種文字，可見影響之大。這本書出版的背景是1996年台海危機，當時，正

---

[11] 宋強等著《中國可以說不——冷戰後時代的政治與情感抉擇》，北京，中華工商聯合出版社1996年出版。

值臺灣第一次總統直選，大陸向臺灣近海試射導彈，美國則緊急
調動兩個航母作戰群進行應對，海峽局勢高度緊張。不難想像，
「說不」的作者們表達了強烈的反美、反西方情緒，該書這樣警
告道：

> 美國人不要總以為「老子天下第一」，以領導世界為己
> 任。在臺灣演習時，美國的決策是愚蠢的和不慎重的，第
> 七艦隊進入臺灣海峽才是一種公然的挑畔。美國防部長佩
> 裡居然以這樣的口吻威脅中國：「誰也不要忘了，美國的
> 海軍是世界第一。」我也以這樣的口吻來奉勸美國：「誰
> 也不要忘了，中國的人口是世界第一。」如果有誰認為和
> 中國在臺灣問題上有討價還價的餘地那就大錯特錯了。[12]

該書「代序」《關於「不」的斷想》稱：「冷戰是結束了，
但冷戰的意識並沒有消失。加上近些年來亞太地區特別是中國經
濟的高速發展，西方國家出於自我的考慮和對下個世紀世界自然
資源繼續加以控制的私利，它們並不準備放棄褊狹的政治觀點，
也不準備放棄對全球經濟貿易和資源的壟斷。於是，他們所謂的
對貧困的憂慮，對貧困者的同情一下子就被遮蓋在西方人獨有的

---

[12] 見該書網絡電子版。

傲慢與偏見之中。與本世紀初、本世紀中的情況相似，當時是西方國家自己用刺刀和皮靴打破了中國人學習西方之夢；今天，他們自己又在用對別國主權的粗暴干涉，對別國事務的指手劃腳，對別國民族感情的踐踏，打破著中國新一代人的西方夢。」[13]作者們建議，面對美國的「遏制」，中國應該建立長期的「反遏制戰略」，「在美國所採取的每一個遏制中國的步驟中，我們都必須針鋒相對，絕不能有一點點姑息與寬容」──

> 「美國在國際關係中時時表現出一種既專橫霸道又用心險惡、不具備責任能力的可憎面目。捕風捉影、獨自尊大、虛偽無常、不負責任是美國在對外關係上表現出的幾種基本特徵」。鑒於此，中國作為聯合國常任理事國，在國際事務中也「應具有這樣的義務──要勇於承擔起在全球範圍內反不公平的角色，對於某些大國勢力利用聯合國來損人利己、惹是生非，我們應該毫不猶豫地行使否決權，大聲說『不』。」[14]

其實，1996年的中國在經濟上還遠未「崛起」，國際影響力亦相對有限，「大聲說不」不過民間憤青的想像而已。又過了

---

[13] 同前註。
[14] 同前註。

十三年，到2009年，另一部以「不」命名的書《中國不高興》問世。[15]此書的首席作者是宋曉軍，曾為海軍通訊軍官，現為央視軍事評論員，其他幾位作者包括王小東、黃紀蘇、劉仰和「可以說不」的第一作者宋強。

「不高興」一書的直接背景是2008年奧運火炬傳遞在法國受阻，引發中國國內一些年輕人的強烈反應。這件事還扯到西藏，因為據說是「藏獨分子」策劃實施了對奧運火炬的攔截。所以作者們的「不高興」首先集中於「藏獨分子」、特別是「支持藏獨」的「西方人」——

關於西藏是不是自古以來就是中國的領土，到底是元朝還是清朝，還是1959年？西方人硬說是1959年。我就西藏問題答西方記者的談話裡說：要說事實，至少清朝應該是沒有爭議的，但是，我也可以明告訴你們這些西方人，就是1959年又怎麼樣？你有種你過來打，你廢什麼話？

今天的世界，早已不是十九世紀和二十世紀上半葉的世界了。在西藏問題上，中國人不認為西方人有資格來充當裁判官。中國人在2008年4月所做的，本來就不是乞求西方人接受中國人的觀點或接受中國人，而是向西方人表

15 宋曉軍等著《中國不高興──大時代、大目標及我們的內憂外患》，南京，江蘇人民出版社、鳳凰出版傳媒集團2009年出版。

達中國人對他們的不滿乃至憤怒……[16]

　　何止僅僅表達「不滿」和「憤怒」？到了2009年，中國已經是僅次於美國、日本的世界第三大經濟體，這是《中國不高興》橫空出世的更大背景。事實上——用本文的術語講——「不高興」的作者們表現出更強烈的新國家主義認知和情緒特點，《中國不高興》的主題也從「反遏制」上升為中國應該擁有「大時代」和「大目標」。

　　什麼是「大目標」？作者們的回答是「第一要在這個世界上除暴安良，第二要管理比現在中國所具有的更大更多的資源，給世界人民帶來福祉」。在作者們看來，與強勁崛起的中國相比，美國這樣的西方國家已經是「老黃瓜刷綠漆」，日薄西山，而「就工業化而言，中國是嫩黃瓜」，前途無限。中國今後將「無法不顯其大」。作者們強調「英雄國家」是「每一個中國人都應該具有的心理指標」，中國人早應該結束對西方仰視的時代。下一個時代，是西方必須重視「中國的不高興」。當然，為了實現這樣的「大目標」，還要有強大的軍力做後盾，解放軍必須「跟著中國國家利益走」，「未來解放軍的任務絕對不是現在說的國土防衛，而是應該跟著中國的核心經濟利益走，中國核心經濟利

---

[16] 宋曉軍等著《中國不高興》，頁41～42。

益到什麼地方，解放軍的力量就應該覆蓋到什麼地方。」「經濟
利益的獲取，或者說，想弄錢，無非就是生產、搶劫、欺騙，沒
有別的招，物質守恆嘛。在這幾招裡面，生產為上策，拿劍保護
著生產為上上策。搶呢？如果說生產和搶劫結合到一起，這也可
以算是上上策——美國不就是這麼辦嗎？如果只剩下搶了，實際
上表明你已經老了，虛弱了，生產不出來東西來了。但是也有人
口比較少的民族，如蒙古人上來就搶，但蒙古人也沒能維持太長
時間。大民族光搶是不行的，世界上的財富不夠他搶的，生產和
搶一定是結合起來的。我認為，無論如何生產都是第一位的，但
一定要有劍，劍和商要結合，單獨生產是不行的，最好劍和商有
一個平衡，就是持劍經商，這是上上策。」「我們想打商戰，不
想打軍戰，但是要打好商戰，我們手中一定要有劍。」總之，
「不怕挨罵，我們就是要除暴安良」。「持劍經商」，才是「崛
起大國的制勝之道」。[17]

自由主義如何看民族主義和「中國崛起」

　　「說不」作者們的宣洩，不難理解。但作為病態化膨脹的
民族主義，新國家主義在民間的囂張卻凸顯了重新思考中國民族

---

[17] 同前註書，頁78、85、95、98、106、107、108等。

主義問題的必要。何為「愛國」？何為「民族主義」？何以理解百年來中國民族主義演進中的歷史張力？又如何界定當今中國的「崛起」？在民族國家意義上，「說不」作者們賦予這個「崛起」的社會達爾文主義邏輯真的成立麼？我們又當怎麼看如今這個充滿矛盾的世界？——這些問題，有必要作出認真清理。

首先，「愛國」本來是一種樸素的情感，這裡所謂「國」，指「家園」（英文的motherland），並非特指某個政府或政體。對家鄉故土的愛、對母親的愛，源自本性，純真質樸，我現在身在美國，每逢夜深人靜之時，還是願意帶上耳機聽一曲《我愛你中國》，換上花鏡看看老北京的圖片，此之謂也。中國還有句話叫「兒不嫌母醜，狗不嫌家貧」，這固然表達了一種天然的情感：不管這個家好不好，總歸是自己的家，有家才有歸屬感；但它也暗含著另一種意思，那就是它有某種非理性的成分在裡面：不管和誰發生衝突，「家」這邊總是對的，或不管對與不對，總應該向著「家」。顯然，若沒有合理的認知做依託，非理性的「愛國」情感是很容易走偏或被利用的，三來二去就成了政客或專制者手中的工具。

其次，何謂「民族主義」？我在以前的一些文章中曾指出，**民族主義是和民族國家相聯繫的政治概念，它或是作為已經存在的民族國家的意識形態，用以表徵該民族國家的合法性，或是作為民族國家催生的社會運動而具有某種思想動員功能。**而無論是

上述情形中的哪一種，民族主義都會訴諸文化的同質性作為力量
的源泉，同時也會訴諸民族情感中的非理性特質作為動員手段。
在為利益而戰的社會達爾文主義國際關係框架內，民族國家可以
大體上分為兩大類：一類是「先進的」（即在現代化進程中處於
較前位置的）、並具有擴張傾向或者已經實行擴張政策的國家，
一類是「落後的」（現代化的後來者）、且面臨外來威脅或者已
經被部分殖民化的國家。在擴張性國家中，其國內政治制度既有
實行民主體制的，又有實行極權或威權體制的；而在面臨外來威
脅的國家中，絕大部分都保留著前現代的政治結構和文化傳統，
或者即便形式上已完成現代制度轉型，骨子裡仍然是專制主義。

與上述不同民族國家類型相聯繫的，是各種不同類型的民族
主義。對於那些「先進的」、國內實行民主制度而又對外實行擴
張政策的國家來說，其民族主義兼有**自由主義**的和**帝國主義**的特
徵。當民族主義表現為崇尚自由貿易、推進市場改革和經濟全球
化時，民族主義是體現自由主義原則的民族主義；當民族主義成
為帝國爭奪海洋霸權和海外殖民地的動員手段時，民族主義又成
為帝國主義的幫兇。事實上，歐洲的許多老牌殖民主義國家，特
別是大英帝國，其民族主義都有這樣的雙重特點。而對於那些對
內實行極權或威權統治、但又熱衷於對外擴張的國家來說，它們
的民族主義多帶有**沙文主義**甚或**種族主義**的味道，或乾脆就發展
為沙文主義和種族主義。十九世紀的沙皇俄國和二十世紀的德、

意、日法西斯諸國都可以劃入這個範疇。這些國家並不是現代化的排頭兵，它們也曾面臨更先進的民族國家的威脅；存在於這些民族靈魂深處的、有關本民族天生優越的非理性情感以及那種被認為極其神聖的對本民族的忠誠感被天才的獨裁者所調動，其結果是，它們的對外擴張和追逐利益的行為往往更加赤裸裸，更加肆無忌憚，它們對弱勢民族的傷害也更加深重。最後，對於那些落後的、受到威脅的前現代國家或正在形成中的民族國家來說，民族主義首先是與**民族自強**相聯繫的一種動員力量。無論這些國家是因弱小而落後，還是因傳統而落後，民族主義都會自然成為鼓舞人們奮鬥的精神源泉。[18]

　　當然，必須看到二十世紀、特別是二戰結束以來人類取得的根本性進步，那就是和平代替戰爭、民主代替專制、民族獨立取代帝國征服的偉大歷史潮流。正是在這個偉大潮流面前，傳統的帝國征伐邏輯已經不再相宜，社會達爾文主義的叢林法則已經不再相宜，傳統的民族主義也該作出調整了。雖然人類還沒有、也不太可能完全跨越自私的民族國家利益的樊籬，但新的人類文明觀畢竟正在形成，它應該成為未來人類共同體衡量自身行為的尺度。

---

[18]　見拙作《全球治理與民主：兼論中國民族國家戰略的價值重構》，載《解構與建設：中國民主轉型縱橫談》，香港，晨鐘書局2009年版，頁293～294。

　　回過來看中國。應該承認，中國近代確曾落後了，被人欺負過，這是理解中國150年來民族主義高漲的基本背景，也是「說不」作者們所散布的那種「愛國」情緒極富感染力的重要原因。**但各種各樣的「說不」論都在下列三個問題上犯了錯誤：第一，他們沒有看到二十世紀人類文明取得的根本性進步，中國作為二十世紀的民族國家之一本來是得益於、受惠於這種進步的。第二，中國曾經「受欺負」，是否意味著今天一定要「雪恥」？「崛起」的中國，「胳膊根兒硬了」，就應該「持劍經商」，重拾社會達爾文主義「弱肉強食」的邏輯麼？這誠然是一種遲到的宣洩，但更是一種時代的錯位。第三，從根本上講，「說不」的先生們誤讀了當今世界，特別是誤讀了美國。**以台海、西藏問題為例，誠然，在這兩個問題上，美國似乎是在和中國政府「叫板」，但美國支持臺灣以及上個世紀六○年代幫助尋求獨立的藏人流亡者均是其遏制共產主義全球政策中的一部分，並非僅僅出於美國自身的民族國家利益；美國政府和民間如今對海外流亡藏人的支持，則出於道義動機和人權原則，體現美國的價值理念，而不是想「肢解中國」。「說不」先生們從小聽慣了黨國關於「美國霸權主義」的宣傳，如今自己也成了這種宣傳的一部分，卻缺乏基本的反思和自省。而這樣的宣傳往往能俘獲大量讀者、聽眾，則是一個更為可悲的現象。其實，何止是對今天的美國，即便是對歷史上那些貨真價實的帝國主義，黨國宣傳仍有許多不

實事求是的地方。蕭功秦在他的書裡就曾指出：「我們過去的歷史教材，只是強調我們受欺侮的這一面，其實，許多歷史上的國際衝突有著複雜的原因。例如，1860年英法聯軍火燒圓明園，與封閉愚蠢的清王朝把西方談判代表39人當做人質，並殺死其中一半人質的事件有關。這樣的例子還有很多。我們只知道自己就是外國侵略的受害者，卻很少考慮複雜的、多元的背景。」[19]而中國社會中迄今仍然動輒可見的盲目排外情緒和義和團式的衝動，恰恰是此類「教育」的結果。這實在是一塊病態民族主義滋生並在條件適宜時膨脹化為新國家主義的肥沃土壤。

我相信，作為中國公民和（或）中華民族的一員，絕大多數自由主義知識分子和自由主義反對派人士同樣希望中國崛起，但他們憧憬的「崛起」卻基於不同的原則：第一，這個崛起應該是和平的、合作的，而不是社會達爾文主義的；第二，「崛起」的中國應該是一個民主中國，而不是專制中國，因為只有一個完成了民主化的中國，才會給世界帶來安全而不是威脅。

第二個原則已經不僅僅是民族國家的外交問題，而且關乎民族國家本身的政體性質。中國問題的複雜也在於此。很多人分不清中國作為「民族國家」和中國作為「黨國」的區別，也有些人是故意把兩者混淆在一起，用「民族國家」遮掩「黨國」或乾脆

---

[19] 蕭功秦《超越左右激進主義：走出中國轉型的困境》，杭州，浙江大學出版社2012年版，頁180。

用「黨國」代表「民族國家」。後文還要專門就此進行分析，不過我們還是先通過幾個例子看看這樣的混淆是如何發生的。這些例子分別來自軍界和學界。**事實上，與「說不」先生們相比，這些來自軍界和學界某些人物的代表性聲音可謂當代中國新國家主義的升級版，且不再限於純民間。**

劉源與羅援：來自軍人的聲音

劉源（1951～），劉少奇的公子，前解放軍總後勤部政委、上將。2011年劉源為同為紅二代的張木生新著《改造我們的文化歷史觀》作序，提出「戰問」、「史問」、「路問」三個問題。關於「戰問」，作者講——

> 現時，太多自封的「和平主義者」反對戰爭（反共、反恐戰除外）！連帶著，也就貶低武力，詆毀武士。
>
> 我只想說，戰爭和戰爭中的人，太輝煌！太偉大！太沉痛！太厚重！不容我們所有人不尊重！作為足夠成熟的人，需懷有虔敬之心，應秉持膜拜之禮。
>
> 戰爭，亡國旺族，絕非一般的「手段」！一旦開打，吞噬一切，萬端環繞，自身變為中心；軍隊，興邦滅種，豈可僅視為「工具」？一朝動武，生殺予奪，鐵血統治，

永遠是征服者！[20]

　　像這樣赤裸裸歌頌戰爭、歌頌征服者的共產黨高級軍事將領，過去還真不多見。劉源算是開了個頭。戰爭與歷史相關，或者不如說，戰爭塑造了歷史——這是劉源第二問「史問」中表達的基本意思。他說「征服，亦即馴化。『文明』的核心是人對人的馴化，沒開始馴化動植物，就已馴化人，從『娃娃抓起』。人類社會走父系這條路，和打仗有關，與戰爭有不解之緣，在這點上，什麼人種都一樣。北京猿人、山頂洞人，也不是和平鴿。」就中國歷史而言，「統一中國的力量，來自無窮的征戰」，「不戰，哪來的大一統？不武，怎會有民族大融合、血統大融合、文化大融合、南北大融合？」[21]

　　那麼這個問題的當下意義何在？作者沒有明言。但作者接下來對「西方」的指責，卻已經把他的潛臺詞和盤托出——

　　　西方一直以「小國之心」度「大國之腹」。列強說了百年：邊疆、國界、統一的民族國家都是近代概念，對歷史上的大國，只一個法兒，大卸八塊。台獨、藏獨、疆

[20] 見劉源《讀張木生》，載張木生《改造我們的文化歷史觀》，北京，軍事科學出版社2011年版。
[21] 同前註。

獨、七塊、八塊論，一邊一國，一切都待推倒重來。

　　前臺、後臺有人家的分工。強盜邏輯，才是不折不扣的硬道理，靠的是帝國主義的硬實力、硬武力！[22]

　　這個水平並沒有超出「說不」先生們，但話從一位解放軍上將的口中說出，分量卻全然不同。劉源無非是在說：一味談和平，愚蠢！對付「帝國主義的硬實力」，我們也要拿出自己的硬實力！人世間道理就是這樣，只有強盜邏輯才能反制強盜邏輯。就算真的打起來也沒有什麼了不起，歷史本來就「寫滿殺戮血祭」，新文明、新文化，也往往以戰爭為起始嘛！**充斥著社會達爾文主義的新國家主義對外邏輯在此已經呼之欲出。**

　　關於「路問」，劉源作為「紅二代」，心裡想的自然是如何永固「紅色江山」。劉警告：「若是想借全球化的『民主』魔力扇哨兒，恐怕會畫虎類犬，弄巧類拙。與其借他山之石以攻玉，我們何不名正言順、理直氣壯地，舉起土生土長、百試不爽的，中國共產黨人毛澤東提出、劉少奇實踐的新民主主義？」[23]這當然是劉源、張木生們的一貫主張，這裡不再贅言。依我看，**劉源這篇序言的真正「貢獻」在於，它是以直白的語言、赤裸裸的社會達爾文主義邏輯開始為黨國紅色帝國的對外政策張目。**

---

[22] 同前註。

[23] 同前註。

　　羅援（1950～　），羅青長之子，解放軍少將，也是這些年非常活躍的軍隊「鷹派」人物之一。2014年夏，羅援和中國前駐法國大使吳建民在鳳凰衛視打了一場別開生面的擂臺，辯論中國的外交政策。《南方週末》轉載鳳凰衛視節目文字稿時加了個編者按稱「國力在壯大，中國也面臨著大國雙邊關係衝突頻發，美國六成的海外空軍力量部署亞太，日本右翼勢力走強，解禁集體自衛權令地區安全變數重重，東海、南海等區域遭到各方挑戰。如何避免陷入被動？中國對外戰略步伐也在悄然轉變，在主權與領土爭端上正採取更強硬的策略，與國家外交形成合力，是否正從韜光養晦到有所作為？中國對外戰略應如何調整？對未來世界潮流與趨勢如何研判，中國能否實現軟實力與價值觀對外輸出？」——正是圍繞上述問題，羅、吳二人唇槍舌劍，展開了一場激辯。我看了節目視頻，二人表現均不俗，也確實打得熱火朝天，真招而非做戲。雖然都以「小平同志」為根據，但吳更相信「和平外交」，羅則強調「現在最大的問題就是西方國家要遏制中國的崛起」，「美國正通過代理人跟我們對抗」。吳稱「不要犯時代的錯誤，杜魯門主義出籠時世界還處在戰爭與革命的時代，今天的時代是和平與發展為主題的時代」；羅立刻講「不要忘記小平同志下面緊接的一句話，到目前為止這兩個問題一個也沒有解決，和平的問題沒有解決，發展的問題更加複雜。在這個情況

下，我們當然要保持警惕」。「現在美國還堅持一種冷戰思維。
歐巴馬上台，只當老大，絕不當老二，最近又說美國要領導世界
一百年，這是中美之間難以破解的一個結構性矛盾」。關於東
海、南海衝突，吳講「領土問題，對小平同志的思想要深入理
解。他在1984年10月22日中顧委第三次全會上的講話，講到南海
諸島問題，也講到釣魚島的問題。小平同志不懂得戰爭的作用？
他比誰都懂，但他提出的辦法是，主權歸我、擱置爭議、共同
開發。這是化解的思路」。羅反唇相譏：「前提條件是主權歸
我。現在要凸顯主權歸我。有多種表現形式，比如開『981號』
石油鑽井平臺。我們提共同開發，別的國家不跟我共同開發，搞
排華性共同開發，為什麼不可以獨立自主行使主權？」吳承認中
國「現在有力量了，要處理這些問題，理所當然，但這並不能改
變基本戰略，為什麼？和平發展。過去講忍讓，現在要鬥爭，這
個看法我不贊成，過去當然有鬥爭，1989年後，我們跟美國鬥得
多厲害」。羅稱「這涉及如何看待小平同志提出的韜光養晦和有
所作為的問題。這兩個應放在一塊，不能把韜光養晦作為外交戰
略」。羅堅持，面對日本的「一再挑釁」，軍人必須做好準備，
「現在並不是我們要舉起戰爭的旗幟，是有的國家準備舉起戰爭
的旗幟，我們必須自衛」。這位解放軍少將特別強調——

　　我們的國家利益包含若干核心戰略利益，第一個就是

國體、政體不容顛覆，第二主權領土完整主權不容侵犯，第三就是可持續的發展力不容中斷。維護核心戰略，必需要有一個底線，有剛性，不能突破。比如我們不拿領土去換和平。

一戰後，歐洲彌漫著一種泛和平主義思潮，或者綏靖主義思潮，最後導致了二戰的爆發。言戰並不就是要打仗，要做好戰的準備。確保「召之即來，來之能戰，戰之必勝」。美國1999年轟炸了中國駐南聯盟大使館，2001年把我們的飛機撞下來。美國的飛機抵到我們的家門口抵近偵察，是一個友好表現還是一個敵對表現？小平同志在1979年還對越反擊作戰，1988年打了赤瓜礁之戰，1974年打了西沙海戰。[24]

縱觀羅、吳辯論，儘管二人均伶牙俐齒、口才不凡，但**就觀點而言，吳確實更像一個過了氣兒的腐儒，已經跟不上黨國發展的新時代、新觀念，而羅銳氣正足，高舉「崛起」、「主權」和「反侵略戰爭天然正義」的大旗，不但自認為真理在握，而且客觀上代表著一種新的勢力、新的「戰鬥態勢」和新的動員力量。**

---

[24] 見《吳建民、羅援：當下中國如何與世界打交道》，中國廣播網軍事頻道2014年8月6日。

清華教授閻學通論「下一個十年」

在新國家主義鼓噪方面，學者們比軍人走得更遠，——雖然他們未必主張戰爭，而更強調要以「道義」引領世界。以清華博導閻學通為例。閻學通（1952～），學英文出身，後轉行專攻國際政治，還拿了美國的政治學博士，是目前中國大陸國際關係研究領域的重要學者。2013年閻學通出版《歷史的慣性：未來十年的中國與世界》，[25]該書首先對未來十年「中美實力比拼」作出下列預測：

未來十年，人民幣兌美元的匯率將升高20%，即從目前的1：6.3升至1：5左右。

未來十年，中國文化產品出口年均增長幅度將達到15%以上，2023年的文化產品出口將超過1000億美元。

2023年，美國的GDP將為19萬億美元，中國的GDP按目前匯率計算將為17萬億美元，按當年匯率計算將超過美國。

2023年，人民幣對其他貨幣的影響力將達到美元影響

---

[25] 閻學通《歷史的慣性：未來十年的中國與世界》，北京，中信出版社2013年出版。

力的50%甚至更高的水平，人民幣、美元和歐元可能構成三足鼎立之勢。

2023年，中國將擁有載人的太空工作站，至少3個服役的航母艦隊（有可能建成5艘航母），4～5艘攜帶射程8000千米導彈的戰略核潛艇，部署部隊的第五代戰鬥機（殲-20和殲-31隱形戰鬥機）。以中國發佈的數據為准，中國的國防開支將達到美國的60%；以斯德哥爾摩和平研究所的數據為准，則將達到美國的80%。

2023年，以中國為最大貿易夥伴的國家將達到150個左右，而以美國為最大貿易夥伴的國家將減至50個左右。[26]

總之，隨著中國經濟的繼續增長，到2023年，中美綜合國力將達到同一等級，世界將形成中美兩個超級大國並存的國際格局，中國與世界的關係也將發生根本變化。用閻學通自己的話講：「對中國而言，未來十年的特殊性在於，中國有可能成為名副其實的超級大國……。我們過去太長時間把民族復興作為一種歷史任務留給後人去完成，其實我們這代人活著就能把它實現了。」[27]

---

[26] 同前註，頁4～13。

[27] 此語出自閻學通與《國際先驅導報》記者的訪談，見《閻學通：中國崛

在這個背景下，這位清華教授認為，中國必須重新調整外交思想和外交原則，用更加積極的姿態介入乃至主導世界事務。那麼中國需要什麼樣的新「外交思想」呢？閻學通比較了三種不同選項：首先，「經濟實用主義」，即把經濟利益作為外交政策的首要目標，避免介入與己無關的國際事務，其理論邏輯是以妥協求和平，繼續「韜光養晦」；其次，「政治自由主義」，即融入美國主導的國際秩序，通過承認西方的原則（包括人權干涉原則）換取西方對中國的接受；第三，「道義現實主義」，中國應借鑒古代王道思想，以公平、正義、文明為對外政策指導思想，提升國際戰略信譽，建立責權相等的國際新秩序。在閻看來，第一個選項已經過時，一個新的超級大國不可能只是「韜光養晦」，那樣無異於自我孤立；第二個選項也不可行，因為承認西方原則、參與西方國際干涉必然削弱中國現行國內政治體制的合法性，造成內政與外交的衝突；只有第三個選項最可行、最合理，因為「道義現實主義」可以使中國成為「比美國更強大、更受歡迎的超級大國」。[28]「從政治倫理角度講，『公平』、『正義』和『文明』分別高於『平等』、『民主』和『自由』的普世價值觀。中國提出這樣的價值觀，其國際領導權的合法性就會高

起也有歷史慣性》，國際先驅導報網2013年7月29日。
[28] 閻學通《歷史的慣性》，頁181～183。

於美國。」[29]

　　與此等「外交思想」相對應，中國也將確立新的「外交原則」，那就是做擁有良好國際戰略信譽的「負責任大國」，此乃「王道外交」的具體體現。「中國將需要學習如何當領導和如何當受擁戴的國際領導，特別是如何當一個比美國更受擁戴的領導」。[30]中國還需要放棄不結盟原則，通過結盟彰顯領導力，並「增加中國真實戰略夥伴的數量」。具體而言，閻學通力主中國與俄羅斯建立同盟關係，「中國與美、英、法三國的客觀戰略利益分歧決定了，中國無法在絕大多數國際事務上得到這三國的支持。在這種情況下，中俄結盟可避免中國在聯合國安理會中面臨4：1的被動局面」。面對美國的「巧實力」外交，「中國需要強化中俄戰略合作，以應對美國強化和拓展同盟的戰略」。閻學通還主張「接觸改造日本」，「未來十年，中國需要通過『接觸』政策，促使日本從西方國家向亞洲國家轉變」。[31]

　　在接受《國際先驅導報》記者採訪時，閻學通還提出，要樹立「賞罰」分明的外交理念，以處理當下一些國際爭端：「我們過去總認為『王道』的思想是對所有人都很仁義。但是仁義建立的前提，得對敵對者不仁義。你對敵人也仁義就不是王道思

---

[29]　同前註，頁186。

[30]　同前註，頁187、191。

[31]　同前註，頁208～209。

想。正所謂『非威非懷，何以立德？』言下之意，當你看到壞事時不去阻止、不去懲罰，也不給予做好事的人獎勵，這是不道德的行為。因此，我認為至少王道思想不是不分是非，而是對朋友、對按照國際規範辦事的國家給予保護和支持，對破壞國際規範、與國際規則背道而馳的國家或者故意和本國作對的國家，如菲律賓、日本，就是要給予懲罰。這才是王道。」[32]

　　這位清華教授談了一堆「道義」原則，但最後在解釋「王道」也可以「不仁義」時還是露出了社會達爾文主義的馬腳。對那些「故意和本國（中國）作對的國家」就是要「懲罰」！這才叫真正的霸氣！

必須區分中國作為「民族國家」和中國作為「黨國」

　　現在讓我們回到這個重要問題上。無論閻學通也好、劉源和羅援二位軍人也好，在他們的言論表述中，「中國」似乎是一個再明白不過的概念：與其他國家相對應，「中國」當然也是一個「民族國家」，擁有獨立主權，並作為「民族國家」和其他國家發生或競爭或合作的關係，包括與俄羅斯結盟，與美國爭雄，乃至成為新的全球「引領者」。似乎中國在和國際社會打交道、

---

[32] 見《閻學通：中國崛起也有歷史慣性》。

與其他國家打交道時，都是基於「中國」作為「民族國家」的利益而行事的，「民族國家利益」是中國政府外交政策的必然著眼點和根本歸宿。而新國家主義所鼓噪的「崛起」，也是中國作為「民族國家」的崛起，並非指其他什麼東西的崛起。

我以為，這種想當然，是對我們正在討論的問題的**本質性遮蔽。中國不僅是「民族國家」，還是「黨國」，中國的政體性質深深地影響著它的外交政策。或者更明確地說，正是中國的紅色極權體制，決定了中國外交政策的根本取向。比如，中國為什麼總是明裡暗裡地把美國作為對手、假想敵？中美之間的關係僅僅是所謂「傳統大國」與「新興大國」之間的關係嗎？當然不是。作為兩個不同的「民族國家」，中美確實分別代表「最大的發展中國家」和「最大的發達國家」，但作為兩種不同的政體，中國是世界上最大的一黨專政國家，而美國是世界上最具代表性的憲政民主國家。對這一點，雙方均心知肚明。只不過在公開的外交場合，雙方都不願意凸顯這一點罷了。**

從「黨國」角度講，中國當政者從來都是把外部力量的「顛覆」視為最根本的威脅，所以羅援將軍才一點不含糊地把中國的「核心戰略利益」第一界定為「國體、政體不容顛覆」，第二才是「主權領土完整、主權不容侵犯」。**這裡「黨」和「國」的關係是再清楚不過了：「黨」是第一位的，「國」反倒是從屬於「黨」的。**然而，中國事情的複雜恰恰在於，雖然在抽象層面，

我們可以把「民族國家」和「黨國」剝離開來，分別加以界定、分析，但在現實中，「黨國」又是和「民族國家」緊緊捆綁在一起的，所謂「黨的主張通過法律上升為國家意志」，內政如此，外交也如此，只不過在內政場合，「黨」的存在是赤裸裸的、毫不掩飾的，而在外交場合，「黨」一般會退居幕後，而讓「民族國家」出來唱主調。

中國還有一個有趣的現象，那就是談外交問題時兩種語言的並存，一種是說給國際社會和本國老百姓聽的，另一種是講給「內部人」的。比如，中美關係，公開的說法是「求同存異」、「建立新型大國關係」，內部說法則是「西方亡我之心不死」，「與美國霸權體系的鬥爭是一場不以人的意志為轉移的世紀較量」。中國有位將軍盡人皆知，劉亞洲（1952～），准紅二代，官拜解放軍國防大學政委，前些年還以思維活躍、敢言著稱，後來卻以「黨性即神性」一說讓人大跌眼鏡。[33] 前不久（2014年11月）在一次公開報導的訪談中，劉亞洲縱論「如何打造中國新一輪戰略機遇期」，他一方面指責「殘留有『冷戰』思維的美國人為遲滯中國前進的步伐，實施所謂的『亞太再平衡』戰略，制定『海空一體戰』戰略，劍指中國。他自個不願打頭陣，慫恿目光短淺的極少數國家跟中國對著幹」，稱「美國已對我國實施了

---

[33] 此說出自劉亞洲《人民日報名家筆談：堅守神聖的「黨性」》，人民網2013年5月22日。

『C』型包圍圈，中國若實現偉大的民族復興，就要邁過美國給我們設的『坎』」；另一方面又大講「中美關係是當今世界最重要的雙邊關係，對中國外部戰略環境，乃至全域有重要影響。中美兩國一方面是相互依存度很高的命運共同體，另一方面又是缺乏戰略互信的經濟競爭對手，這是中美兩國雙邊關係發展面臨的『悖論』」，「中國不以美國為敵，願與美國並肩面向未來，為世界人民謀福祉。中美兩國對世界的經濟增長貢獻最大。太平洋足夠大，足以容納中美兩個大國」。[34]

其實，後半部分劉亞洲講的並非真心話，而是說給外部聽的官話。要聽劉亞洲們的真話，需要看《較量無聲》，一部由劉亞洲總策劃、國防大學等機構拍攝的內部宣傳片，2013年出品。該片的片頭語就是──

> 中國實現民族復興偉業的過程，必然始終伴隨與美國霸權體系的磨合與鬥爭，這是一場不以人的意志為轉移的世紀較量。[35]

該片稱，自1979年鄧小平訪問美國後，「中美之間似乎真的

---

[34] 劉亞洲《中國如何打造新一輪戰略機遇期》，中國選舉與治理網2014年11月17日。
[35] 見這部電視片的網絡文字版。

從對手變成了夥伴，從對抗變成了合作。而實際上，雙方的決策層都清楚，這種關係現狀的形成對於中國而言，是為了改變安全環境、發展環境，擺脫封鎖封閉，走出一條全新社會主義道路的主動戰略選擇。對於美國而言，則是為了集中應對主要對手，實現美蘇爭霸戰略目標而被動收縮戰線的策略選擇」。「在兩國長達兩百多年的交往中，這是中國第一次以完全獨立平等的身分得到美國的戰略需求與尊重。**而這一關係的改變，實際上也預示著兩個國家、兩種制度在合作表象下掩蓋著的未來較量**」。「蘇聯的解體使美國成為了持續近半個世紀冷戰的最終勝利者，同時，也使中國理所當然地成為了美國的下一個對手」。「對美國來說，是在未來澈底遏制中國，還是在接觸中改造中國呢？這是一個必須明確的戰略選項。剛剛以和平演變的方式成功搞垮了最大的戰略對手蘇聯，在空前勝利中受到巨大鼓舞的美國精英們，再慎重權衡後，大膽地選擇了後者。他們非常自信地認為，只有接近、接觸和接納中國，逐漸將中國納入其主導的國際政治經濟體系，才能更有力的分化和瓦解中國。這是戰略成本最低、代價最小而效果最好的方式」。「正是基於這種考慮，美國選擇了接觸加遏制的全新戰略方針，逐步解除『六四』風波後對中國的一系列制裁政策，轉而開始實施以經濟為主導的全方位滲透。他們一方面更加確信以和平演變的方式漸進滲透、逐步動搖戰略對手的根基，用軟性戰爭將其擊垮是最佳戰略選擇，另一方面，他們也

更加自信的認為，社會主義制度與資本主義制度的歷史較量已經隨著冷戰的結束而自然落幕。」[36]

　　這才是黨國執政者們對美國的真實解讀，也是黨國制定外交政策的根本背景和出發點，那就是挫敗「敵對勢力」的圖謀，和以美國為首的「顛覆者」進行長期的「較量」。劉亞洲說人家「殘存冷戰思維」，其實，《較量無聲》才是貨真價實的冷戰思維。當然，出面「較量」的不是「黨國」，而是「民族國家」，一場本質上是保政權的生死博弈一定要披上民族國家的外衣。這一點，黨國自己不便說破而已。

　　然而人們接著就會問的問題是：如此被「黨國」綁架的「民族國家」，一定要和美國及整個世界民主共同體「較量」下去，真的對中國有利麼？真的是作為民族國家的中國所需要、所應選擇的麼？

新國家主義與「紅色帝國」

　　必須指出：十八大新上來的習中央，正在把新國家主義變為現實。

　　我在一年半以前（2013年11月）寫的文章《一個紅色帝國的

---

[36] 同前註。

崛起？》中，是這樣分析這個正在上升中的「紅色帝國」的：

> 以習近平為首的「紅二代」領導集團不同於江、胡的地方在於他們擁有更為明確的「江山意識」，也就是，「紅色江山」是他們的父輩打下來的，他們對守住這份「家產」負有天然的責任；黨國肌體的嚴重癌化激發了危機感，同時也激發了使命意識。僅僅「守攤」是沒出息的，「紅二代」領導人的抱負是要實現黨國的「中興」，這個「中興」將證明「紅二代」無愧於他們的父輩。從實踐層面看，「紅二代」領導集團正在迅速拋掉江、胡時代謹小慎微的形象，而同時在幾個重要方面展開動作：
>
> 首先，以更加強有力的方式宣示黨國權力不容挑戰，這是一年來反憲政逆流高潮迭起，官方主動出擊、重拳打壓民間反對力量的根本背景；
>
> 其次，對內展開大刀闊斧的反腐和毛式整肅（所謂「洗洗澡、照鏡子」、「群眾路線」乃至「民主生活會」之類），以期改善「黨風」，整頓吏治，收復民心；
>
> 第三，繼續推進民生領域的各項「改革」，包括金融、商貿、勞動保障、住房、教育、民營企業的平等待遇等，這些領域的改革成功了，均有助於「黨的執政地位」的鞏固；

　　第四，藉助三十年經濟增長造就的國力強勢，「紅二代」領導集團一改過去「韜光養晦」的鄧氏國策，開始在國際舞臺和對外關係領域頻頻示強。這就是黨國版的「新國家主義」。「新國家主義」不同於傳統意義上的民族主義，對它的解讀可以包含三層意思：在民族國家層面，這是一個正在「崛起」的大國的社會達爾文主義再現；在民族記憶層面，這是被黨國刻意渲染的一個曾經輝煌、但飽受近代列強羞辱的古老民族的「復興」之舉；而在黨國政治層面，這又是確立、強化黨國體制與黨國政權合法性的新動能、新支點。在黨國現實邏輯中，前兩條必然服務於第三條，且最終歸結為第三條。……

　　可以說，這個超級「紅色帝國」既是黨國，又是帝國。對內，它是黨國；對外，則越來越像帝國。把二者連在一起的，是它的紅色。[37]

　　後續事態的發展，證明了上述判斷的正確。今天，「習大帝」已經引起全世界的警覺。不管黨國的外交辭令多麼動聽，[38]

---

[37] 見張博樹《一個紅色帝國的崛起？——從中共十八大到十八屆三中全會》，《中國人權雙週刊》第118期，2013年11月28日。

[38] 這種外交辭令的最新表現是外長王毅在2015年兩會答記者問時的「精彩」對答。比如，王毅稱：2014年是中國外交全面推進的豐收之年，「我們成功舉辦上海亞信峰會和北京APEC兩大主場外交，在歷史上留

人們還是越來越清楚地意識到一個紅色帝國崛起對世界構成的危險。紅色帝國的邏輯不但決定了黨國將自覺地自外於世界民主共同體，而且將強化被黨國捆綁、而又以民族國家形式表現的對外擴張衝動。中國三十年經濟增長的各項指標實實在在給紅色帝國的崛起提供了基礎、底氣，中國越來越大的對外能源和其他戰略物資的需求也正在刺激這個紅色帝國向外伸展它的羽翼。就在前不久（2015年4月20日～21日），習近平對巴基斯坦進行國事訪問，這是習2015年的首度出訪。「建設中巴經濟走廊」成為此次出訪的熱詞，為這條「走廊」，習一下子帶去460億美元的大單。為何如此慷慨？此乃黨國全球戰略佈局的需要。面對東面

下了深刻的中國印記。我們積極參與全球熱點問題的解決，在國際和地區事務當中發揮了中國作用。特別值得一提的是，**我們著眼於構建以合作共贏為核心的新型國際關係，正在走出一條結伴而不結盟的對外交往新路。我們將保持進取勢頭，拓展全方位外交，在堅定維護國家利益的同時，不斷擴大與世界各國的共同利益。**」有記者問：有人將「一帶一路」比作馬歇爾計劃或者稱作中國拉緊周邊經濟紐帶，以謀求地緣政治和中國利益，中國對此如何看待？王毅的回答輕鬆而巧妙：「『一帶一路』比馬歇爾計劃古老得多，又年輕得多，二者不可同日而語。說古老，是因為『一帶一路』傳承著具有2000多年歷史的古絲綢之路精神。我們要把這條各國人民友好交往、互通有無的路走下去，並且讓它煥發新的時代光芒。說年輕，是因為『一帶一路』誕生於全球化時代，它是**開放合作的產物，而不是地緣政治的工具，更不能用過時的冷戰思維去看待。**」（見《外交部部長王毅答記者問（實錄）》，人民網2015年3月8日）黨國外交官員的語言確實比咄咄逼人的軍人更老道，也比喋喋不休的「憤青」學者更內斂、更精緻。

（美、日）的「圍堵」，黨國必須「西進」，以開拓與美、日周旋的戰略縱深。「中巴經濟走廊」也好，「一帶一路」也好，都是為這個戰略目標服務的。結盟俄羅斯，更是黨國全球戰略大盤中的重點。就在筆者寫下這些文字時（2015年5月9日），中國國家主席習近平正在俄羅斯出席「紀念衛國戰爭勝利七十周年慶典」，人民解放軍儀仗隊也首次出現在莫斯科紅場。雙方將加強在能源、外層空間、大飛機製造等領域的合作，劍指何方？答案不言自明。

這個「紅色帝國」有待進一步觀察和更深入的研究。但站在自由主義立場上，下列幾點是毫無疑問的：

無論怎樣，「黨國」並不代表、也並不等於「民族國家」，黨國利益也不就是民族國家利益。事實往往正相反：黨國打著民族國家的旗號，動用整個國家的資源，根本上卻是為了保政權，為了一黨私利而與世界民主潮流對抗。這恰恰從根本上損害了中國的民族國家利益。

中國自由主義者也是愛國者，而且是真正的愛國者。這個真正的愛國者的標誌之一恰恰是：中國自由主義超越了狹隘的民族主義和新國家主義，更是黨國專制體制的堅定批評者。在民族國家層面，中國自由主義者強調摒棄國家交往中的社會達爾文主義，倡導真實的而不是虛偽的新人類文明觀和關於世界和平的康

德主義原則。在內政和國家政體層面，中國自由主義者強調民主轉型的必要，因為一個現代民族國家應該是體現憲政民主原則的政治-法律共同體和體現多民族共存原則的歷史-文化共同體的統一。傳統文化中與現代文明相吻合的部分，在經過憲政主義過濾後，當然也可以運用於現代國家之制度與精神的建構。

這就是中國自由主義的國家觀。

中國自由主義需要對「紅色帝國」的內政外交以及它的未來走向進行深入研究，作出準確評估，以便為轉型中國和民主化後的中國制定自己的外交政策提供鏡鑒。畢竟，民主化後的中國還是一個民族國家（當然它不再是「黨國」），它必須依據新的原則確定自己在這個世界上的位置。

（本文作於2015年5月，原為《改變中國：六四以來的中國政治思潮》第13章，由香港溯源書社於2015年6月出版，輯入本書時做了部分刪節）

如何評估近年來中國外交走向？
——與黎安友（Andrew J. Nathan）教授的對話

　　題記：黎安友先生是資深中國問題專家，哥倫比亞大學政治系、東亞系教授，在美國學界享有盛譽。《中國戰略分析》2016年創刊時，我作為雜誌主編之一與黎安友教授進行了這次訪談對話。對話內容廣泛，幾乎涵蓋中國內政外交的方方面面。讀者閱後會發現，在很多問題上，兩位對談者的觀點並不相同，談話充滿張力。這恰恰是本文的看點所在。它提供了思考紅色帝國問題的另一種視角。

　　筆者來美國後，黎安友教授聘我到哥大做訪問學者、又推薦在哥大任教。無私幫助，此生難忘。但這並沒有妨礙我們在學術上各自表述自己的觀點。君子之交，此之謂也。

　　張博樹（以下簡稱張）：黎安友教授您好！《中國戰略分析》雜誌十月份創刊，其中一個欄目是「高端對話」，很榮幸請到您作為我們的第一個受訪者。

黎安友（以下簡稱黎）：謝謝，我也很榮幸。

張：我們今天的訪談主要圍繞近年來中國外交的走向。中共十八大習近平成為總書記以來，中國在內政和外交方面發生了很大變化，特別是在外交方面，動作比較大，其風格已經完全不同於之前的江、胡時代，您怎麼看待這個變化？如何看待今天習近平式的中國外交？

中國外交的基本驅動力

黎：感謝您的問題。雖然習近平執政以來中國的外交的確發生了一些變化，但是在我看來，中國外交政策的基本驅動力和動機是和以前基本一致的，只是具體的條件變化了。在我2012年與思科貝爾（Andrew Scobell）合作出版的著作《尋求安全的中國》（*China's Search for Security*）中，我們的核心論點是，中國脆弱的國家安全，中國不利的國家安全形勢，中國所面臨的對其國家安全的多種挑戰性因素，比如在中國境內的很多問題均具有國際連帶性，各種國際問題對中國內政的影響，被一群並不是很信賴的周邊國家包圍的地理環境，邊界附近布滿美國軍事力量，對國際市場的依賴等，這些因素都對中國的國家安全構成威脅。任何一屆中國政府都希望根據這些挑戰去改善中國的國家安全處境，但是他們這樣做的能力則在不同時期有很大變化。在鄧小平、江澤

民時代，中國採取的是韜光養晦的策略，主要發展經濟，為中國應對這些問題積累資源。我認為，當2007年左右習近平被選為下一屆領導人並於2012年正式執政時，中國的發展進入了一個新的階段。中國的GDP、軍事技術、軍事裝備和訓練水平都達到了一個新的高度，這些具體條件的變化使中國能夠在追求國家安全利益方面更加有自信、主動，在這裡我不想使用aggressive（侵略性）這個詞來描述中國在外交方面的這種更為強悍和有更大自信的變化，因為「侵略」意味著侵入他國的領土。更合適的提法應該是assertive（自我肯定的、自信的）。

在追求國家利益方面，中國現在擁有了比過去更多的資源，而且我認為中國領導人也衡量了他們當前面臨的外部威脅，並且認為這些威脅性因素具有的力量比過去有所減弱。中國領導人會認為現任美國總統和日本領導人都比較弱勢，臺灣的蔡英文也比較弱勢，諸如此類。所以，中國領導人發現了一種可喜的形勢，就是中國實力的增強與這些敵對威脅勢力的減弱正好結合起來，中國可以利用這一歷史契機來按照自己的意願擴張影響，提高安全。我認為這也是中國領導集團為什麼會選擇習近平這樣一個主動強勢的人（或者說「強人」）作為接班人的原因之一。我並不是說這是他們選擇習近平作接班人的唯一原因，我想表達的的意思是，我們當前看到的中國外交策略和動作的變化是有更深層次的歷史背景的，屬於中國長期戰略的一部分。從長遠的歷史角度

去看的話，這種變化是遲早都會發生的，並不是領導人的個人性格因素引發的。

解釋中國外交的不同理論框架

張：謝謝您的說明。您剛才談到，因為面臨外部安全的威脅，中國外交政策和動作多年來大體是反應式的，外交政策的制定主要基於為了應對外部的挑戰。但一個基本事實是，習近平上臺之後，很大程度上改變了鄧小平時代以來延續的韜光養晦的政策。當然，在胡錦濤執政後期，黨國媒體已經開始宣傳「大國崛起」，這大約是在2005-2010年期間，但是當時的北京政府還是很注重其在國際上的和平形象，行事比較低調。習近平上臺之後，這種情況發生了變化，這一點在釣魚島問題上充分體現了出來。中共媒體通常把東海和釣魚島衝突歸咎於日本政府把這個小島「收歸國有」從而改變了現狀，但一些中國自由主義學者卻把釣魚島問題的突然升溫解讀為剛剛上臺的習近平有意為之的結果，因為他需要借此調動民眾的民族主義情緒，也需要以此形塑軍隊的忠誠，這兩條都有助於鞏固他的剛剛獲得的權力。當然，這還只是內政層面的考慮。外交方面，習近平的「中國夢」首先是「強國夢」，日本很自然成了黨國對外示強的第一個目標。再來看南海。中國自上世紀八十年代後期開始介入南海，已經有二十

幾年時間了。美國注意到中國在南海的動作是歐巴馬總統的第一個任期剛開始時的2008年，「重返亞太」的口號也是那時候提出來的，但那時中國只是佔領了南海若干島礁而已，還沒有大規模開發。驚人的填海造島工程開始於習近平掌權後的2014年，在短短的十八個月內，中國在南海填海造島的面積遠遠超出了越南等其他國家幾十年的總和。我的基本問題就是，基於黨國近十年、特別是近三年來這種越來越積極主動的外交動作，您之前提出的中國主要是基於國家安全的考慮而採行被動反應式外交政策的解釋框架是否仍然適用？

最近一段時間，一些中國學者提出了解釋中國外交走向的若干新框架，雖然其立場和價值前提似乎截然不同、甚至完全相反。比如，隨著中國經濟實力的增長，尤其是中國GDP已經是世界第二，像閻學通這樣的體制內學者就斷言，未來十年中美的經濟實力會並駕齊驅，而中國會以、也應該用更加積極的姿態爭奪對世界的引領權。一些自由主義反對派學者如李偉東和我本人，則力證習近平上臺以來黨國的所作所為意味著一個紅色帝國的崛起。這裡，我想簡單界定一下紅色帝國的概念：「紅色」並不意味著要像毛澤東時代那樣向世界輸出革命和意識形態，而是指這是一個共產黨領導下的黨國體制的國家；這裡說的「帝國」概念也不是像十九世紀那種軍事征服式的殖民地帝國，而是更多以經濟、文化方式擴張中國在世界的影響力，而文化在許多場合其實

是包裝黨國體制合宜性的一種手段，並不意味著黨國真的繼承了中國文化中優秀的那部分傳統。中共外交政策當然也包括民族國家利益層面的考量。中國現在是一個資源依賴型國家，所以即便不從黨國體制考慮，而純從民族國家利益出發，也需要保護其海外的資源、運輸線的暢通等利益。但中國事情的複雜恰恰在於黨國政體和民族國家的捆綁。從紅色帝國崛起的角度來講，這些是否構成某種新的因素和新的現象？在分析中國外交政策走向的時候，這樣一種黨國體制和民族國家的相互結合，會給中國外交帶來哪些影響？比如，中美兩國既是需要合作的夥伴，又是政治制度和價值觀層面的對手，面對中美關係經濟上相互依賴政治上又存在潛在衝突的這樣一種狀態，您怎麼看待這個問題？

價值判斷與事實判斷

黎：關於您這部分的提問我想分成幾個問題來回答。

首先我想說的是，我們為了學術分析的目標的話，不應該做出價值性的評判，維護中國或者攻擊中國等等，這個沒有分析價值。我們的任務是分析和解釋現在發生的事實情況。假如說中國的外交政策有這個或者那個道理，並不意味著支持或者反對它。

第二，讓我們來談談南海問題。就像您所說的，南海問題自胡錦濤時代後期就開始凸顯出來了，這正好支持了我的第一個

論點，就是這不是習近平個人的問題，而是一個歷史發展動態問題。南中國海問題其實包括幾個議題，我們就選臺灣問題來談一下。臺灣對中國的國家安全很重要，臺灣靠近大陸，面積巨大，處於第一島鏈的重要戰略位置，中國為了安全的考慮當然想要控制這塊地方。中國之所以現在沒有收復臺灣是因為美國不讓他做。美國說如果臺灣人民不同意的話，中國是不能佔領臺灣的，只有臺灣人民同意回歸，大陸政權才能收回臺灣。美國在太平洋戰區部署了軍事力量，美軍太平洋戰區司令部位於珍珠港，每一個戰區指揮部有一名指揮官，對於這個戰區的指揮官來說，他的工作任務就是在臺灣受到大陸軍事攻擊的情況下按照總統的指令保衛臺灣。他們已經預備了各種作戰計畫，根據各種情況選擇最適合的作戰方案。自從1954年美國與臺灣簽署《美台共同防禦條約》開始，這個戰區的指揮官就負有職責，根據中國外交政策和武力的變化制定各種防衛臺灣的方案，比如，為了提前做好作戰計畫和防衛準備，我應該做些什麼？我需要哪些專業人員制定作戰方案？等等。但是，這些防衛計畫是會過時的，因為中國的武力裝備啊，雷達啊，會隨著時間變化而變化，我們怎麼知道中國的武器裝備哪些得到更新了呢？這就是南海問題產生的原因之一。為了保持對中國在南海海軍力量和軍事部署詳細情況的追蹤、把握，太平洋戰區指揮官幾乎每天都要派出飛機、軍艦去偵察、瞭解中國海軍和空軍在南海的雷達、導彈等軍事力量的部

署，美軍艦艇飛機常年在中國南部領海附近航行和飛行，而這種
情況對北京領導人來說是非常不利，難以接受的。所以，隨著中
國的強大，中國領導人想要把美國的這種軍事活動向外推一些，
讓美國的軍事偵察活動遠離中國邊界。當胡錦濤或者習近平想要
降低美國在中國附近海域的軍事活動時，他們擁有的籌碼是什
麼？中國領導人會問：我們需要打什麼牌？我們有的是一張1947
劃定的中國領海範圍地圖，根據這個地圖，我們在十一段線（後
改為九段線）範圍內擁有法定權利，歷史上就是我們的領海。我
們在太平島附近有200海里專屬經濟區，這些都是我們擁有的、
可以跟美國作外交博弈的籌碼。除此之外我們還擁有什麼？我們
還佔領了幾個岩礁。但是在2008年，中國海軍在裝備上還不能做
什麼，無法在這些佔領的島礁上做一些有實質意義的工作。但是
到了2012年，情況發生了變化，中國海軍的裝備和技術力量可以
有所作為了，擁有了足夠的艦船、飛機和技術可以在這些島礁上
建立海軍空軍基地。中國領導人於是開始採取這種策略，在南海
展開建島的活動。美國白宮很快知曉了中國的這一行動，但是卻
無法採取相應的應對措施，因為這些小島礁並不是美國的領土。
所以我的基本觀點就是，在南海問題上，美國軍事活動（雖然從
美國的利益角度是必要的）對中國的刺激是一個重要原因。其次
才是石油、漁業等經濟資源帶來的利益紛爭。漁業資源對中國這
樣一個有著14億人口的大國來說非常重要，中國沿海有相當多的

人口以海洋食物為主要食物來源，但是中國周邊也有很多以海洋食物為主要食物來源的國家，比如菲律賓等，與這些國家在海洋經濟資源上的利益紛爭也就成了重要的原因。

張：南海主權爭端，是個複雜問題，這裡無法展開討論。至於中國大陸和美國因臺灣產生的對峙，已經和中國的政體問題扯在一起，恰恰證明了中美衝突絕非單純意義上的民族國家衝突。沒有冷戰背景，沒有兩岸政治制度上的根本差異，當年的美國不會支持臺灣，兩岸大概也早就統一了。回到現實，您在強調是美國海軍在中國南海附近過多的軍事活動迫使中國採取應對措施，這符合您觀察中國外交的原有邏輯。隨著近年來中國海軍、火箭軍武器裝備的提升，軍艦數量增多，擁有了能夠打擊美國航母的武器如東風21D等，中國領導人試圖迫使美國海軍的軍事活動退出第一島鏈以外，在您的邏輯中，這仍然是基於安全需要的可理解之舉。

黎：是的，我認為中國領導人對此採取了非常聰明的策略，他們在已經控制的島礁上建造基地，美國對此卻無能為力。我認為這種應對策略非常成功。至於釣魚島，您剛才談了一些觀點。我記得幾年前確曾有新聞，東京市的市長宣稱要從私人手中購買釣魚島，日本政府對中國政府說這一購買行為不會改變釣魚島主權歸屬及管轄現狀，但是中國政府認為這種行為會改變釣魚島的現狀。如果你問一個律師，他會告訴你，這種購買行為確實不會

改變釣魚島的主權歸屬，主權原來屬於哪個國家，還屬於那個國家；但是如果你問一個政治諮詢師，答案則完全相反，他會告訴你不要相信律師的話，購買行動會強化日本國的控制力，至少有象徵性的意義。釣魚島從中國國家利益的角度看很重要，它靠近中國大陸、臺灣地區，卻不那麼靠近日本，也不是琉球群島的一部分。1972年美國將琉球群島歸還日本時，將釣魚島算作其行政管轄區的一部分一起交給了日本，但實際上在地理上二者是分開的，所以中國政府說你們美國把中國的釣魚島像送聖誕禮物一樣送給了日本。我想表達的基本觀點是，釣魚島對中國的國家安全雖然也重要，但是沒有那麼重要，所以中國在釣魚島問題上歷來主張維持現狀，把問題留給後代解決。但是當日本政府改變現狀時，中國政府就不能坐視不管，中國政府必須出來重新主張對釣魚島的主權。這是我想談的第二點，就是什麼是中國外交政策的主導因素和主要驅動力。

我想談的第三點不是您直接提問的，是我額外想談的。我的朋友夏偉（Orville Schell）新近發表了一篇文章，這篇文章代表了西方學界分析中國的主流觀點，認為習近平的外交策略是失敗的。他的外交策略已經激起了南韓對中國採取防禦行動。韓國已經同意美國在韓境內部署薩德反導系統。習近平搞砸了中國與韓國、日本、東南亞國家的關係，所以說他的外交政策是失敗的。但是我的解讀是不同的，我對習近平和整個中國領導層外交行為

的解讀是以我的第一點分析為基礎的，中國領導集團想要改變維持現狀的原外交思路，改變中國國家安全所處的形勢，這種改變會導致周邊國家感到不舒服而有所反應。但是這也沒什麼。周邊國家對中國改變外交策略、謀求更強大的國際地位的行為作出的這些反應，中國領導人會視為自然，甚至是一件好事，就是要讓你們感覺到不舒服，意識到形勢正在發生變化，讓你們開始適應，這才更符合中國的國家利益。更何況就南韓而言，朴槿惠政府雖然在部署薩德反導系統問題上與美國靠得更近而似乎疏遠了中國，但韓國政府一直聲稱薩德系統不是針對中國的。這是我要談的第三點。

關於「紅色帝國」

黎：現在讓我們談談李偉東和您的紅色帝國理論，按我所理解，這個理論主要關注的是中國的內政問題。但是正如你們所知，我在《紐約書評雜誌》（*New York Review of Books*）上發表了一篇題為〈習近平是誰〉的文章，最近我又發表了一篇〈誰是金正恩〉的文章。我能理解李偉東將習近平視為中國紅二代集團的代表人物，這些紅二代主要依靠軍隊力量的支持，並且對中國各階層都不信任，知識分子、幹部、中產階級、黨員、大學生等群體都被看為不可靠。國際方面呢？當中國領導人向外看時，會發

現沒有幾個國家喜歡中國。中國領導人會覺得奇怪：為什麼周邊地區和國家都討厭中國？我們雖然尋求中國的國家安全和經濟利益，卻沒有想要侵略或者傷害其他國家的利益。我們想追求的是雙贏結果，能在給我帶來好處的同時也給你很多好處，但是你們卻選擇跟我不合作、跟我的利益作對，我不明白為什麼？這應該是因為背後有一些黑勢力在操縱，這個幕後黑手主要是美國。如果不是因為以美國為首的西方勢力搞亂，這些周邊國家和地區的領導人應該願意和中國合作。這是我認為的習近平為代表的紅二代領導集團在國際事務領域的想法，也是紅色帝國在外交領域的思維模式。紅色帝國思維在國內政治方面，就是認為國內有各種不可靠的勢力，所以我們要在內政上採取強硬措施，對知識分子等階層用強力打壓清理。我並不是為習近平的內政外交政策辯護，而試圖客觀地對習近平為中心的中國領導人的思維邏輯進行分析。

　　張：這裡有一個問題，安友教授。您認為習近平本來希望在國內政治和國外政治上都有雙贏結果。您是以一種非常善意的方式理解習近平的意圖，比如，習近平外交的動機是希望和美國和平共處，因為這對中國的安全是有利的。但是他不能理解，為什麼中國剛有一點崛起的態勢了，美國就這麼強力打壓。您的基本觀點，還是認為習近平的外交活動屬於被動反應式的，現在的某種主動和強勢也不過是為了把美國勢力向外推一些，目標還是維

護中國的國家安全。

黎：是的。

張：但是在我看來，新一代中共領導人、特別是習近平本人有著更大的戰略目標，您似乎低估了習近平的雄心或叫野心。習是一個深受毛澤東影響的人，他雖然不可能再搞毛澤東式的世界革命，也不會再提什麼國際共產主義戰略，但他對中美關係根本性質的理解，站在中共自身立場上，卻是非常清楚的。時下不少人喜歡把中美關係說成傳統意義上的大國間關係，美國是守成意義上的大國，中國是正在成長中的大國，大國之間發生衝突有一個所謂的「修昔底德陷阱」。黨國媒體的公開宣傳也喜歡講這一套。其實，用這種框架分析中美關係是有重大局限的。我們不能僅僅從民族國家視角來分析中美關係，中美之間也並不僅僅是兩個獨立主權國家之間的關係，必須加入另一個分析維度，就是中國是一個共產黨掌權的黨國體制國家，而美國及其盟國是自由民主國家，中國與美國及其盟友之間在政治制度、意識形態上乃是兩種根本不同的類型。加入這個維度並不意味著事實判斷變成了價值判斷，這同樣是事實判斷。作為事實，這種基於政治制度和意識形態的衝突在冷戰時代表現得非常明顯。當然後來情況有變化，開放的中國需要美國的幫助重新融入世界，這就有了八十年代以來中美關係表面上的蜜月，但是黨國依然將美國視為意識形態的敵人。國防大學曾拍過一部內部片子《較量無聲》，用來教

育各級黨的官員。該片明白無誤地宣稱：我們和美國之間的較量是兩種制度、兩種意識形態間長期的較量。我不認為這種片子只代表某些鷹派軍人的觀點，而寧願將其理解為黨國最高層意志的表達。它至少告訴我們，黨國領導人從來沒有把中美關係僅僅理解為民族國家之間的關係，人家首先考慮的是政權的安全。所以當您在論證「中國對安全的尋求」時，我更願意先問一句：「中國」是誰？在中共領導人那裡，「中國」首先是「黨國」，其次才是被「黨國」代表的那個「民族國家」；中國的「安全」首先是黨國的「安全」，是政權的「安全」，因為總有人想顛覆我這個政權，想要把中國民主化。「民主化」什麼意思？不就是想推翻黨國體制和中國共產黨的政權嗎？

黎：是的，但是這個問題是不對稱的。雖然在中共領導人看來美國想要顛覆中國共產黨的政權，但美國的情況其實很複雜，有些人可能有此想法，另外一些人則未必。美國政府和美國政治中的不同力量往往有不同的目標，這個問題無法在這裡詳述。我說的「不對稱」的意思是，即便美國有些力量試圖顛覆共產黨政權，但中共政權沒有想顛覆美國政權的意思，因為中國領導人知道自己不具備這樣的實力。

張：在鄧小平那個時代，中國領導人沒想過要推翻美國政權，因為很清楚實力的懸殊。江澤民、胡錦濤也是如此。但是到了習近平這一代就不一定了。隨著中國國力的增強，中國領導人

雖然未必想推翻美國的制度，但至少要謀求中國政治制度和發展模式在國際上更高的影響力，取得與西方自由民主制度相抗衡的地位。中共領導人不一定要直接推翻美國的政權，而是要在制度、文化、價值體系上與你抗衡，乃至爭雄。

黎：讓我們把這個問題分成兩部分。到現在為止是一個部分，今天以後是另一個部分。未來的事情我們不知道，但是到今天為止中國會採取一些增強對美國影響的策略，比如禁止我本人入境、影響好萊塢電影等。在這個程度上，可以說中國努力想要影響美國的文化、言論自由等。美國確實想推進中國的民主和人權——我不認為這等於瓦解共產黨政權，但中共這樣認為。但這是兩回事，中國對美國的影響達不到影響美國的政治制度或法律制度那個程度。中國沒有支持川普競選，不支持唱誦共產主義的組織，也沒有類似人權組織那樣的機構。到現在為止情況就是這樣，我也不認為中國在未來想要改變美國政權。

張：當然，在可想見的未來，中共顛覆不了美國。我想強調的僅僅是：中共在對內對外的宣傳中非常強調所謂「中國模式」、「中國精神」，還常常用傳統文化的某些語言加以包裝，比如外交政策層面的「親誠惠容」，意在對比、批評美國人的「霸權主義」；同時，黨國更在實實在在地布劃全球戰略，包括歐洲、非洲、中東、拉美這些過去中國人很難影響到的地區。而在幾乎每一個戰略節點上，其設定的根本對手都是美國。我想表

達的核心意思是：在所有這些方面，習近平表現的野心已經遠遠
超出僅僅為了國家安全進行被動防禦的範圍，而有了更多的主動
性甚至攻擊性；中美之間的博弈也早已不再局限於中國本土附
近，而具有了某種全球性。

中國影響力的可能範圍

黎：中國影響力的最大範圍是什麼？這個其實是非常模糊
的。「中國精神」、「中國模式」之類概念也非常模糊而空洞。
讓我們來看一些具體的國家，日本，津巴布韋，芬蘭，北韓，從
現在開始未來五十年，中國在制度和文化上可以影響的最大範圍
能到哪些國家、哪個層次？也許中國影響力能夠實現的最大程度
是影響到像芬蘭這樣的國家。中國共產黨或許可以令芬蘭的媒體
感到害怕，讓芬蘭的學者不敢發表中共不喜歡的言論，比如支持
達拉喇嘛之類的。但是除此之外中共還能做什麼？我不是很理解
您所說的中國領導人的「全球戰略」，除了對外開拓市場，保護
自己的海外利益，也輸出其文化，中國領導人還能做什麼？

張：我的意思是習近平想在世界上樹立一個與西方不同的價
值觀和政治模式的範例，與美國為代表的範例相抗衡。他有這個
雄心，能否做到另當別論。

黎：這個說法太籠統了。我認為今天的中國共產黨自己都沒

有明確的價值觀念和意識形態，在冷戰時期，蘇聯有一套完整的政治意識形態理論體系，但是現在的中共沒有。如果說擁有強大的黨政系統，以及對強大的國家能力的追求，也算是您所說的中共獨特的政治意識形態內容的話，我不贊同，因為對強大國家能力的追求是各個國家和執政黨都需要的，並不是專屬於中共的。

張：您說得對，任何國家都需要且追求合理而強大的國家治理能力，但中共宣稱的要點恰恰是中國由共產黨一家領導比西方國家的競爭性選舉及政黨輪替制度不但在法理意義上更「民主」，而且在國家治理層面更有效率，所以這種制度更優秀。這些東西已被黨國理論家們解釋為「中國特色社會主義理論」的一部分，而這個「特色理論」就是如今中國共產黨的意識形態。

黎：但是，請告訴我，世界上有哪個多黨制的國家是中國可以將其變為一黨制的呢？並且中國為什麼要這樣做？改變這些國家的制度對於中國的現實利益有什麼好處？德國、法國這樣的主要西方國家會被改變嗎？為什麼中國不去扶植那些已經是一黨制的國家？他們在拉美的盟友已經分裂了。為什麼中共會在意這些遙遠的國家的政體是什麼類型的？在我看來，中國領導人在意的只是這些國家與中國的關係是否有合作性，只要他們不影響中國的實際利益就行了。

張：這是兩個不同層面的問題。在江胡時代，中國的外交確實更加注重實際利益，只要你不干涉我的內政，不批評我的制

度，不要贊成兩個中國，不要接待達賴喇嘛，與中國友好地貿易往來就OK了。但是習近平上臺之後，黨國外交方面的雄心明顯增加了，中國「核心利益」的邊界也在迅速擴大。這個「核心利益」已經不僅僅是經濟的，而且包含了越來越多的地緣政治方面的考量。中共誠然無法撼動英、法、德這樣的民主國家體制，但它已經成功地令這些國家在人權問題上閉嘴。中共對北朝鮮、伊朗之類國家明裡暗裡的支持是盡人皆知的，儘管北朝鮮不斷製造事端，打亂北京的原有部署。中南海的決策者之所以容忍朝鮮的胡作非為，根本上說還是對抗美國的需要使然。

　　黎：我的觀點是，我們在談論未來，可以預測的未來。當然，如果共產黨垮臺了，那是另外一個局面了。但我們還是假設共產黨繼續在執政，讓我們想想可能發生的最壞的情況。五十年後會發生什麼很難說，但是我們可以想像一下習近平在任期間可能發生的最壞的情況，如果習近平有您說的這種野心的話。

「一帶一路」與「戰略西進」

　　張：好的，安友教授。我們剛才的對談還沒有涉及習近平全球戰略的另外一個組成部分，就是「西進」。為了擴展和美國對抗的戰略縱深，黨國正在加強和中亞、南亞、中東、東中歐地區的戰略聯繫，現在的「一帶一路」戰略部署正是服務於此的。

「一帶一路」並非只是個經濟概念，為了解決國內的產能過剩、促進中國的貿易經濟利益，也不僅僅是對古老的絲綢之路傳統的復興，而更多的是基於對美全球戰略的需要。

黎：好，讓我們以巴基斯坦和阿富汗作為例子，即便中國在巴基斯坦投資，美國也不在乎。如果中國想要改變巴基斯坦的政治體制，那也是好事，請改變他們的政治體制吧，因為巴基斯坦的政治制度本來就是一團糟。而且我相信，未來五十年中國在巴基斯坦的投資也不會改變這個國家的基本政治制度。

張：北京本來也沒有打算改變巴基斯坦的政治體制，只要力促巴基斯坦領導人繼續保持親中立場就好。與巴基斯坦保持「全天候」關係不但是為了獲得瓜達爾港這樣的戰略據點，從而改善中國的能源安全（這是中國投入鉅資建設中巴走廊的根本初衷），也是為了牽制印度。此外，習近平的西進戰略並不僅限於巴基斯坦等國家，他還要繼續西進。最近就有一系列重要的外交活動，習近平訪問了波蘭和塞爾維亞。在此之前，中國已經和中東歐十六國建立了16+1首腦會談機制。當然，不會立刻有什麼重要的事情發生。但是通過與這些國家建立更加緊密的聯繫，加強中國與這些國家的經濟往來，從長遠看會增加中國在這些地區的影響力，降低美國在這些國家和地區的影響力。這也是北京聰明的地方，不會上來就輸出黨國的意識形態。相反，中國官方媒體和外交官的口頭禪從來都是強調「尊重各國人民選擇自己社會制

度和發展道路的權利」。但北京會通過經濟貿易、文化交流等各
種渠道、各種方式,逐漸將中國的影響力滲透進去。

黎:在我看來,美國政策制定者並沒有把中國影響力的擴
大都視為壞事。在很多場合,這是好事。這種態度,美國的一
些政府官員表達得很清楚。比如2005年時任美國副國務卿的羅伯
特・佐利克(Robert Zoellick)就曾呼籲中國應該成為「負責任的
利益相關者」(Responsible Stakeholder)。如果中國能夠幫助巴
基斯坦、阿富汗、非洲一些國家成功地發展經濟,如果中國能幫
助中歐國家解決其金融問題,這些在美國政府看來都是好事。同
樣的,如果中國能夠在尊重人權和保護環境的前提下幫助亞洲國
家改善其基礎設施,或與美國一起解決人類面臨的環境問題,這
些也都是好事。只有當中國政府的外交政策與美國利益發生衝突
時,美國人才會擔憂中國影響力的擴大。

中美俄角逐

張:謝謝您的介紹。這是美國人的解讀,但黨國領導人未
必這麼想問題。還是回到西進話題。北京和中亞、南亞、中東歐
加強聯繫還不是最重要的。更為重要的戰略西進,是中國和俄羅
斯越來越緊密的關係。四十年前,北京和莫斯科之間還是死敵,
如今卻成了最重要的戰略盟友。前不久普丁(Vladimir Putin,又

譯普京）旋風式地訪問北京，簽署了《中華人民共和國主席和俄羅斯聯邦總統關於加強全球戰略穩定的聯合聲明》，這個聲明指責「個別國家和軍事－政治同盟謀求在軍事和軍技領域獲得決定性優勢，以便在國際事務中毫無阻礙地通過使用或威脅使用武力來實現自身利益。他們公然無視各國安全不受減損的安全基本原則，企圖以犧牲他國安全換取自身安全。這一政策導致軍力增長失控，動搖了全球戰略穩定體系，與在有效國際監督下實現普遍、全面裁軍的理念背道而馳」。聲明中批評的「個別國家」顯然就是美國。中俄兩國領導人如此高調地站在一起，共同向美國示威，這在五年前還是不可想像的。

黎：對於這一現象，我們可以從兩個角度予以分析：首先，他們的動機是什麼？為什麼會這樣說？另外一個角度就是今後五十年最壞的情況會怎樣？他們為什麼會這樣說，原因其實很簡單，美國在南中國海的軍事部署，美國對越南、菲律賓等國家的支持，美國在歐洲支持烏克蘭，通過北約對俄羅斯形成鉗制，美國還深度介入敘利亞事務，試圖推翻阿薩德政權等等，在中俄看來，就是在謀求政治、軍事優勢，影響中國和俄羅斯的利益。所以我的分析還是認為，就中國而言，和俄羅斯簽署這樣的聲明是中國對美國軍事和外交活動的合理反應（說「合理」不是價值判斷意義上的合理，而是說這符合中國的自身利益）。至於第二個問題，習近平訪問波蘭，和俄羅斯簽訂協議不假，但是這些行動

會產生什麼後果呢？波蘭和俄羅斯都是獨立國家，他們主要考慮
的是自己的利益。波蘭當然歡迎中國在波蘭進行投資，但是不會
按照中國的命令去做事。未來五十年內，波蘭依舊是處於中國、
俄羅斯、美國和歐洲之間的平衡者。中國的力量確實在增長，而
且這種增長會改變世界的格局，但是說中國與美國之間存在意識
形態的抗衡，我不認為是這樣。我仍然以為中國是沒有具體意識
形態的，中國沒有興趣改造波蘭的政治經濟制度。但是美國有改
造敘利亞、改造烏克蘭的具體計畫。中國沒有這種計畫，未來
五十年內我估計中國也沒有這種具體的計畫。

　　張：到目前為止，中國確實沒有表現出像美國那樣明顯的輸
出制度的行為，比如打伊拉克，在中東威權國家建立民主體制。
就此而言，我是同意您的觀點的。但是情況的微妙之處在於，現
在北京開始到處做宣傳，將其在一黨體制下取得的治國成就解釋
成是一種全新的治理模式乃至全新的文明，可以與西方的自由民
主制度相媲美，甚至是取而代之。

　　黎：對此，我依舊認為中國這樣做的目的是防禦性的：第
一，你們不要推翻我們現在的政治制度，因為我們的制度對中
國來說運行得很好。第二，中國領導人對美國推翻蘇丹等獨裁
國家制度的行為進行批評，這也是一種防禦的策略。你們美國
推翻了這些國家原本運行良好的政治制度，在這些國家建立你
們的西式民主，但是卻無法維持這個社會的穩定和秩序，民主

制度在這些國家無法有效運行。所以他們批評美國的意識形態並不是因為中國有自己的意識形態，北京也並不是想在這些國家再造中國模式。

中國模式：「效能」與「穩定」

張：但北京至少是試圖讓其他國家相信這種模式是有效的，不但促進了經濟增長，而且可以保持「穩定」——雖然保持穩定的手段顯得很齷齪。我記得您在以前的文章中專門分析過中國的威權統治對世界上其他國家的負面影響，包括中國的互聯網管制技術、收買中產階級和知識分子的巧妙手法、以合法形式打壓異見人士等。中共在互聯網管制方面做得非常成功，現在很多國家都開始學習中國這方面的辦法。甚至法國等一些自由民主國家也在學習中國互聯網管制技術，雖然用於不同的目的，比如反恐。中國現在的GDP總量已經達到那麼高的水平，產生了龐大的中產階級，但中國的中產階級居然沒有產生參政的要求，這恐怕是二十一世紀人類政治舞臺上的奇觀。黨國做到了這一點。那麼這種奇蹟會不會對其他希望保持威權體制的國家產生某種示範效應呢？類似這樣的現象似乎都在提示我們：當今的中共雖不像當年斯大林、毛澤東那樣明火執仗地鼓吹世界革命，訓練亞非國家的遊擊隊，但「中國模式」這種隱形的、相對柔軟的、病毒般的擴

散卻可能給世界帶來更加深遠的影響。

黎：但是這個問題有多嚴重呢？這種行為的後果並不可怕。我以為，問題的關鍵還是取決於民主國家的行動，看我們民主國家的制度運作得如何。看看津巴布韋，看看索馬裡，你可以說民主制度並不好，中國會說，你看西式民主制度並不適用於你們這些國家，我們中國的制度可以做得更好。問題是美國的民主制度真的行不通嗎？如果是這樣的話，那美國和西方發達國家都會陷入麻煩。但我不相信是這樣。我認為中國的大戰略還是阻止美國向亞非輸出西方民主制度，不希望用美國的民主迷信擴大其影響。俄羅斯、中國都會說，你們西方國家不要改變世界現狀，維持現狀就好。在我看來，這仍然是一種防禦性策略。

張：俄羅斯的情況另說，這是一個本來完成了部分民主轉型、但又發生倒退的國家，是一個正在重溫沙俄帝國之夢的國家，不完全和中國一樣。中共經歷了1989年危機，在很長時期內是高度不自信的，即便是現在一些積極行動的背後仍然有著深刻的安全方面的考量，這我都是同意的。我要補充或強調的僅僅是，在中國「崛起」的背景下，尋求安全已不足以解釋習近平外交戰略和動作的全部內涵，他確乎有一種想要主動擴展影響力、向美國叫板的衝動。而且，只要中共這個制度還在，不管習本人是否在任，這個勢頭都會繼續下去，因為中國的塊頭已經足夠大。您前邊已經用「非個人因素」談到過這一點。這也是我所說

的「紅色帝國」的本來含義。這個紅色帝國正在通過經濟的、政治的、軍事的、文化的各種形式影響世界，包括所謂「軟實力」。

　　黎：美國的軟實力與中國的軟實力是非常不同的，當我們談論美國的軟實力時，我指的是，比如中國的學生會來哥倫比亞大學留學，基本上可以假設這些學生是認同美國式自由民主價值觀的。中國的軟實力是要求你不要認同達賴喇嘛等，這與我們很不同。這是美國軟實力的一種。美國軟實力的另一種表現形式是，我們有各種推進民主的組織，美國資助這些組織以促進中國和其他國家的民主化。還有一點：中美在軟實力方面的基本目標是不同的，美國的軟實力是希望他人認同美國的價值觀體系，讓他們的政治制度、政治價值都變成美國式的；中國的軟實力是希望他人尊重中國的價值觀和制度，對中國價值和中國模式表示尊敬，不要批評中國的制度等。美國認為自己的文化是普世性的，但中國不是，中國認為中國的文化是中國的，希望世界其他國家尊重和理解中國文化的這種獨特性。

　　張：中國官方現在也開始將中國的價值和制度解釋成普世性的，而且批評美國推廣普世價值的行為是「霸權主義」。

　　黎：美國倡導的國際秩序是國家之間的法治，是國際法統攝下的秩序。這和中國倡導的國際「王道」、不干涉內政等基本原則是一致的。但是因為美國很強大，美國可以做很多事

情。中國不行。中國現在是世界第二大經濟體，即便將來中國
的經濟總量超過美國，成為世界第一，中國也不會擁有和美國
一樣的地位及影響力，因為美國和中國的國內國際環境是不一
樣的：美國只有3億人，中國有14億人；美國只有兩個鄰居，中
國有24個鄰國。同樣的GDP不等於能做同樣的事情。米爾斯海默
（John J. Mearsheimer）說過，你必須先建立地區霸權（Regional
Hegemony），才能成為世界性的超級強國。對於美國來說，先
建立地區霸權而後建立超級強國身分比較容易，美國只有兩個鄰
居，加拿大和墨西哥，而且他們對美國都很友好。但是中國就不
同了，中國很難建立這種地區性霸權，因為中國有日本、俄羅
斯、印度、越南、韓國等強大而不友好或未必靠得住的近鄰。

　　張：這很有意思，我贊同您所說的，相同的經濟總量不等
於能做相同的事情，即便中國成為世界第一，也不意味著具有了
和美國同等的影響力。但一旦這個「世界第一」真的成為現實，
對掌權的最高領導人的精神影響和心理影響卻是極大的，它會產
生巨大的誘惑，誘使獨裁領導人想入非非甚至鋌而走險。如您所
知，像中國這樣極權體制的國家，制定外交政策的權力掌握在最
核心的那一小撮領導人手裡。當中國擁有了世界第一經濟總量的
時候（哪怕只是形式的，帶水分的），他們制定中國外交政策就
會以這個新的「事實」為依據。如前述，中國是黨國政體和民族
國家的捆綁體，中國民族國家的外交戰略深受中國執政黨的意識

形態影響，服務於中共保政權、反西方的需要。比如我們談過的中俄之間的准聯盟關係，就中國方面而言，我將其稱為中共聯俄制美的大戰略。但是誰不知俄國在歷史上是侵佔中國領土最多、對中國傷害最重的國家呢？為了反對美國、和美國爭雄乃至戰而勝之，北京卻一定要和莫斯科聯手。站在中共立場上，這也許是對的，因為它有助於中共政權的安全；但從中國民族國家的未來著眼，親俄國而反美國，真的有利於中華民族的根本利益嗎？我想這筆賬並不難算。難辦的是中國真的被黨國綁架了。在這樣一種形勢下，未來中國外交的發展會是怎樣？我持比較悲觀的態度。在另外一個場合我曾經講過：也許我們正在目睹一個新時代的來臨，這是一個中共的新極權主義和紅色帝國挑戰現存世界文明、試圖改寫全球秩序的時代。您批評過沈大偉（David Shambaugh）等人，不同意他們說的中國正在衰退的觀點，顯然您對中國民主化的前景並不樂觀。這方面我和您有同感。

美國總統大選及未來對華政策

張：最後想向您討教的是正在進行的美國總統大選。我注意到，共和黨總統候選人川普的外交政策主張，認為美國應當在對外方面適當收縮，把精力用於管好美國國內的事情。如果按照您剛才講的邏輯，今天中美俄三角關係，中俄都是因為感受到美國

的威脅才做出自衛性反應，如果是這樣的話，川普就是對的。只要美國適當後撤其在中國周邊的軍事力量，中美關係就會走向一個比較緩和的局面。但是如果按照紅色帝國的邏輯來思考這個問題，那就不一樣了。中共領導人並非僅僅被動地保衛政權安全和中國的國家安全，而是要主動挑戰美國在全球的影響力。假設真是如此，那這對未來美國外交政策的制定者意味著什麼？

黎：我想分三部分來回答這個問題。第一部分是關於川普。我不認為川普能贏得大選，即便贏了，他在大選期間說的這些話也是不算數的，他是一個經常改口的人。此人非常無知，也沒有具體的施政綱領。如果他真當選了，也不能信口胡來，必須面對現實。他的外交戰略很難預測，我猜想他可能會先採取對華強硬的策略，就像前幾屆美國總統開始時所做的那樣。他很可能首先從貿易領域對中國發難，美國可能會起訴中國傾銷等等，但是他很快就會明白事情不是這樣簡單的，對華政策不是簡單地強硬就能解決問題。所以那時他不得不同中國談判。他自認為是個偉大的談判家。當然，中國人也是談判高手。所以我想最終北京會和川普相處得不錯。

其次，希拉蕊‧柯林頓（Hillary Clinton，又譯希拉里‧柯林頓）是個非常聰明且富有經驗的政治家，她知道該如何處理國際關係。我想她會對中國採取比較強硬的政策，在南中國海、日本、貿易等一系列問題上採取強硬姿態。如果她當選，美國對華

政策應該跟她擔任美國國務卿時差不多，包括在世貿組織中起訴中國、把日美關係搞得更密切、強化跟印度和越南的關係，在南韓部署薩德導彈防禦系統等。總之，她的對華外交政策會和當前類似，甚至會更加強勢些，但不會有根本性的變化。基本目標是在中國崛起的情況下，保持美國在亞洲的優勢戰略地位。

第三，從長期戰略來看，不管誰當選美國總統，都需要有應對中美關係緊急事件的計畫，比如朝鮮問題，臺灣問題，南海問題等。中國採用各種方法獲得先進的軍事技術，中國拒絕給予美國和歐洲的公司同等的市場准入權等，這些問題是不管誰當美國總統都會存在並且不得不面對的。另一方面，就像您說的，中國的國力在增長，情況在不斷變化中。所以我認為中美關係的大體走勢可能更多的是對抗性的。當然中美之間有很多地方需要合作，在對抗中會有合作性的一面。但是對抗性的一面會增長，因為中國會變得更加強大。中國力量的增加本身自然是個結構性變化，迫使美國有所反應。

再談中美南海衝突

黎：我們不妨仍以南中國海問題為例加以說明：中國想要打破南中國海地區的勢力均衡，而美國則努力想要維持南海現狀，因為南海對美國也很重要。

張：請您解釋一下為什麼南海對美國也很重要。北京總是指責美國在南海的行為是霸權主義。我們想瞭解美國為什麼重視南海問題，想聽聽您的解釋。

黎：我們之前提到了美國在南中國海的軍事部署。美國軍力維持在南海所及的範圍是很重要的，因為美國依舊需要保持對臺灣的防禦，也要保衛美國盟友比如菲律賓的安全。

張：有人曾經認為，也許在中美之間能夠產生一種交換，美國放棄臺灣，中國讓美國佔領朝鮮。

黎：美國是一個自由多元國家，有各種各樣的觀點。確實有一種觀點認為美國和中國可以共治亞洲。此外，有人號召對中國實施武力威脅，也有人主張通過貿易改變中國的外交政策，這些觀點都存在。我這裡只談一下美國學界關於這個問題的主流觀點，那就是我們仍然要做好保衛臺灣的準備，所以我們必須擁有在南海的航行自由；第二是因為我們在亞洲的盟友系統，我們必須信守與菲律賓、南韓、日本等國家的協定，我們必須遵守國際法的基本原則。基於這些原因，雖然美國在南海沒有領土要求，但南海安全穩定對美國非常重要，未來的美國總統會堅持這些基本原則。在這個情景下，我想美中雙方都會比較緊張，但雙方的領導人都不希望直接的軍事衝突，不希望中美之間真的發生戰爭。

張：我也相信目前中國領導人並不希望與美國發生戰爭。雖

然北京對剛剛公佈的南海仲裁結果口氣極其強硬，但我相信他們知道現在還不是和美國攤牌的時候，黨國還沒有做好準備。但是再過五年、十年，中國的經濟和軍事力量會更為強大，中國的核潛艇會在全世界的深海遊弋，中國會有比轟-6K更先進的遠程戰略轟炸機，中國的網絡戰技術會更加純熟，那時中美關係會發生怎樣的變化？

黎：我認為中國的戰略是《孫子兵法》所說的「不戰而屈人之兵」。中國會不斷通過展示軍事實力，發展自己的航母作戰群，完善先進的設備等威懾對方，這會令美國領導人很緊張。美國國內也有很多問題亟待解決，比如種族問題、基礎建設問題等。所以我想中國採取的基本策略就是不戰而勝。中國會努力通過威懾，逐步減少美國在中國周邊地區的軍事力量。今年減少百分之十，兩年後再減少百分之十，美國會覺得只是減少了百分之十而已，沒什麼大關係，我們美國依舊控制著這個地區，所以美國可能會逐步妥協。但是中國會想，美國畢竟距離亞洲非常遙遠，亞洲對中國的重要性遠遠大於對美國的重要性，所以中國必須爭取對亞洲和南海地區的主導權。這個戰略不錯，但能不能成功，不一定，需要走著看。

張：還有一個對北京十分有利的情況，就是美國在全球的戰略關注點太多，與俄羅斯關係緊張，在中東也是一堆麻煩，這會大幅度分散美國在亞太地區的注意力。從戰略博弈角度講，所有

對美國不利的因素都是對北京有利的因素。雖然臺灣的選舉結果讓北京不快，但北京不會讓蔡英文政權走得太遠。特別是，考慮到臺灣在南海的重要戰略位置，考慮到拿下臺灣對中共政權和習近平本人的正面效應，甚至有一種說法認為，習近平在其任期內會下決心解決臺灣問題。您怎麼看？

黎：我不認為習近平會在其任期內武力解決臺灣問題，這對中國共產黨政權來說還非常遙遠，短期內不可能實現。

張：好的，那讓我們繼續觀察。今天的訪談就到這裡，謝謝您談了這麼多！

黎：也謝謝你們！

（對話時間：2016年7月20日；地點：哥倫比亞大學國際事務教學樓（International Affair Building）931辦公室。本文首刊於《中國戰略分析》創刊號，2016年10月15日）

重回叢林時代？
——川普當選後世界格局的可能演變

提記：本文討論川普當選第58屆美國總統後世界可能面臨的變局。文章認為，從川普競選過程中發表的大量言論看，新任美國總統的外交政策有可能導致整個人類的倒退，從仍在艱難建設中的彰顯民主、人權、和平、國際責任等普世價值的文明社會倒退回自私、勢利、弱肉強食的叢林世界。站在中國人角度，這種倒退對中國民主轉型尤其不利。美國放棄自由世界的領導責任將造成全球政治力量的重新分布和再整合，邏輯上講，這種再整合只會有利於極權主義政權和各類獨裁者。文章分析了美中俄三國關係的可能演變、中美衝突的前景和川普新政府的可能動作，批評了季辛吉（Henry Kissinger）一類「現實主義者」的主張，強調二十一世紀的新霍布斯世界對人類並非福音，而是災難，因為它在看似合理的大國妥協和「合作」過程中，卻給一個紅色帝國的崛起創造了條件和機會。文章認為，當今世界需要的不是霍布斯，而是康德。從長遠看，民主必須戰勝專制，這是人類在更高水平上建構共同家園的前提。

　　川普當選下任美國總統是過去幾個月發生的全球最重大事件，它可能深深影響未來的人類歷史。問題不在於川普作為個人其品性、人格、能力、偏好等等引起的高度爭議，而在於美國總統這個川普即將榮任的新角色在全球具有的獨一無二性，恰恰是後者使前者變得如此不同尋常，而成為影響世界走向的一個重大要素。誠然，川普勝選首先是美國國內政治的產物，無論它是「美國體制中的民主部分戰勝了自由部分」，還是長期被忽視的體制外「政治不正確」戰勝了體制內的「政治正確」，它都體現著成為合法結果的那部分選民的意志。但他們選出的總統不僅和美國相關，而且和世界相關，**在這個意義上，我們有理由指責美國選民的短視，因為他們選出的新總統——從他競選過程中發表的大量言論看——有可能導致整個人類的倒退，從仍在艱難建設中的彰顯民主、人權、和平、國際責任等普世價值的文明社會倒退回自私、勢利、弱肉強食的叢林世界。**

　　從中國人的立場出發，我們尤其擔憂這種倒退對中國民主轉型的不利影響。美國放棄自由世界的領導責任將造成全球政治力量的重新分布和再整合，邏輯上講，這種再整合只會有利於極權主義政權和各類獨裁者。

　　當然，川普還沒有正式上任；上任了，他也還有機會學習。美國優良的價值觀傳統和憲政體制亦可能部分矯正新任總統的弱

點。但本文寧願把事情想像得冷峻些。筆者不希望以下各節對經驗事實的歸納、分析和基於其上的邏輯推理真的成為現實。恰恰為了這一點，我們必須秉筆直書，直面未來的所有挑戰。

川普可能改變美國外交的原則和方向

　　什麼是美國外交的立足點和基本原則？中國中央電視臺（CCTV）之類黨國媒體最常用的詞是「霸權主義」，似乎美國外交無非是基於這個國家壟斷財團的需要而在世界上橫行霸道而已。這當然是出於黨國意識形態需要而故意做出的歪曲。人類確曾很長時間內生活在叢林世界，但美國恰恰有幸成為這個世界的例外。

　　這當然有個過程。美國曾經是「帝國主義」的，北美大陸早期的擴張史充斥著對原住民印第安人的驅趕和殺戮，新生的美利堅合眾國也曾效仿大英帝國貪婪地追逐海外利益，波多黎各、夏威夷、菲律賓都曾是此類追逐的踏板。但美國還有另外一個傳統，那就是對自由、共和制度的推崇。部分基於北美13個殖民地自治的經歷，部分和他們的基督信仰有關，美國人不但反對奴役，且很早就有一種「天定命運」的概念，認為自己具有推動人類進步的使命。1796年，華盛頓總統就曾這樣表示：他「只要看到一個被壓迫民族舉起自由大旗，不管在何時，也不問在哪個國

165

家，都會抑制不住地心潮澎湃。」[39]進入二十世紀以來，美國外交政策中的理想主義為改變人類以往的社會達爾文主義叢林世界作出了實質性貢獻。這個理想的核心是：文明人類不應該再靠武力決定國與國的爭端，不應該再靠一己強勢去迫使弱者稱臣，也不應該僅僅依靠強者間的均衡維持世界的穩定。從一戰結束威爾遜總統提出的「十四點和平倡議」到二戰期間美英等國家簽署的《大西洋憲章》，和平原則、人類平等原則、反對倚強凌弱原則、民主與自治原則、無論戰勝國還是戰敗國都有權參與和平建設的原則以及全人類各民族都享有免於恐懼和匱乏的自由原則等均成為衡量文明人類的最新尺度，成為判斷國家間行為是否合理的全新標準。1942年，羅斯福總統在會見來訪的蘇聯外長莫洛托夫時還建議，戰後美英蘇中四大國應充當「世界警察」的角色以確保全球安全，這個似乎仍帶有強權政治色彩的設計並未違背威爾遜主義的初衷，而是對當時仍在猖獗中的德意日法西斯保留前瞻性的警惕。1945年成立的聯合國（尤其是它的安理會）體現的正是這個精神，雖然後來真正成為「世界警察」的只有美國一家。國際貨幣基金組織和世界銀行等機構的創立亦開闢了國際經濟合作、富國幫助窮國的新時代，而這兩個機構的啟動資金主要是由美國提供的，美國固然在戰爭中發了財，但它是在用這筆巨

---

[39] 見孔華潤主編《劍橋美國對外關係史》（上），新華出版社2004年版，頁13。

大的資源、用行動倡導經濟國際主義而非經濟民族主義。

在價值觀方面，戰後的美國堅持其建國理想，它改造了德國和日本，使其重建民主體制；它還全力抵禦蘇維埃共產極權主義的擴張。1947年3月，杜魯門總統向國會要求撥款援助希臘和土耳其，根據是「除非我們願意幫助自由的民族維持他們的自由制度與國家的完整，以抵制企圖將極權體制強加於他們的各種侵略行動，我們就不能實現有關聯合國所有成員的自由與獨立的目標」。[40]為了抵禦蘇聯的擴張，美國甚至不得不支持一些獨裁者，如韓國的李承晚和南越的吳庭豔，而引發自由世界內部的批評。長期深陷越南戰爭幾乎拖垮了美國，這是尼克森、季辛吉向共產中國伸出橄欖枝的重要背景。但二十年後，以美國為首的世界民主力量最終還是贏得了冷戰。1987年6月12日裡根總統在柏林牆下發表的講演，成為民主終究戰勝極權的時代定格。

誠然，進入本世紀以來，美國面臨諸多新挑戰。9.11事件凸顯恐怖主義之類非傳統威脅；美國支持中東地區民主革命、推翻薩達姆等獨裁政府卻引發當地長期動盪，證明美國人低估了穆斯林地區宗教和社會構成的複雜性。但，推進民主進程本身並沒有錯。同樣，正是因為同情、支持格魯吉亞和烏克蘭的自由運動，美國人和普京的俄羅斯發生對抗。

---

[40] 孔華潤主編《劍橋美國對外關係史》（下），頁258。

可以說，從華盛頓、林肯、羅斯福、杜魯門、裡根等前任美國總統到目前仍在「站好最後一班崗」的歐巴馬總統，都是美國理想和價值的守護者，而這種理想和價值是與當代人類的文明準則及最高福祉相一致的。

那麼，川普如何？至少就其競選中發表的大量言論而言，這位當選總統足以令人不安。2016年4月27日，作為共和黨總統參選人的川普在華盛頓發表演講，他一方面承認「回顧過去，我們有很多值得驕傲的地方。上世紀四十年代，我們拯救了世界；接著，我們再次從極權的共產主義手中拯救了世界，冷戰持續了幾十年，但我們贏了」，另一方面，他又指責「冷戰結束後，我們的外交政策嚴重偏離方向。我們未能在新世紀制定新政策。事實上，隨著時間的推移，我們的外交政策越來越沒用。愚蠢和無知代替了原有的理智，這帶來一個又一個的外交政策災難。我們屢屢犯錯，從伊拉克、埃及、利比亞再到敘利亞。所有這些行動都將區域置於混亂中，給『伊斯蘭國』的成長及繁榮提供了空間」。那麼，根源何在？「這一切都始於一個危險的想法，即我們可以在這些國家中推行民主，即使這些國家從未經歷過民主或根本對民主不感興趣。」川普明確宣稱：「我將和盟友一起合作，重振西方價值觀和制度，但我不會試圖去傳播『普世價值』，因為不是每個人都認同這種價值觀」。在川普看來，「使

美國重新恢復強大」才是最為重要的，「歐巴馬使經濟不景氣，連帶著削弱軍事力量，浪費性支出、巨額債務、低增長、巨額赤字以及開放性邊界，這一切都已經將我們拖垮。現在，每年我們的生產貿易赤字已經接近約1萬億美元。我們在不斷重建其他國家，而自己卻在下滑。非法移民搶走了我們的工作機會。必須結束這一局面，以便集中我們的資源來重建軍事，恢復經濟獨立與強大」。[41]

不少評論家把這種立場歸結為戰略收縮與重回孤立主義，美國國力的下降和力不從心則是其重要背景。但在熱愛民主的人士看來，川普關於不再傳播普世價值的說法更令人震驚，因為這意味著拋棄美國建國理想與進步人類的共同價值觀。事實上，川普的演講似乎證明，他對「意識形態」的確興味索然，而「美國人的利益」才是最重要的。「所有繁榮的國家首先都是將自己的利益放在首位。我們的朋友和敵人也將他們的利益置於我們之上。為了公平起見，我們也要如此。我們將不再把這個國家或人民交給全球化的虛假讚歌。民族國家仍然是幸福、和諧的基礎。」[42]

這些話聽起來已經和普京的強國主義、習近平的新國家主義中國夢無異。

---

[41] 這篇演講的中文全文見http://www.chinainperspective.com/ArtShow.aspx?AID=119974。

[42] 同前註。

　　從邏輯上說，淡化乃至放棄普世價值、重新強調民族國家利益至上意味著戰後人類文明新準則的根本顛覆，人類有可能重新回到弱肉強食的叢林時代。即便是「有幸成為歷史例外」的美國，如果它不再高舉人類正義的大旗，而只是單純強調美國自家利益，也難免使自身野蠻化，從而跌入社會達爾文主義的陷阱，這反倒坐實了中國官媒關於美國「霸權主義」的指控。

　　川普出身商人。商人一般更「實際」，更願意通過交易解決問題，也往往更崇拜強者而未必講原則。而所有這些恰恰是叢林世界的特徵。對六四鎮壓，川普沒有指責鄧小平的血腥，而更看重鄧的強硬；對普京，川普欣賞的似乎是同樣東西，難怪他甚至表示可以接受俄國吞併克里米亞。川普商人式的語言幾乎無所不在。就在他當選後不久接受美國哥倫比亞廣播公司（CBS）知名時事節目《60分鐘》專訪時，這位侯任總統脫口而出：「每當我看到世界上許多國家占我們的便宜，我就會驕傲地說，我們要把美國擺到第一位」。[43]大概正是不願意讓其他國家「佔便宜」，川普才提出讓日本、韓國和北約分攤更多的軍費，否則，美國人憑什麼花自己的錢去保衛其他國家的邊境？——這裡，已經看不到和平、國際責任之類理念，而只是赤裸裸的利益考量。甚至，這個利益考量都是很短視的，因為美國海外駐軍除履行價值觀職

---

[43] 專訪中文全文見http://www.guancha.cn/DonaldTrump/2016_11_15_380588.shtml。

能和國際義務外，對美國本土安全同樣至關重要。

那麼，川普真的會一意孤行，根據叢林規則重構美國外交嗎？有人說，美國國會、政府、大學和民間機構蘊含的價值傳統會限制未來川普總統的作為。我也希望如此。在這個意義上，未來的美國政治將充滿張力。但我們還是要考慮，假如川普大體按照他的設想推進其外交佈局（畢竟美國憲制和多年的政府運行實踐賦予總統相當的自由裁量權，尤其在外交領域），這個世界將向哪個方向發展？它的結果又將是什麼？

美中俄重新洗牌

這幾乎是一個必然走向。美中俄三大國構成當今世界的三角，原先的基本態勢是：中俄准聯盟與美日歐同盟大體構成對抗態勢，東歐、中東是美俄較力之所在，西太、東亞和東南亞是美中較力之所在。這個局面的形成首先是俄中兩國過去二十年國力變化和國內政治演變的結果。

俄國民主轉型的半途而廢，是本世紀以來日漸明顯的事實，也是全球民主化事業的重大挫折。本來，葉爾欽（Boris Yeltsin，又譯葉利欽）挑選普京是希望他繼續俄羅斯的改革事業，剛上臺時的普京也曾一度表現出開放和面向西方的胸襟。但控制、駕馭這個超大型國家的需要使普京迅速走上重新集權之路，權力的誘

惑又促使他無視乃至戲弄俄羅斯聯邦憲法，用政權黨把戲實現總統的三進宮，現任總理麥德維傑夫則成了普-麥二人轉中的配角。這種做法自然遭到俄國內知識界和西方世界的批評。普京原來的至少不敵視西方的立場日益轉向敵視、對抗西方的立場，不能說與此無關。更深刻地講，普京血管中流淌的乃是傳統俄羅斯人的血液，他似乎更在意地緣政治意義上俄羅斯的安全，而把一切實際的或想像的對這種安全的挑釁均視為威脅。當國內經濟狀況惡化時，尋找外部敵人以重新凝聚國人信心就更成為普京主義的應備之義。在烏克蘭問題上普京與美歐的全面對抗既有反對「顏色革命」的成分（這恰恰是半民主的俄羅斯已經倒退為專制的俄羅斯的標誌），也有俄羅斯傳統地緣政治學的深刻含義——歷史上俄國與西方的對抗一直需要有這樣一片緩衝區，波蘭曾經是這樣的緩衝區，烏克蘭也是。而普京在敘利亞和美國的博弈，則體現著另一塊俄國傳統的利益，它涉及俄羅斯對黑海、地中海和中東地區的掌控能力。

中國的變化同樣耐人尋味。在美國人眼中，即便毛澤東時代的中國也不同於蘇聯，它未必是標準列寧主義的，而可能更帶有民族主義的特徵；鄧小平時代的中國又被西方人理解為商業精神和共產黨體制的某種混合。西方政客和研究轉型問題的學者都相信隨著經濟的成長和中產階級的壯大，中國也將和許多國家一樣擁抱民主，這大概是美歐接納中國進入WTO、鼓勵中國「融入

世界」的考量之一。但事實證明西方錯了。藉助市場魔力、中國
經濟長期壓抑後的巨大反彈力以及美國人創建的國際經濟框架，
中國的確實現了經濟起飛，但日益增長的經濟力量非但沒有促進
民主，反而鞏固了鄧後時代共產黨的威權統治。今天，習近平的
新極權一方面在完善中共一黨專政體制和統治方式的精緻化，另
方面在外交領域一改鄧氏留下的「韜光養晦，絕不出頭」遺訓，
而展現出更為積極的作為。黨國在東海、台海、南海和東南亞的
咄咄逼人，迫使歐巴馬政府作出「重返亞太」的戰略反應。而紅
色帝國在非洲、拉美、西歐、中東歐的全面佈局，更是明擺著要
和美國長期較量、以便最終戰而勝之。

　　在上述背景下，中俄走到一起、形成某種准同盟關係一點
都不奇怪。站在中共角度，為東面對抗來自美國的壓力，黨國必
須擴展西部戰略縱深，保障西北、西南民族地區穩定和邊境安
全，獲得來自中亞地區和俄羅斯的石油天然氣，這一切都需要和
俄國搞好關係。更重要的是迄今為止，俄羅斯軍工產品（尤其是
軍用航空發動機）仍是中國軍隊現代化的主要支撐之一，中國的
航母、潛艇、導彈、中遠程轟炸機和現役三代或四代戰鬥機幾乎
都是在俄式裝備基礎上發展起來的。[44]同樣，俄國也有結盟中國

---

[44] 中國的第一艘航母「遼寧號」前身是蘇聯海軍庫茲涅佐夫元帥級航空母
艦瓦良格號，正在建造的中國第一艘國產航母仍然採用此類航母的形
制。過去二十年間，俄羅斯專家參與了中國殲-10、JF-17（梟龍戰機）

的需要。葉爾欽時代的俄中關係大體不出「正常國家關係」範圍，既非結盟，也不敵對，普京本來也是如此。但最近十年來俄與西方關係的日益緊張迫使普京與北京聯手。這個進程在2014年3月克里米亞危機後大大加速，雙方簽署了為期三十年、總額超過4000億美元的天然氣供銷合作協定，俄中的准軍事同盟關係也進一步形成。2016年6月，普京旋風式訪華，與習近平共同簽署《中華人民共和國主席和俄羅斯聯邦總統關於加強全球戰略穩定的聯合聲明》，該聲明稱：「當前，影響全球戰略穩定的消極因素正在世界各地增加，我們對此感到擔憂」。「個別國家和軍事－政治同盟謀求在軍事和軍技領域獲得決定性優勢，以便在國際事務中毫無阻礙地通過使用或威脅使用武力來實現自身利益。他們公然無視各國安全不受減損的安全基本原則，企圖以犧牲他國安全換取自身安全。這一政策導致軍力增長失控，動搖了全球戰略穩定體系」。[45]聲明劍鋒所指顯然是美國，且毫不含糊。中俄如此高調地發表這樣的聯合聲明是冷戰結束以來的第一次。兩

和高級教練機L-15的研發。除了以俄羅斯軍工產品為基礎進行再研發以外，中國也從俄國直接進口軍事裝備。2015年1月，中國空軍飛行員抵達俄羅斯學習駕駛蘇-35戰機，中國已和俄國簽訂合同成批訂購這種戰機。中國還將購買俄羅斯的S-400導彈系統，以加強對東海、台海地區的威懾。（參見胡逢英、吳非著《俄羅斯公共外交與地緣政治》，臺北，獨立作家出版社2016年版，頁122~125）

[45] 聲明全文見http://news.xinhuanet.com/world/2016-06/26/c_1119111895.htm。

國的大外宣戰略也極其相似。中國官媒正在積極執行「走出去」的戰略，把中央電視臺辦到了美國首都華盛頓。同樣，俄羅斯的「公共外交」也辦得有聲有色，《今日俄羅斯》國際通訊社（RT）已成為俄官方最大的對外宣傳媒體。[46]

從性質上講，中俄聯手與美國的對立是兩個專制國家與民主國家的對立，美國本來佔有道義上的優勢。但現實是美國陷入與中俄的兩線對峙，在戰略上處於不利位置。更何況過去二十年，美國深陷中東、阿富汗亂局不能自拔，這給了俄國在歐洲、中國在東亞崛起的好機會。客觀地講，川普的戰略收縮主張也和這個大背景有關，甚至是這個大背景的產物。

那麼，川普會如何動作？

首先，與俄羅斯改善關係幾乎是川普必選。這倒不在於川普個人對普京有好感，而在於川普的美國本土第一邏輯必然要求走向和俄羅斯合作。在川普看來，當今美國的最大威脅是恐怖主義，是「伊斯蘭國」（ISIS），川普對歐巴馬的批評之一就是處理中東問題不力，反倒造成ISIS的瘋長。而ISIS問題又和敘利亞問題直接相關，歐巴馬政府由於支持敘利亞反政府武裝、要求獨裁者阿薩德下臺而和支持阿薩德政權的普京長期對峙、反覆較力，

---

[46] 關於俄羅斯大外宣和RT的情況，胡逢英、吳非的前引書有詳細介紹。

在這個過程中，ISIS借機發展起來也是事實。川普上任後勢必改變歐巴馬時期的政策，他大概不會太在意阿薩德獨裁還是不獨裁，肅清、剿滅ISIS才是最重要的。為此，川普會尋求和普京聯手，哪怕這種聯手是有限的。在烏克蘭問題上，川普也可能和普京妥協，他的承認克里米亞被吞併事實的非正式表態已經是個徵候。反過來，普京的俄羅斯也對川普當選欣喜異常。[47]普京當然希望結束西方因克里米亞問題對俄國實施的制裁，川普當選會大大增加這樣的機會。國際媒體早就報導俄羅斯黑客攻擊美國民主黨總部、有選擇地公佈不利於希拉蕊團隊消息以支持川普競選。還未卸任的歐巴馬總統下令對此事徹查，普京、川普則雙雙指責此類報導的荒謬。但川普並未掩飾俄方對其當選的示好。12月23日，川普過渡團隊對外公佈一周前俄羅斯總統普京寫給川普的聖誕賀信，該信稱俄羅斯與美國的關係仍是確保當代世界穩定與和平的重要因素。普京在信裡寫道：「我希望你就任美國總統後，能夠以務實和建設性的方式，採取具體措施，重建兩國在各領域的雙邊合作框架，並將兩國在國際事務上的合作層次，提升到一個有質量的新水平」。[48]寫這封信的普京和半年前與中國國家主

---

[47] 據說，川普當選的消息傳到莫斯科時，正在開會的俄議會竟然全體起立鼓掌。

[48] 見財新網2016年12月25日報導《普京致信特朗普（川普）聖誕　俄美關係困局待解》。

席習近平共同簽署聯合聲明的普京，已經判若兩人。川普也明確表示「這是一封非常好的信」，「他的想法是對的，我們不需要另謀他途」。[49]

美俄走向緩和似乎已成定局。川普選定愛克森美孚石油公司總裁雷克斯·蒂勒森作為國務卿提名人選，加重了人們的這一印象，因為這位石油大亨和俄羅斯關係不錯。最近又傳出，川普過渡團隊已經從未來川普政府的「敵人」名單中去掉俄羅斯，而在前不久，美國不少智庫還把普京的俄羅斯列為對美威脅的頭號國家。

其次，美中關係。與美俄關係相比，未來川普政府的對華政策似乎引發更多的猜測乃至爭議。川普競選和當選後言及的美中關係涉及兩大議題：經濟問題和南海、台海問題。先來看經濟。不錯，川普在競選過程中對北京發了不少狠話，批評中國政府操縱匯率，和美國進行不公平貿易；指責中國盜竊美國的知識產權；抱怨中國搶走了太多美國人的工作機會。面對中美貿易間美方的巨大貿易逆差，川普揚言要對中國產品施加45%的進口關稅。最近（12月21日），川普任命加州大學爾灣分校保羅·梅拉吉商學院的經濟學教授彼得·納瓦羅擔任新成立的白宮國家貿易委

---

[49] 同前註。

員會（White House National Trade Council）主任一職。納瓦羅寫過
幾部關於中國經濟和軍事擴張的著作，被認為是中國問題的強硬
派。美國之音報導納瓦羅被任命的消息用了這樣的標題：納瓦羅
來了，美中會有貿易戰嗎？[50]很多人認為答案是肯定的。一些中
國民運人士為此歡欣鼓舞，認為這樣一場貿易戰勢必重創中共，
加快中國民主轉型的進程。

　　然而，情況未必如此。有關數據顯示，中美兩國如今在經
濟上已經高度相關，你中有我，我中有你：中國是美國第二大貿
易夥伴、第三大出口市場、第一大進口來源地和第一大國債債權
國；美國是中國第二大貿易夥伴、第一大出口市場和第五大進口
來源地。2007—2014年，中美貿易額從3021億美元增至5551億美
元，年均增長9.1%，相當於同期全球貿易年均增長率（約4.5%）
的2倍。[51]誠然，中美貿易，美方呈現巨大逆差，2015年的紀錄
是：雙方交易總額5981億美元，其中，中國向美國出口達4819億
美元，美國向中國出口1162億美元，美方貿易逆差為3657億美
元。[52]但這個數字掩蓋了一個事實，就是中國對美出口商品中有

[50] 見http://www.voachinese.com/a/peter-navarro-US-China-Trade-2016-12-22/3647246. html。
[51] 見甄炳禧《中美經貿合作競爭新態勢及前景》，載《國際問題研究》2016 年第1期，連結見http://www.ciis.org.cn/gyzz/2016-01/15/content_8536715.htm。
[52] 澎湃新聞：30秒看中美貿易30年http://www.thepaper.cn/newsDetail_ forward_1465302。

相當部分的價值由來自其他國家的進口商品所組成，比如iPhone
手機的生產，芯片來自韓國和臺灣，顯示屏來自日本和韓國，設
計來自美國，最後這些零部件在中國組裝，再把成品銷往美國。
從商品附加值的角度看，一部從中國運往美國的iPhone，實際上
是韓國、臺灣、日本、中國和美國自己在向美國出口。據德國銀
行的一個專業團隊計算，這部分商品附加值在中國出口美國的商
品總值中約占37%。[53]這意味著，如果川普決定和中國打一場貿易
戰，用提高關稅或減少進口的辦法緩解逆差問題，將打亂全球的
生產貿易鏈條，而不是僅僅懲罰中國。此外，川普提出的重振美
國經濟的辦法包括大規模減稅以刺激投資以及擴大基礎設施建設
以增加就業等，但這些辦法勢必導致赤字財政，而赤字財政又是
和貿易保護主義相矛盾的。加拿大菲莎河谷大學經濟學教授陸丁
就曾撰文指出，「特朗普（川普）的經濟顧問納瓦羅認為，只要
消除美國年復一年的貿易逆差，實現貿易平衡甚至貿易順差，就
可以使每年的GDP增長加快一個百分點，創造更多就業。問題在
於，根據宏觀經濟學基本原理，在赤字財政擴張、國內儲蓄不足
的情形下，用貿易保護來實現貿易和經常項目平衡，只是捨本逐
末，難以奏效。因為財政赤字攀升意味著國債增加、推高長期利
率，必然吸引資本流入來填補國內資金缺口，使美元升值，從而

---

[53] 華爾街見聞：「如果中美貿易戰真的爆發」http://wallstreetcn.com/
node/276840。

鼓勵進口減少出口，增大貿易赤字，導致財政和貿易出現『雙赤字』。美國的經常項目正是在八十年代初裡根經濟擴張時期出現龐大逆差，美國從此成為世界最大的債務國。從供給側來看，以貿易保護主義的手段實現貿易平衡，必然搞亂美國產業的國際供應鏈，提高其生產經營成本，即使沒有招致貿易對手的報復導致兩敗俱傷的貿易戰，也會得不償失，阻礙生產力的提升。」[54]

　　另一方面，川普若發動貿易戰，會在多大程度上影響中國經濟？也不可簡單回答。來自美國的報復當然有殺傷力，但說動搖中國經濟根本則言過其實。經濟學常把投資、消費、淨出口比喻為拉動GDP增長的「三駕馬車」，這的確是對經濟增長原理的生動表述。據中國國家統計局公佈的《2015年國民經濟和社會發展統計公報》，當年中國國內生產總值為676708億元人民幣，全社會固定資產投資562000億元人民幣，全年社會消費品零售總額300931億元人民幣，全年貨物進出口總額245741億元人民幣，其中，出口141255億元人民幣，進口104485億元人民幣，貨物進出口差額（出口減進口，或曰淨出口）為36770億元人民幣。[55]顯然，淨出口這一項對整個經濟盤子的貢獻占比並不大（就算北京

---

[54] 陸丁《「特朗普經濟學」離主流經濟學究竟有多遠？》，載FT中文網 2016年12月7日。

[55] 有關連結見http://www.stats.gov.cn/tjsj/zxfb/201602/t20160229_1323991. html。

官方統計數字有水分，其大致比例也不會太離譜）。當然，如果真的貿易戰開打，某些出口商品的被阻會連帶影響國內投資和消費，這筆賬的實際計算要複雜得多。但鑒於中國經濟的巨大規模，東方不亮西方亮，局部發生的貿易戰不會傷及中國經濟的整體。更何況在中國對外貿易構成中，美國只是中國的第二大貿易夥伴，雖然是第一大出口市場。

當然，川普對中國的某些批評是合理的，比如他要求中國遵守國際知識產權法律，終結非法出口補貼，更改過低的勞工和環境標準等等。但這些問題與其說是經濟的，不如說是政治的。中國的「低人權優勢」只有在一黨壟斷權力的政治體制下才能成為事實，中國的「國家資本主義」也恰恰乃黨國自身命脈之所系，既關乎黨國安全，也是黨國對外擴張的有力工具。歐巴馬力倡的「跨太平洋關係夥伴協定」（TPP）本來是為了應對中國「國家資本主義」而發起的，它企圖設定更高的門檻，捍衛真正的自由貿易原則，保護人權，同時反對中共利用國有企業、國有銀行，以及政治上可靠的大型私營機構來達到政治目的。但川普卻要廢掉這個協定，生怕此類多國協定讓美國吃虧，殊不知在戰略上乃是極其短視之舉。

總之，像中美兩個如此龐大、又你中有我我中有你的經濟體，真的爆發貿易戰，勢必「殺敵一千自損八百」，商人出身的川普總統究竟會在這個問題上下多大決心？走多遠？

　　再來看軍事。面對燙手的中國，真正讓川普焦灼的還不是即將爆發、或大或小的經濟戰，而是圍繞台海、南海（部分意義上包含東海乃至西太）可能發生的軍事衝突。

　　最近的「川蔡通話」激起眾多猜測，川普稱蔡英文「總統」也被一些人解讀為要打破「一中原則」，川普內閣中一系列軍人面孔的出現則被視為未來川普外交將更加強硬的明確表徵。但，川普真的會為臺灣而和中國一戰嗎？

台海上空的戰雲

　　臺灣問題的確是中美兩國外交的重要節點。二十世紀四〇年代中國內戰的結果產生了兩個均號稱代表中國的政權，一個是內戰中取勝的共產黨政權，一個是戰敗後不得不退守臺灣的國民黨政權。美國本來已對腐敗的國民黨心生倦意，但朝鮮戰爭爆發，美國出於對抗共產主義的需要而再次向蔣介石伸出援手。1954年美台簽署《中美共同防禦條約（Mutual Defense Treaty between the USA and ROC）》，條約稱「各締約國認為在西太平洋地區對任何一方締約國領域的武力攻擊，即危害自國的和平及安全」，這裡對締約國「領土」及「領域」的定義是：「中華民國」指臺灣及澎湖諸島，「北美合眾國」指其管轄下的西太平洋諸島。條約

還規定：「關於在臺灣與澎湖諸島及其周圍，為了防禦所必要的美國陸軍、空軍及海軍，基於互相同意所決定，中華民國政府許諾其配備的權利，美國政府予以接受。」[56]美軍在台海地區的存在，其法理即由此來。1972年尼克森訪華，雙方簽署聯合公報，中方強調中華人民共和國政府是中國的唯一合法政府；臺灣是中國的一個省；解放臺灣是中國內政，別國無權干涉；美國武裝力量和軍事設施必須從臺灣撤走。美方則表示美國認識到，在臺灣海峽兩邊的所有中國人都認為只有一個中國，臺灣是中國的一部分，美國政府對這一立場不提出異議。美國重申它對由中國人自己和平解決臺灣問題的關心。考慮到這一前景，美方確認從臺灣撤出全部美國武裝力量和軍事設施的最終目標。在此期間，它將隨著這個地區緊張局勢的緩和逐步減少它在臺灣的武裝力量和軍事設施。[57]1979年北京與華盛頓正式建交，但美國國會同時通過《與臺灣關係法》，強調這一建交之舉「是基於臺灣的前途將以和平方式決定這一期望」，「任何企圖以非和平方式來決定臺灣的前途之舉，包括使用經濟抵制及禁運手段在內，將被視為對西太平洋地區和平及安定的威脅，而為美國所嚴重關切」。為此，該法律規定繼續「提供防禦性武器給臺灣人民」，同時「維持美國的能力，以抵抗任何訴諸武力、或使用其他方式和高壓手

---

[56] 見http://baike.baidu.com/view/486576.htm。
[57] 見http://www.china-embassy.org/chn/zmgx/zywj/lhgb/t705065.htm。

段,而危及臺灣人民安全及社會經濟制度的行動。」[58]站在北京立場,這個《與臺灣關係法》只是美國的國內法,不具國際法效力,而且是對中國內政的肆意干涉;而在華盛頓看來,通過這個法至關重要,它關乎美國的立國原則,那就是對民主體制和人權的捍衛;它同時也是威爾遜精神的體現,就便我與一個強大國家建交,也不能允許它通過非和平的強力手段讓弱者臣服。這就是1996年台海危機時美國出動兩個航母作戰群威懾北京、保衛臺灣島的美方邏輯,也是至今美軍在西太保持強大存在的根本理由。當然,更廣泛地說,美軍在東亞、東南亞、西太的存在還和維持這個地區的海上安全相關,畢竟這裡是重要的國際水道,全世界四分之一以上的石油運輸要通過馬六甲海峽,這裡需要國際警察,而美國曾長期擔當這個角色。

再來看北京。今天的中共當然遠非1996年可比,它已經逐漸成長為一個軍事巨人。習近平上臺以來,中國的周邊外交和全球外交極其活躍。按中國官媒的說法,習的雄心是要實現「兩個一百年」設想,在中共成立一百年時全面建成「小康社會」,在中共建政一百年時建成「富強民主文明和諧的社會主義現代化國家」,此即所謂「中國夢」。其實,習的真正的夢是黨國中興、紅色帝國崛起的「強國夢」,目標是掃平周邊,擴展外圍,在價

---

[58] 見https://www.ait.org.tw/zh/taiwan-relations-act.html。

值觀和國家實力兩方面與美國爭雄，最終取代美國成為全球的引領者。

「掃平周邊」本身就是一個艱巨任務，也是習氏全球戰略的第一步。中國的北面、西面和俄羅斯、蒙古、中亞國家接壤，藉助和俄羅斯的准聯盟關係及「上海合作組織」等多邊框架，這個方向大體無虞。西南方向和印度有領土爭議，是潛在的戰略競爭對手，所以必須保留巴基斯坦這個戰略盟友。中國周邊的敏感區域主要在南面和東面，包括南海、台海、東海、朝鮮半島。北朝鮮政權對北京來說是一塊「雞肋」，既不能丟棄，又麻煩不斷。以金正恩如此挑事、用不斷升級的核武試驗威脅美韓來看，他被美韓收拾是早晚的事。習近平若真的勇武，先行出手搞定朝鮮才是大手筆，但習顯然不會這麼幹，這不但在於它會涉嫌「干涉內政」，北京不好向世人解釋，更在於有更重要的戰略目標必須先行考慮。那麼，這個目標是釣魚島？也不是。中日恢復邦交後的很長時間裡，關於釣魚島的主權爭議一直被北京淡化處理，民間保釣人士常常被政府壓制，以免「影響中日關係大局」。釣魚島問題的突然升溫發生在習近平接掌政權前後，中國官媒大肆炒作日方把釣魚島「國有化」是改變現狀，中國軍方則宣布建立「東海識別區」，中國的海警船也加強了對釣魚島臨近海域的巡邏。這一切固然有向日方示威的味道，但更多的是做給國內看的。剛上臺的習近平需要凝聚人心，提高威望，需要軍隊的支

持，對外示強的民族主義和新國家主義是最得手的工具。對誰示
強？日本最合適，它有過侵略中國的歷史，是天然的好靶子。偏
偏趕上日本也是強人上臺，安倍晉三主政，兩國的緊張關係已經
持續數年。但這種緊張不意味著真的會開打，日方提高防衛水平
本來就是被動之舉，不到萬不得已不會主動開火，中方示強則帶
有作秀成分，真的開打豈不弄巧成拙？再來看南海。在這片充滿
火藥味和主權爭議的海域，中國本來是後來者。雖然早在上個世
紀三〇－四〇年代，中華民國政府就宣稱對南海U型線以內巨大
海域擁有主權，但限於海空軍能力不逮，此話也就說說而已，
1946年國軍佔領太平島還是藉助美國人贈送的軍艦才上去的。在
後來的三十年裡，越南（包括統一前的南越）、菲律賓、馬來西
亞等國紛紛下手，搶佔南海島礁，到中國上個世紀八〇年代末參
與這場競賽時，越南已經佔有南沙地勢最好的二十多個島礁，成
為名副其實的大戶。但中國軍人在南沙問題上表現出更長遠的戰
略眼光。被稱為「中國馬漢」的海軍司令員劉華清不但提出「近
海防禦」的新概念，把「近海」範圍擴大到整個第一島鏈範圍內
的海域，而且提出到2020年，中國海軍要突破第二島鏈，走向遠
洋。[59]南沙顯然是必爭之地。其戰略價值在於：西有助於控制馬

---

[59] 見詹姆斯·霍姆斯著《紅星照耀太平洋：中國崛起與美國海上戰略》，
北京，社會科學文獻出版社2014年版，頁34～35，及李黎明、劉文祥著
《新戰略論》中「劉華清關於突破第二島鏈的設想」，電子版連結見

六甲海峽（中國進口石油的85%要路經此地）；東乃突破第二島鏈的支撐；北則形成對臺灣島的合圍；此外南海還是中國戰略核潛艇的理想藏身之地，這裡水深，可以保證中國的第二次核打擊能力。這就是北京從上個世紀八〇年代末起大力搶佔剩餘不多的南沙島礁，並在最近數年加快填海造島、擴建島上軍事設施的原因所在。

最後看臺海。經略南海的戰略意圖之一是解決臺灣問題已如上述。**據筆者看，澈底結束兩岸分治、「實現祖國完全統一」才是習近平最可能認定、也最需要達成的戰略目標。**首先，既然「中國夢」乃「強國夢」，兩岸統一自然是「中國崛起」、「中華民族偉大復興」的根本標誌，習本人亦可就此奠定與毛鄧等同甚至高於毛鄧的歷史地位，這種誘惑對任何獨裁者都不可小覷；其次，從內政角度看，拿下臺灣有助於提升中共在大陸的執政合法性，而使大陸經濟的、政治的、人權的種種醜陋退隱其後，也澈底斷掉藏獨、疆獨、港獨之念；再次（這一點其實更具現實緊迫性），臺灣島內民意的發展正在越來越遠離「統一」而趨近「獨立」，多年來中共通過經濟統戰收買臺灣政商高層和普通民眾的辦法收效甚微，民進黨上臺更令兩岸統合的前景逆轉，用一

---

https://books.google.com/books?id=uGDnh6YAwR8C&pg=PA490&lpg=PA490&dq。

些鷹派軍人的話講「和平統一」已經無望；[60]最後，收回臺灣乃習氏南海大戰略乃至全球戰略的需要。鑒於川普當選後美俄關係改善給中俄關係帶來的不確定性，習很可能加快對臺灣問題的部署。當然，這個大動作對習風險不小，雖然理論上說拿下臺灣有多種選擇，最佳選擇自然是不戰而屈人之兵，但武力解決畢竟是一切選擇的最終基礎，稍有差池就可能滿盤皆輸。習敢不敢賭這一把？也還有待觀察。

　　總之，台海、南海是中美較量的第一線，是未來真正的火藥桶，雙方都有充分理由拿下這一局。那麼，如果發生衝突，從純軍事角度看前景又將如何？美國蘭德公司7月29日發表研究報告，對此進行了沙盤推演。這份題為《與中國開戰，想不敢想之事》（*War with China—Thinking Through the Unthinkable*）的報告假設戰爭將在2015至2025年期間發生，可能有四種戰爭場景：迅速高強度戰爭、長期高強度戰爭、短期中等強度戰爭、長期中等強度戰爭。戰爭的強烈程度取決於雙方領導人是否下令各自軍隊對敵方力量予以毫不猶豫的打擊。考慮到兩國有足夠的資源打一場長期戰爭，戰爭持續的時間將取決於哪一方先失去戰爭的意願或是

---

[60] 例如，解放軍退役中將、前南京軍區副司令員王洪光在2016年12月17日環球時報年會上就說：「台獨」現在是島內主流民意，而且越來越獨，不可回頭，2020年前發生軍事衝突是肯定的，而一旦爆發台海戰爭，解放軍很可能一舉奪取臺灣。見環球網有關報導《王洪光：2020年前後會爆發台海戰爭》http://taiwan.huanqiu.com/article/2016-12/9823878.html。

意識到打下去將招致適得其反的結果。報告總的結論是：隨著中國軍事能力的提高，一旦美中開戰，美軍並不能確保戰爭按自己預料的方向發展，也不一定能取得決定性勝利。但一旦開戰，尤其是兩國陷入長期的高強度戰爭，中國的損失會更大，帶給美國的是國民生產總值5%到10%的下降，而中國的下降幅度可能高達25%到35%。[61]

中國軍力的迅速增長的確是事實。如果說1996年北京面對臺灣海峽耀武揚威的美國航母只能望洋興嘆，那麼今天中共軍方已經有了可以對付航母的有效手段，那就是東風21-D反艦彈道導彈。據報導，這種導彈威力大，射程遠，發射平臺機動化，導彈飛行達到高超音速，且末端高速機動突防，又可採用多枚、多型號導彈齊射、飽和攻擊戰術，令航母編隊防不勝防。美國《空中力量》雜誌稱之為「冷戰後第一種有潛力阻止美軍海上力量投射能力的武器」。[62]該導彈1500公里射程可有效覆蓋南中國海大部分海域，在台海戰事發生時，可有效阻遏美航母艦隊進入第一島鏈馳援。美軍機從本土飛越太平洋路途遙遠，而若日本沖繩嘉手納空軍基地或澳大利亞加爾文空軍基地的美軍機奉命起飛馳援臺灣，北京即刻就可以視日本或澳大利亞為參戰方而予以打擊，戰爭規模將進一步擴大。美軍若想阻遏中共軍隊進佔臺灣或消滅東

---

[61] 有關報導見http://mt.sohu.com/20160801/n461934073.shtml。

[62] 有關報導見http://mil.news.sina.cn/2014-01-15/1018760176.html。

風21-D對航母艦隊的威脅，除非直接攻擊位於中國大陸沿海各省的陸基導彈發射平臺及戰略指揮中心，這意味著戰火將燒向中國大陸本土。這種情況下，北京勢必採取更激烈的反擊行動，把關島甚至夏威夷均視為打擊目標。有人不相信解放軍真有什麼戰鬥力，理由是中共軍隊早已腐敗得一塌糊塗。在筆者看來，腐敗是事實，中共軍隊在軍力上已有長足的進步也是事實。現代戰爭是高科技戰爭，並不需要「200米內硬功夫」。納瓦羅在他的新書《臥虎：中國軍國主義對世界意味著什麼》（*Crouching Tiger: What China's Militarism Means for the World*）中甚至預言可能爆發核戰爭。據納瓦羅看，「核戰爭的可能性在於中國人民和他們的獨裁政權之間存在著一種分裂狀態。中國政府的最終目標不是要增進中國人民的福祉，而是要永遠地掌握統治權力。因此當中國領導人發覺在中美戰爭中他們可能會失敗的時候，就會使用核武器來保住手中的政權。」[63]

總之，這將是一場巨大的賭博，是真正的意志較量，無論對習近平，還是對川普。問題在於，習有參與這場賭博的足夠理由和動力，川普有麼？未必。川普的重心是美國本土，不是遙遠的臺灣；縱令川普是個逞強好勝的總統，商人本性也會讓他在重大決策之前仔細計算利害得失。他真的會為美國基於價值觀對臺

---

[63] 見美國之音2016年11月25日報導：簡介納瓦羅的新書《臥虎：中國軍國主義對世界意味著什麼》。

灣作出的承諾而去拼死一戰，甚至要冒自身嚴重經濟衰退和核戰爭的風險？按照我們的假設和既有經驗事實，這不符合邏輯。當然，叢林規則也可能促使川普鋌而走險，他的「讓美國重新強大」也可以這樣解讀，但這樣的話，美國的戰爭行為將失去道義的力量，無論輸贏都已經是另外一種含義。

還有第三種可能，那就是川普以臺灣為籌碼，迫使中國在貿易問題上讓步。川普的不按常理出牌，打破幾十年慣例而和「臺灣總統」通話，也可能包含這樣的心機。但如果是這樣的話，北京恰恰是精於此道的老手。北京會一方面高調宣布臺灣問題事關根本原則，不容任何人做「籌碼」，打「算盤」，另一方面則在適當時機以適當方式給川普些面子或好處，而達成在臺灣問題上的根本戰略目標。中國人早就流行一句話：能拿錢擺平的問題就不是問題。

在筆者看來，這樣的可能反倒更大些。

多極世界：福音還是噩夢？

如果事情真的沿這個方向發展，將是北京的巨大成功。美國退出台海、甚至退出西太，中美實現亞太「共治」。另一方面，美俄關係改善，美國承認俄國的部分地緣戰略利益，中東、烏克蘭不再成為美俄較勁之所。這樣，美中俄分別鼎立，一個多極世

界形成。

　　事實上，早在2016年4月，川普就表達過要和俄羅斯、中國「友好相處」的意願，並強調除中東外，這將是未來川普政府的外交工作重點──

　　　我們渴望和平地生活，並與俄羅斯和中國建立友誼。我們與這兩個國家有嚴重分歧，所以必須擦亮眼睛對待他們。但我們不一定非要成為對手。我們應該基於共同利益，求同存異。像俄羅斯就已經看到了伊斯蘭恐怖主義令人恐懼之處。

　　　我相信緩和與俄羅斯的緊張局勢，並改善關係是可能的。常識告訴我們必須結束這種敵意的循環。有人說俄羅斯人不講理。我會試著看看。如果我們不能為美國談成一筆好生意，我們會立刻撤出談判席。

　　　要進入一個繁榮的新世紀，修復與中國的關係是另一重要步驟。中國尊重強國，讓他們在經濟上佔據優勢，我們已經失去了他們的尊重。我們和中國有龐大的貿易赤字，我們必須儘快找到方法來平衡這種赤字。強大、聰慧的美國一定是能和中國結交好友的美國。我們可以彼此獲

益，而互不干涉。[64]

　　甚至，這個設想完全符合「現實主義」的國際關係理論假
設，也確實有人對此做過論證。在哈佛任教的英國歷史學者尼
爾‧弗格森（Niall Ferguson）前不久撰文〈特朗普（川普）的新
世界秩序〉，該文試圖解讀老資格的美國外交家季辛吉近期的言
論，認為季辛吉給當選總統川普的建議是「無論在貿易還是南海
問題上，不要與中國陷入全面衝突，而要尋求『全面協商』，力
求實現對話機制、推行《世界秩序》一書中主張的『共同發展』
政策。」另一方面，「鑒於當前的俄羅斯是一個實力削弱的遭受
重創的後帝國時期大國，普京渴望俄羅斯成為一個強大的、與美
國旗鼓相當的力量，而不是美國主導的世界體系下的屈從者」，
在這種情況下，達成目的不僅需要交易技巧，還需要理解對方。
「季辛吉認為交易的核心是要讓烏克蘭成為北約與俄羅斯之間的
橋樑，而不是任一方的前哨」。弗格森甚至推測季辛吉在暗示川
普，在尋求地緣戰略均衡方面，一戰前的美國總統西奧多‧羅斯福
堪為榜樣。「羅斯福的戰略出發點是：美國和其他國家一樣都是
一種強權，而不是道德性的非凡化身。如果美國的利益與其他國
家的利益發生衝突，美國有義務憑藉其實力占得優勢。」正因為

---

[64]　同注3。

如此，西奧多·羅斯福不贊成多邊裁軍和集體安全等自由主義設計，也對伍德羅·威爾遜的主張不以為然。那麼，「追隨著老羅斯福的步伐，特朗普（川普）會有怎樣的戰略構想呢？有一點似乎是毋庸置疑的，就像老羅斯福一樣，特朗普（川普）跳出了威爾遜提倡的所謂保障「集體安全」的思維桎梏，也不會再願意讓美國為國際合作支付昂貴的賬單。與此相反，他會極力促成由地區間大國共同支配的國際新秩序。」弗格森甚至用了個嚇人的名稱來稱呼這個「新秩序」，那就是「**中美俄威權主義聯盟**」。[65]

中美俄之間當然不可能達成什麼「聯盟」。如果真的實現中美俄的三足鼎立，這將是一個新的叢林世界的誕生。然而，與十九世紀以前的叢林世界不同，新的角逐者除了民族國家利益以外，還有價值觀和意識形態層面的深刻衝突，這自然主要指美國和中共所代表的中國。季辛吉之所以在中國自由主義知識界廣受批評，恰恰是因為他自認為瞭解中國，又和中共幾代領導人有著長期交往，總是自覺不自覺地把中共等同於中國，有時還要從「文化」上去找根據。據美國之音報導，季辛吉建議川普「把一個瞭解中國歷史與文化的人放在他的個人班子裡，作為美國與中國政府之間的聯絡人」，同時「美國領導人應該認清這個國家根本的國家利益是什麼，而不是被雙方之間目前存在的一些紛爭擋

---

[65] 見鳳凰國際智庫2016年12月11日《季辛吉忠告特朗普（川普）：組建中美俄威權主義聯盟》http://pit.ifeng.com/a/20161211/50398376_0.shtml。

住視線」。[66]然而，在中國自由主義者看來，從文化角度解讀中國和解讀中共是完全不同的兩件事，有些美國學者或政界人士往往把「文化」搞得十分神祕，結果反倒誤讀了自己的對象。今日中國的許多問題固然和文化有關，但首先是政治的、哲學人類學的。至於「這個國家根本的國家利益是什麼」？季辛吉提問的方式本身就是錯的，因為「這個國家」可以是作為民族國家的中國，也可以是作為中共黨國的中國，而這兩者是有重大區別的，其「根本利益」並非一回事。黨國向來把政權的安全視為高於一切，為此它可以從根本上傷害中國民族國家利益，比如，它可以向北朝鮮這樣一個荒唐的血緣共產政權長期輸血，說穿了是因為平壤和北京在意識形態和政權類型上屬於同類；它也一定要視美國為它的根本對手和敵人，說到底是因為美國代表著完全不同的價值觀和政治體制，對中共政權有「顛覆」之虞——至少在中共領導人自己眼裡是如此。所謂中美兩個大國「不衝突」、「不對抗」，不過黨國領導人公開的外交辭令而已，「無聲的較量」之類內部語言才更真實地反映中南海獨裁者的認知。這正是從長遠看中美之間不可能達成「戰略均衡」、也不可能有什麼「共治」的理由。前不久季辛吉在一個對話場合稱「如果中美兩國進行對

---

[66] 美國之音2016年11月18日《季辛吉在美中關係上給新總統的建言》http://www.voachinese.com/a/trump-us-china-kissinger-20161117/3601545.html。

抗，整個世界都將分裂」。[67]但這位資深外交家不願意承認或不願意說出的另一個邏輯前景是：今天美國為避免分裂而尋求和中共的無原則妥協，明天就會有美中之間更大的分裂。作為民族國家的大國可以彼此形成「均勢」而長期共存，但性質上根本對立的大國政權之間卻永遠存在對抗，因為至少在專制政權一方，它將永遠把民主體制視為對自己的威脅。[68]

在這個意義上，所謂中美俄「多極世界」絕非福音，而是噩夢，因為中美之間（更嚴格地說是中共黨國體制和以美國為代表的憲政民主制度之間）的決戰勢不可免，這場根子上由政權性質不同引起的國家爭鬥將具有你死我活的性質，沒有任何妥協可能。看不到這一點或故意模糊這一點，是季辛吉一類政客的根本錯誤。他長期被中共黨國政府奉為座上賓，不是沒有理由的。

那麼，怎麼辦？

到此為止，本文基於經驗事實和邏輯推理得出的推斷，均

---

[67] 人民網2016年12月16日《季辛吉：中美如果對抗，世界將分裂》http://world.people.com.cn/n1/2016/1215/c1002-28953249.html。

[68] 有些現實主義國際關係理論家不承認政權性質對理解這個問題的重要，比如以主張「進攻性現實主義理論」著稱的美國學者約翰·米爾斯海默就認為「無論中國實行民主並深深融入全球經濟體系還是成為專制和自給自足的國家，這都無礙於它的行為表現，因為民主國家與非民主國家一樣在乎安全，況且霸權是任何國家確保自己生存的最佳手段」。（見米爾斯海默《大國政治的悲劇》，上海，上海世紀出版集團2014年版，頁3）這位美國學者大概沒有意識到，專制統治者會為他的這類觀點鼓掌。而站在自由主義立場上看，米爾斯海默的觀點必須嚴肅批判。

指向川普可能接受季辛吉此類建言，因為它與川普本人的認知和
行為取向相吻合，也符合現實主義理論家眼中的「美國利益」；
但本文的邏輯同時證明，這樣一個二十一世紀的新霍布斯世界對
人類並非福音，而是災難，因為它在看似合理的大國妥協和「合
作」過程中，給一個紅色帝國的崛起創造了條件和機會。這個紅
色帝國雖非要重新舉起列寧主義的世界革命大旗，卻勢必要用一
套包裝完美的「中國模式」和「人類命運共同體」的新說辭挑戰
文明人類今天擁有的一切。[69]根本扭轉這種前景的唯一可能，是
美國堅定其民主、人權的建國理想，繼續擔任自由世界的領導者
角色，向當年抵禦蘇聯擴張一樣抵禦當今紅色帝國的擴展、滲
透。在這裡，美國總統的職責尤其重大。川普不能只是商人眼光
的美國總統，而必須在美國歷史和價值觀方面補課。美國民主體
制也面臨考驗，在必要時以高瞻遠矚和有力的權力制衡來彌補總
統可能的過失，糾正其可能的戰略錯誤。美國的重新強大是必要

---

[69] 「人類命運共同體」是近來習近平在闡述中國外交政策時越來越多使用
的一個新概念。中國外長王毅曾專門撰文鼓吹這個概念，稱「人類命運
共同體理念植根於源遠流長的中華文明和波瀾壯闊的中國外交實踐，契
合各國求和平、謀發展、促合作、要進步的真誠願望和崇高追求，有著
深刻豐富的理論內涵」，「在黨中央堅強領導下，中國外交高舉打造人
類命運共同體的旗幟，奮力開拓、闊步前行，維護世界和平、促進共同
發展，譜寫著中華民族走向偉大復興新的輝煌篇章。」見中國外交部網
站2016年5月31日《攜手打造人類命運共同體》http://www.fmprc.gov.cn/
web/wjbzhd/t1368155.shtml。

的、應該的，僅就此點而言，川普並沒有錯，但這個強大一定要以普世價值為前提。美國當然也應該有自己的國家利益，只要這個利益不與人類的整體利益相矛盾，而是在促進人類的整體利益。過去一個世紀美國就是這樣做的，所以才贏得進步人類的廣泛尊敬。

更詳細地討論未來美國的國家戰略不是本文的任務，但面對咄咄逼人的中共紅色帝國的崛起，筆者以為美國應該做的事情起碼包括：

一、與亞洲、歐洲、澳洲和北美的盟友建立更緊密的戰略聯盟，共同抵禦紅色帝國的擴張，而不是戰略收縮，重回孤立主義，若如此，將鑄成歷史大錯。

二、與俄羅斯緩和關係，但這個緩和將基於和中共黨國全球博弈的立場，而非傳統的民族國家地緣戰略立場。普京不是習近平，他沒有在意識形態上和西方一爭高下的想法，他想要的只是西方對俄羅斯大國地位的承認。這種承認或部分犧牲烏克蘭等東歐國家的利益，但在全球戰略天平中，這種犧牲可能是必要的，因為它有助於集中力量解決全球最大的威脅。美國亦將就此擺脫兩線作戰的重負。

三、與俄緩和關係還有助於中東問題的解決或部分解決，同時緩解歐洲的移民壓力。英國「脫歐」，法、德、意等

國民粹主義和排外勢力的抬頭均與此有關。解決移民危
機對於整個歐洲的穩定是重要的，其代價則是中東地區
民主化進程的推遲。

四、東亞方面，堅定地遵循美國基於價值觀立場對臺灣作
出的承諾，臺灣是華人地區民主轉型的典範，我們當
然不能低估2300萬臺灣人民捍衛自身安全的意志，但兩
岸軍力畢竟相差懸殊，戰局一開，結果不難預料。而
阻止戰爭的根本保證是加強美軍在台海、南海和整個
西太平洋的存在。目前美軍尚有能力這樣做，再過十
年就很難說了。

五、堅持自由貿易原則，貿易保護主義解決不了美國國內經
濟問題。就知識產權、公平貿易等問題和中國政府進行
嚴肅談判，為此不惜做好「壯士斷腕」的準備。同時，
應重新回到貿易與人權掛鉤的政策，哪怕這會讓美國消
費者付出代價。中國經濟和西方經濟的高度捆綁已經成
了西方政治決策的負資產，一直在限制民主世界的手
腳，歐洲的衰落加劇了這個問題。美國需要和歐洲協商
如何化解這一難題。對中國人民來說，可能發生的貿易
戰將影響他們的收入和日常生活，他們將要付出的是為
中共黨國和民族國家捆綁而產生的代價，因為當西方通
過制裁或其他手段遏制中國政府的不公平交易時，中國

的普通民眾也會被殃及。

以上戰略舉措，或許可以減緩紅色帝國的崛起勢頭，並反過來促進中國國內的政治變化。**中國能否實現民主化，是二十一世紀最大的政治懸念。只有中國實現了民主，世界才能真正迎來和平**。然而，現實是習近平的新極權主義高壓統治已經造成中國萬馬齊喑的可怕狀態，中國的奴性文化正在新一輪個人崇拜中沉渣泛起，中共的新國家主義正在腐蝕、同化新一代「憤青」，中國的經濟雖然問題重重，但並非全無轉圜之地，中共對社會的控制手段仍在不斷地推陳出新。總之，中共驚人的學習能力和近乎完美的獨裁統治是近代以來人類歷史上從未見過的現象。當然，另一方面，這個國家畢竟經歷了30多年改革開放歷程，民主化潛能已有巨大積累，體制內和民間仍在積蓄能量，蓄勢待發，但它需要必要的條件。中國民主化首先有賴於中國人自己的努力，但它同時又是文明人類的共同任務。正因為紅色帝國影響所及已經是整個世界，中國民主化的意義就不僅僅是13億中國人民擺脫專制、獲得解放的問題，而且是整個人類告別謊言、擺脫戰爭威脅的保證。

簡短的結論

當今世界需要的不是霍布斯，而是康德。儘管多極世界符

合現實主義國際關係理論的邏輯假設，卻早已不合時宜。我們必須面對民主與專制的長期纏鬥，雖然這種纏鬥打著民族國家的旗號，並把二者攪在一起。根本問題是，人類倒退回叢林時代，不但是文明的恥辱，這個地球也承受不起。

從長遠看，民主必須戰勝專制，這是人類在更高水平上建構共同家園的前提。無論這一天還有多遠，我們必須為此努力。這裡的「我們」，包括中國人，包括美國人，包括所有進步人類。十多年前，筆者曾在一篇文章中這樣寫道：「如果一個超越國家主權的『世界政府』或某種形式的『全球公共權力』（這個『全球公共權力』肯定比今天的聯合國擁有更多的實質性權威）是可以想像的，那麼它的第一個前提條件就是專制主義國家徹底退出人類歷史舞臺」。[70]

今天，我仍然秉持這樣的理念。

（本文作於2016年12月，《中國戰略分析》2017年第1期〈總第2期〉刊發）

---

[70] 這篇寫於2004年的文章標題是《全球治理與民主──兼論中國民族國家戰略的價值重構》，該文收入拙著《解構與建設：中國民主轉型縱橫談》，香港，晨鐘書局2009年版，頁277～336。

紅色帝國的政治經濟學
——兼論中國經濟的未來走向

　　提記：給中國經濟「號脈」不容易，難就難在中國的經濟和政治是扯在一起的，我們要「號」准這個「脈」，就必須把通常意義上的經濟學分析和對中國現行體制的政治學洞察結合在一起，探究中國經濟運行背後的政治學成因，考量政權性質及其決策偏好對經濟的影響。事實上，正是兩者間的深刻互動，體現著紅色帝國之政治經濟學的特有邏輯。本文試圖對這個邏輯做出較全面的檢索。

　　如何判斷中國經濟現狀及其未來走向？人們的說法往往大相徑庭。北京官方承認經濟已從前些年的兩位數高增長轉入「下行」，但又稱「經濟運行緩中趨穩、穩中向好」，[71]似乎「新常態」總體狀況尚可。體制內經濟學家（特別是自由派）會用更直

---

[71] 見國務院總理李克強2017年3月5日在「兩會」（全國人大和全國政協年度會議）上所做的政府工作報告，連結http://www.xinhuanet.com/politics/2017lh/live/gov_20170305a/index.htm。

率的語言描繪經濟形勢，比如中國正在面臨「持續性的經濟衰退」且「剛剛開始」，[72]或「成本優勢在減弱」而「體制成本重新上升」，中國必須實現「經濟突圍」。[73]更悲觀的說法出自海外，如章家敦早有「中國崩潰」之說，近年還在重複；[74]中國海外民主運動中同樣盛行「崩潰論」，雖然其動機更多是政治性的：在這些反共人士看來，經濟危機意味著中共統治已經日薄西山、搖搖欲墜，其崩潰之日就是中國民主化到來之時。

筆者同樣對北京政權持批評態度，但不贊成反對派行列中的「反共幼稚病」。對這個政權的澈底絕望、痛徹心扉的民主化焦慮往往導致觀察者放大中國經濟形勢的陰暗面，用想像或一些似是而非的說法代替嚴格的科學分析。我們固然要揭露那些權力的抬轎者基於拍馬需要而大肆吹捧的「中國模式」之虛妄，也要警惕中國民主化的倡導者、踐行者由於太過一廂情願而錯判形勢。

那麼，何為「紅色帝國的政治經濟學」？

在筆者看來，給中國經濟「號脈」不容易，難就難在中國的經濟和政治是扯在一起的，我們要「號」准這個「脈」，就必須

---

[72] 許小年《中國經濟持續性衰退才剛剛開始》，和訊網2016年9月5日，連結http://futures.hexun.com/2016-09-05/185868775.html。

[73] 見鳳凰國際智庫2017年1月31日《周其仁解析2017年中國經濟》，連結http://pit.ifeng.com/a/20170131/50639169_0.shtml。

[74] 見《大紀元》2016年2月24日報導「中國經濟會在半年後崩潰嗎？」連結http://www.epochtimes.com/gb/16/2/24/n4646834.htm。

把通常意義上的經濟學分析和對中國現行體制的政治學洞察結合
在一起，探究中國經濟運行背後的政治學成因，考量政權性質及
其決策偏好對經濟的影響。事實上，正是兩者間的深刻互動，體
現著紅色帝國之政治經濟學的特有邏輯。它的力量、成就、缺陷
和足以致命的短板均在於此。

「中國奇蹟」是如何發生的？

我這一代人經歷過文革和文革前的短缺經濟時代，那時城
市居民家家要領糧票、布票，所有生活必需品都限量供應，買
半斤雞蛋、兩塊豆腐也要記在購貨本上。文革結束後的1978年，
中國仍然是世界上最貧窮的國家之一，實際人均GDP僅為美國的
1/40。從那以後，中國人均GDP的年均增長率超過8%。現在，
中國的實際人均GDP已經大體相當於美國的1/5。[75]更光鮮的數字
是GDP總量。2016年中國國內生產總值達到74.4萬億元人民幣，
比上年增長6.7%，雖然增長率已經放緩，GDP總量仍穩居世界第

---

[75] 見朱曉東《理解中國經濟增長：過去、現在和未來》，連結http://
magazine.caixin.com/2013-10-08/100588933_all.html#page2。另據國際貨幣基
金組織（IMF）2016年4月12日發佈的《世界經濟展望》，2015年中國人
均GDP為7990美元，大體相當於同年美國人均GDP55805美元的1/7，在全
球191個經濟體中，中國人均ＧＤＰ排名第76位。考慮到中國的巨大人口
數量，這個排位也已經彰顯了不起的進步。

二，對全球經濟增長的貢獻率超過30%。[76]

顯然，把以上成就譽為「奇蹟」不能算過，北京執政者也往往以此自豪。那麼，這個「奇蹟」是如何發生的呢？

毛澤東「鬥私批修」式的經濟禁欲主義曾經在長達十數年的時間裡壓抑了普通中國人的發財欲望、甚至毀掉了人們的正常經濟生活，在這個意義上，文革後承認經濟行為中利益驅動的正當性、給「致富」平反，乃是歷史的必然反彈。在政策層面，1970年代後期至1980年代農村聯產承包責任制的推行和沿海經濟特區的開闢，是中國經濟改革的兩個巨大推手，技術的落後，管理觀念和管理體制的待改進，貧困以及由貧困造成的人力成本的低廉，反倒轉換成巨大的後發優勢，使中國經濟在體制轉軌和與世界接軌進程中廣為受益。到了1990年代，朱鎔基政府的四項改革舉措使制度建構意義上的中國經濟進一步現代化，這四項舉措包括：1，現代財稅體制的初步建立，它不但使中央政府有能力獲得更多收入，且首次將這種能力置於非人格化的規則之下；2，以公司法改革為核心，國企改制提速，民間亦獲得更多經濟自由；3，以1995年《銀行法》通過為標誌，現代意義上的金融貨幣體制得以建立，央行不得再為財政隨意透支，信貸資源也不得根據行政命令隨意分配，至少在理論上是如此；4，匯率政策重

────────────

[76] 見李克強2017年3月5日的《政府工作報告》。

整，以人民幣低匯率強化中國產品的出口優勢，同時努力促成加入世貿組織的談判，以便讓中國經濟進一步融入世界。[77]

2001年12月，中國「入世」終於成功，成為WTO第143位成員，用世貿組織副總幹事Harsha V. Singh的話講，「中國接受了苛刻的談判條件，因為中國認識到了入世對其國內經濟增長和改革的益處」，「直到2001年中國結束入世談判，其平均關稅已經由43%下降至15%左右。……中國還做出了大量的非關稅承諾，其服務貿易承諾比大多數烏拉圭回合談判成員更為寬泛，在增加政策透明度方面也做了大量通報工作。」[78]從中國自身看，「入世」加快了中國經濟融入世界的進程，使中國迅速成為國際分工產業鏈中的一部分，中國出口在全球貿易中所占比例一路攀升，到2010年，中國已經成為世界第一大出口國和第二大進口國。[79]

當然，以上所列，並未超出一般經濟理論所能解釋者。**「中國奇蹟」的發生其實還有一些中國特有的政治要素在發揮作用，它們往往更關鍵，需要進行本文意義上的政治經濟學分析**。眾所周知，1989年六四天安門開槍後，中共政權合法性受到巨大挑

---

[77] 參見劉海影《中國巨債：經濟奇跡的根源與未來》，北京，中信出版社2014年版，頁111～113。

[78] Harsha V. Singh 《成為WTO的一員：對中國和全球貿易的影響》，見 International Centre for Trade and Sustainable Development網站2012年1月15日報導。

[79] 同前註。

戰，傳統意識形態說教也名譽掃地，在這個背景下，經濟增長成了重塑政權合法性的幾乎唯一的來源。我們可以從這個角度解讀1992年的鄧小平南巡，也可以由此理解何以GDP在過去三十年中國官員眼中變得如此重要。事實上，自1990年代以來，GDP完成情況一直是考核各級地方官員的硬指標，從中央到地方，中國各級政府均呈現出強烈的增長導向，政府在介入經濟活動中的強勢角色，也極其突顯。青年經濟學者劉海影在其近著《中國巨債：經濟奇蹟的根源與未來》中詳細分析了從地方政府舉債投資，到土地財政的巨大作用，再到國企軟財務約束和金融信貸擴張機制之間的內在聯繫，描繪出「中國奇蹟」形成的基本邏輯。據劉著，1994年分稅制改革後，地方政府財源縮小、事權加大，迫使地方政府想盡各種辦法增加收入、擴大投資和對外招商引資，以在GDP競賽中不居人後。2008年溫家寶政府的四萬億經濟刺激計畫進一步催生了地方政府以地方債務平臺為核心的城市經濟運作模式。以重慶為例，重慶市政府通過自己控制的8家投資公司，構建起巧妙而規模宏大的融資平臺，依託市財政支出、中央轉移支付項目投資、土地增值、國有股權等資金來源作為資本金，再在這個基礎上動用一切金融手段擴大融資規模。比如，假設政府有1億元財政支出款項，它不是直接用於投資，而是當作資本金，撬動地方政府以未來土地增值4億元，合計5億元作為資本金，在65%合理負債率水平上再搞到9億元貸款，如此總投資就可

以擴大到14億元。這就是政府債務平臺的妙處，它不但繞開了中央關於地方政府不得舉債的規定，而且把城市經營的思路大大拓寬，像經營一家公司那樣經營城市。正是由於這個原因，重慶的經濟盤子越做越大，2011年最紅火的時候，重慶八大投資公司的資產總額約為4139億元人民幣，負債額則達到2500億元人民幣。據劉海影，「上述運作模式並非重慶獨有，事實上，各個省級、市級乃至縣級政府都在大量運用這個模式。近些年來，固定投資與城市化過程的極高增速與此緊密相關，各地耀眼的經濟成績也多拜其所賜。可以說，哪個政府可以最大限度地放大債務與金融槓桿，哪個政府就可以在GDP錦標賽中領先。不出意料之外，除了冠軍重慶之外，天津、貴州、海南等也都在GDP錦標賽中排名靠前。」[80]

土地財政與金融支持

　　為了更好地理解「奇蹟」產生過程的「中國特色」，還有兩個問題需要從**經濟背後的政治因素**角度做些追加分析：

　　首先是所謂「土地財政」，這是地方政府的財源之一，也是融資的重要基礎。仍以重慶為例，2011年重慶本地收入中，稅收

---

[80] 劉海影《中國巨債：經濟奇跡的根源與未來》，頁171～172。

收入為880億元，非稅收收入607億元，而土地出讓金則高達1309
億元。在稅收收入這880億元中，建築業與房地產業占比又高達
452億元，遠高於國企和那些優惠政策吸引來的外資外企的稅收
貢獻。「重慶財政收入對土地與房地產的依賴度超過60%，稱為
土地財政毫不為過」。[81]問題是這樣的「土地財政」如何可能？
這就涉及到中國目前實行的土地制度。按照現行《中華人民共和
國憲法》，城市土地歸國家所有；農村和城市郊區的土地，除由
法律規定屬於國家所有的以外，屬於集體所有；宅基地和自留
地、自留山，也屬於集體所有。國家為了公共利益的需要，可以
依照法律規定對土地實行徵收或者徵用並給予補償。任何組織或
者個人不得侵佔、買賣或者以其他形式非法轉讓土地。[82]這些規
定意味著，**政府是握有土地交易權的唯一者，且是雙重壟斷：既
壟斷了土地「徵收」、「徵用」權，又壟斷了土地「出讓」權。
這是「土地財政」所以可能的根本政治前提。**難怪有學者深歎
「吾民無地」，[83]也即，中國農民並不擁有對土地的完全產權，
土地的「集體所有」形式則恰恰給地方政府與村委會等「集體土
地」代表者相互勾結共同盤剝農民創造了條件。一方面，政府可

---

[81]　同前註，頁173。

[82]　見《中華人民共和國憲法》第1章「總綱」第10條。

[83]　文貫中《吾民無地：城市化、土地制度與戶籍制度的內在邏輯》，北京，東方出版社2014年出版。

以在它認為必要時動用行政乃至其他一切手段從農民手裡強行征
地，只給很少的補償（這是導致大量拆遷矛盾、官民衝突和侵
犯人權現象的重要原因），另一方面政府又把廉價得到的土地
轉手用於基礎設施建設、房地產開發和對外招商引資，從而獲
得很高的土地出讓金。據《第一財經日報》2016年9月9日報導，
「從1999年至2015年，這十七年全國土地出讓收入總額約27.29萬
億元，年均1.6萬億元。另據財政部統計，2016年1～7月全國國有
土地使用權出讓收入累計約1.73萬億元，同比增長12.1%。結合當
前土地市場態勢，到今年年底，全國土地出讓收入總額累計有望
超過30萬億元。對於巨額土地收入的使用去向，由於較少有地方
政府公佈，公眾難以知曉詳細情況。加之近年來頻有政府官員在
土地出讓環節上因貪腐涉案，有關『土地賬本』如何公開的討論
從未間斷。」[84]其實，除貪腐外，土地出讓金大多進入「土地財
政」，成為地方財源的重要組成部分，本是大家都知道的祕密。
它甚至以頗具「特色」的方式支持了當今中國的「經濟騰飛」。
土地集體所有是毛澤東年代的遺產，本來體現共產革命邏輯和毛
的烏托邦社會改造理念，如今卻以如此方式支持了中國的經濟現
代化。毛澤東若地下有知，又會作何感想？

---

[84]　《第一財經日報》2016年9月9日報導《18年來土地出讓收入達30萬億
　　　多數歸地方用途不透明》，有關連結見http://finance.sina.com.cn/china/
　　　gncj/2016-09-09/doc-ifxvukhx4647035.shtml。

其次是金融支持。**地方政府和它看重的各類企業為什麼總是能輕易獲得貸款？這涉及黨國政治經濟學的另一個祕密。在中國，國企（特別是大型國企）被認為是國家經濟的「主體」、「命脈」，是姓「黨」的，地方政府的重大項目同樣都姓「黨」，銀行必須支持。**即便賠得一塌糊塗，銀行最終也要兜底，不能讓項目泡湯、企業倒閉。而中國三十年來一直處於高速工業化的進程中，龐大的固定資產投資對信貸提出巨大需求。地方政府不僅在主導以投資為驅動力的經濟增長，甚至也令央行控制貨幣增長的努力受挫。正如劉海影指出的，儘管中國貨幣管理當局不時推出收緊銀根的政策，但它們只是讓信貸資源變得更為寶貴，並迫使商業銀行把錢貸給那些最「優質」的客戶。那麼誰才是「優質客戶」呢？顯然是由中央政府隱形擔保而無需擔心壞賬風險的地方政府，以及得到中央或地方政府庇護的國有企業或有特殊背景的民營企業。[85]如此，我們也就理解了何以效益低下的國有企業總有「貴人相助」，而中國的草根民營企業卻總是借貸難、行路難，難於上青天！這些年江浙一帶盛行民間高利貸，小企業為了獲得貸款不得不支付驚人的利息，以致最高人民法院不得不出臺規定，把24%和36%劃定為民間借貸年利率紅線，不得逾越。[86]

[85] 劉海影《中國巨債：經濟奇蹟的根源與未來》，頁187。
[86] 見中國新聞網2015年8月6日報導《24%和36%！　最高法劃定民間借貸年

奇蹟發生的機制也是危機形成的機制

　　總之，藉助土地、金融這些看似經濟、實為政治的激勵和保護機制，各地政府的GDP業績一路飆升，「中國奇蹟」儼然成型。然而，**奇蹟發生的機制同時也是危機形成的機制。中國各級地方官員在乎的是當下經濟指標的完成，在乎的是自己的烏紗帽和繼續晉升的前景，而並不在乎投資和項目的長期合理性**。計畫經濟年代「拍腦袋決策」的傳統和為官者當下利益驅動相結合，催生出大量無效投資，無論在基礎建設方面，還是在製造業或其他產業方面。「過剩產能」已經成為描繪當今中國經濟狀況的一個關鍵詞匯。據有關資料統計，2014年中國工業總體產能利用率約為78.7%，19個製造業行業產能利用率都在79%以下，有7個行業的產能利用率在70%以下，屬於嚴重過剩狀態。產能利用率過低的行業範圍已經從鋼鐵、煤炭、水泥、電解鋁等傳統行業擴展到光伏、多晶矽、風電等新興產業。[87]

　　利率紅線》，連結http://www.chinanews.com/cj/2015/08-06/7451642.shtml。

[87] 按照國際通行標準，產能利用率超過90%為產能不足，79%－90%為正常水平，低於79%為產能過剩，低於75%為嚴重產能過剩。1996年，中國粗鋼產量突破1億噸大關，首次成為全球第一產鋼大國，此後粗鋼產量持續增加，至2014年產量高達8.227億噸，占世界總產量的50.0%，是日本粗鋼產量的7.4倍，美國的9.3倍，印度的9.9倍，俄羅斯的11.6倍，巴西的24

　　產能利用率是一個重要的經濟學概念，通過區分有效投資和無效投資，它揭示出資源配置合理性的程度。產能利用率越低，越說明一個國家的資源配置出現了問題，資源錯配越嚴重。另一個衡量經濟過程健康性和合理性的概念，是**全要素生產率**。青年經濟學者金飛對全要素生產率做過深入研究，據金飛，生產率本來指經濟產出與投入之比，若投入只是單一性的，即為單要素生產率；若考慮全部投入要素，則為全要素生產率（Total Factor Productivity，即TFP）。[88]全要素生產率高，意味著相同投

倍。2015年中國粗鋼產量為8.038億噸，下降2.3%，近三十年來首次出現下降，但粗鋼產能利用率僅為67.0%，比全球平均水平低3個百分點。再看水泥，2014年，中國水泥產量24.8億噸，占世界總產量的59.8%，比位居第二位的印度高出約8倍。中國水泥總產能達到31.8億噸，產能利用率僅為73.8%，由於行業新增投資較快，整個行業的產能過剩仍在加劇。中國水泥協會預計，如果在建、擬建項目全部建成，按照需求和產能比例測算，未來三年水泥產能利用率將進一步降低為62.9%。再看造船業。據工信部統計，2014年中國造船完工量、新接訂單量、手持訂單量分別占世界總量的39.9%、46.5%和47.2%，是名副其實的世界造船大國，但在全球造船業動盪調整的背景下，中國造船業產能過剩壓力十分突出。2015年，中國造船業三大指標兩降一升，全國造船完工量同比增長7.1%；新承接船舶訂單量同比下降47.9%；手持船舶訂單量同比下降12.3%。2015年，中國造船產能利用率不足70%，低於同期全球造船平均產能利用率6個百分點。——引自鄒蘊涵《我國產能過剩現狀及去產能政策建議》，國家信息中心2016年12月23日，連結http://www.sic.gov.cn/News/455/7349.htm。

[88] 金飛《經濟奇跡的另一面：生產率缺失的中國市區縣經濟增長》，太原，山西出版傳媒集團和山西人民出版社2014年版，頁14。

入獲得較高產出，全要素生產率低，經濟效益自然就差。把這個概念與GDP相聯繫，合理的追問就是，中國為了獲得如今世界第二的經濟規模，到底付出了多少代價？中國的經濟總量確實在突飛猛進地發展，但中國的全要素生產率卻並未取得明顯進步，投入產出比一直令人沮喪。比如，按單位GDP能耗比較，中國在2014年每創造1萬美元產值需要2.86噸標油，英國則僅需要0.64噸標油，丹麥甚至僅需要0.5噸標油。後發工業化的韓國相當於中國的67.7%，高耗能的美國是中國的46%，同樣是製造業國家的日本則是35%，德國是28%。[89]事實上，「絕大多數研究都持幾乎一致的意見：即1978年改革開放以前中國的TFP表現出收縮特徵，而1978年改革開放後則呈一定幅度的增長態勢，並在二十世紀八〇年代中葉恢復到了1952年水平，之後十多年中則保持了繼續增長。不過，到了二十世紀九〇年代末，中國TFP的增長幅度已經明顯放緩……。大多數學者對進入二十一世紀後中國的TFP增長問題給出了某種程度的不樂觀判斷。」[90]而這種高投入、低產出的重要副產品，是對資源的過度開發和環境的破壞，中國近年來正在各地蔓延的霧霾就是最好的證明。

---

[89] 韓曉平《十三五能源規劃不能再搞竭澤而漁2.0》，載華中科技大學網站，連結http://sgo.hust.edu.cn/index.php/index-view-aid-1659.html。

[90] 金飛《經濟奇跡的另一面：生產率缺失的中國市區縣經濟增長》，頁157。

　　中國經濟形勢中的危機因素當然不限於產能過剩和徘徊不前的全要素生產率。由土地財政、過度投資等引發的地產業畸形發展、高房價與房地產泡沫並存，同樣是中國經濟結構扭曲的重要景觀。我曾在北京長期生活，眼見北京的房價一路躍升，四環路以內城中心區的新房售價已經高達8萬以上人民幣／每建築平米，一對收入平平的青年夫婦若貸款在北京買房，二十年不吃不喝也還不完這筆貸款。[91]房價超高的根本原因是政府在拍賣土地使用權時會高價出手，以獲得盡可能豐厚的土地出讓金，地產開發商拿到天價土地後的合理行為（經濟人意義上的理性行為）自然是使樓盤的售賣價格更加昂貴，最終讓消費者買單。詭異的是，中國房地產市場一方面是高房價，另一方面是房源的超供給。過去二十年，中國幾乎到處是建築工地，造出的房子總量已經遠遠超出城市的需求。中國家庭金融調查與研究中心2014年6月10日發佈的《城鎮住房空置率及住房市場發展趨勢》調研報告表明，2013年全國城鎮家庭住房空置率高達22.4%，其中六大城市

---

[91] 北京2015年的房價收入比高達22.5（房價收入比＝每戶住房總價／每戶家庭年總收入。2015年北京人均年可支配收入為4.8萬元，一個三口之家年收入為14.4萬元，按一套房子80平方米計算，房價按均價4.05萬元／平方米計算，平均一套房子為324萬元，則計算得到北京的房價收入比為22.5。），遠高於合理的房價收入比（標準在4到6之間）。——引自王小嬌《從國際比較看中國一線城市房價迷失》，原文載《上海證券報》，連結見http://wallstreetcn.com/node/234033。

重慶、上海、成都、武漢、天津、北京的空置率分別為25.6%、18.5%、24.7%、23.5%、22.5%、19.5%。騰訊與中國房地產報等機構聯合發佈的《2015年5月全國城市住房市場調查報告》亦顯示，中國主要城市的住房空置率整體水平在22%至26%之間。[92]稍有經濟學常識的人都能看出中國房地產繁榮的難以為繼，乃至空前危機。而房地產關涉上下游幾十個行業，包括鋼筋、水泥、玻璃等製造業和數不清的服務業，它的萎縮及其連帶影響當然非同小可。

更可怕也更具有摧毀意義的是金融風險。由地方政府GDP競賽推動的海量投資不但製造了巨大的產能過剩，而且導致巨大的債務。很多企業由於資本回報率低或根本沒有回報，只能依靠不斷借錢過活，淪為所謂「僵屍企業」。而這樣的企業竟然多少年不倒閉，似乎全無退出之意，靠的就是「有中國特色」的融資和兜底機制。另一方面，中國各大商業銀行滿足地方政府、國企「投資」和償還債務需要的結果，必然是貨幣總量的急遽擴張。1990年末中國的廣義貨幣M2存量不過1.53萬億人民幣，2012年末這個數字達到97.42萬億人民幣，22年增長了60倍。[93]到2016年

---

[92] 引自騰訊財經《中國到底有多少空房子？統計真的有那麼難嗎？》，連結http://finance.qq.com/original/jianghu/kancaige194.html。

[93] 見龐忠甲、陳思進著《貨幣的邏輯》，北京，中國友誼出版公司2014年版，頁197。

末，這個數字進一步達到驚人的155萬億人民幣，比上一年提升11.3%。[94]中國對外匯的管制和強制結匯也是廣義貨幣M2激增的原因之一。中國的巨額對外貿易順差導致外匯儲備一路飆升，2014年6月達到創紀錄的3.99萬億美元。但這些美金不能在中國境內流通，必須換成人民幣，故有「輸入性通貨膨脹」之說。[95]

中國的金融風險還表現在另一方面，那就是銀行出於自身利益驅動以「金融創新」為名來逃避監管，實現監管套利。中國貨幣管理當局設置的過低的存貸款利率以及金融服務對象的完全不對等，給這種「創新」提供了機會。銀行一方面向「合格單位」瘋狂放貸，一方面以「理財產品」形式向「不合格單位」（那些不符合官方規定貸款條件的項目或企業）提供融資，當然，這種融資要求購買者支付更高利率，從而使銀行獲利，此即所謂「影子銀行」的本質。甚至，那些大企業也能夠從銀行拿到低成本的資金後轉手做此類買賣，而真正需要錢的中小企業，卻不得不支付更高的利息。難怪很多國人驚呼「中國的實體經濟難做」，而寧願到虛擬經濟領域去冒險。問題在於，像股市這樣的地方，同樣驚險，同樣風雲變幻。筆者沒有炒過股，相信那些有過被套牢

---

[94] 中國新聞網2017年2月28日報導《統計局：2016年年末廣義貨幣供應量M2餘額155萬億》，連結見http://www.chinanews.com/cj/2017/02-28/8161466.shtml。

[95] 見章洛崧、薑浩著《金融與中國經濟》，北京，中國人民大學出版社2014年版，頁320。

經歷的朋友對中國股市更具發言權。事實上，2015年的中國股災
瞬間就導致無數股民的財產蒸發得無影無蹤。

　　總之，嚴重的產能過剩，荒唐的信用擴張，巨債，資本回
報率的可怕回落，地產業危機及其連鎖影響，天量的廣義貨幣
M2，加上被操縱的股市、扭曲的金融市場和金融價格，構成了
中國經濟之負面存在的基本景觀。然而，上述危機因素是否就意
味著中國經濟已經遭遇過不去的坎兒、遲早會「硬著陸」或發生
「崩潰」呢？

　　也不盡然。

所謂「供給側改革」

　　事實上，中南海並非不知中國經濟形勢的嚴峻。2015年11月
10日，習近平主持召開中央財經領導小組第十一次會議，首次提
出「供給側改革」的思路。習近平稱：為了適應經濟發展新常
態，必須堅持穩中求進，堅持改革開放，實行宏觀經濟要穩、產
業政策要准、微觀政策要活、改革政策要實、社會政策要托底的
政策，戰略上堅持持久戰，戰術上打好殲滅戰，在適度擴大總需
求的同時，著力加強供給側結構性改革，著力提高供給體系質量
和效率，增強經濟持續增長動力，推動我國社會生產力水平實現
整體躍升。習甚至具體指示，要推進經濟結構性改革，針對突出

問題、抓住關鍵點。要促進過剩產能有效化解，促進產業優化重組。要降低成本，幫助企業保持競爭優勢。要化解房地產庫存，促進房地產業持續發展。要防範化解金融風險，加快形成融資功能完備、基礎制度扎實、市場監管有效、投資者權益得到充分保護的股票市場。[96]

習近平的講話自然是建立在其經濟智囊團一系列研究基礎上的。早在2013年，習的首席經濟顧問劉鶴就組織課題組，進行經濟危機歷史經驗比較的專門研究，並出版了相關著作。[97]檢索一下他們的研究成果，對我們理解中南海對形勢的判斷及其應對措施，是有幫助的。

在劉鶴本人執筆的題為《兩次全球大危機的比較》的研究報告中，作者深入對比了1929年歐美發生的大蕭條和2008年全球金融危機的共同特點，初步結論是：

一、兩次危機均發生在重大的技術革命之後，這符合長週期經濟理論，即技術創新引起繁榮，繁榮又是蕭條的原因。

二、在危機爆發之前，都出現了前所未有的經濟繁榮，危機

---

[96] 見新華網2015年11月10日報導《習近平主持召開中央財經領導小組第十一次會議》，連結http://news.xinhuanet.com/politics/2015-11/10/c_1117099915.htm。

[97] 劉鶴主編《兩次全球大危機的比較研究》，北京，中國經濟出版社2013年出版。

發源地的政府都採取了極其放任自流的經濟政策。

三、收入分配差距過大是危機的前兆。

四、在選票政治推動下，政府傾向於用民粹主義政策收買人心，卻往往加速了危機的發生，因為民粹主義承諾改變了大眾的福利預期，加大了對政府的依賴，一旦政府無法兌現承諾，社會心理就會發生逆轉。

五、大眾的極端投機心態，可以使人類本性中的貪婪和健忘達到前所未有的程度，在寬鬆貨幣環境和以提高杠杆率為實質的金融創新助推下，大量舉債進行高風險投機，產生巨大的資產泡沫，大蕭條前主要是股市泡沫，2008年危機前是房地產泡沫。

六、兩次危機都與貨幣政策相關聯。大蕭條前，氾濫的信貸政策引發了股市泡沫和投機狂熱；2008年危機前，美聯儲極其寬鬆的貨幣政策和次級信貸均達到前所未有的水平。另一方面，貨幣當局對宏觀經濟形勢均缺乏準確理解，大蕭條時期美聯儲決策者基本沒有總需求管理的意識，而這次（2008年）美聯儲則對已經全球化的世界經濟與美國作為儲備貨幣國應該執行的貨幣政策認知不到位。

七、危機爆發後，決策者總是面臨民粹主義、民族主義和經濟問題政治意識形態化的三大挑戰。政治家往往被短期民意綁架、被政治程序鎖定和不敢突破意識形態束縛，

這幾乎是普遍的行為模式。這些明顯的錯誤事後看來顯得可笑，但對當事人來說，真正突破這些局限又困難重重。這是因為，大危機在人的一生中往往僅會遇到一次，決策者同樣缺乏經驗。大資本的逐利本性又與在野政治力量相結合，而令當政者處境岌岌可危。在這個意義上，兩次危機中的經濟力量從來都是高度政治化的力量。

八、危機的發展有特定的拓展模式，在它完成自我延伸的邏輯之前，不可輕言經濟復甦。

九、危機只有發展到最困難的階段，才有可能倒逼出有效的解決方案，這一解決方案往往是重大的理論創新。

十、危機具有強烈的再分配效應，它將導致大國實力的轉移和國際經濟秩序的重大變化。[98]

那麼，這些歷史經驗對中國有何啟示？該書的結論是：

一、必須充分做好應對危機長期化的準備。在今後很長一個時期，我國仍會處於應對危機的過程中，發展所處的外部環境不會太好，要增強憂患意識，做好長遠謀劃，特別要警惕這兩年全球經濟進一步惡化的可能，對包括出口減少、對歐美債權縮水和資本外流等各種可能發生的不利事件和風險，要做好充分思想準備。

---

[98] 同前註書，頁7～15。

二、中國戰略機遇期內涵發生變化，新世紀前十年科學技術
　　儲備已在孕育新的產業變革，危機會催生新一輪技術長
　　週期的啟動，我們要加快轉變經濟發展方式，才能在新
　　一輪技術長週期競賽中做領跑者。

三、避免走向過度負債型經濟，重視調控由金融引發的波
　　動，加強對系統性金融風險的防範，堅持金融服務於實
　　體經濟的要求，防止虛擬經濟過度自我循環和膨脹。

四、調整完善社會制度和政策，建立合理水平的社會安全
　　網，既能夠「托底」，又不養懶人，還要長遠可支付，
　　做到公平、效率和可持續性的統一。

五、在我國轉型升級任務極為迫切和市場經濟基礎仍然薄弱
　　的形勢下，要防止對危機發生原因和我國應對危機相對
　　成功的誤解、誤讀，堅持市場化改革方向。

六、國民文化素質是一國競爭力的內核，必須汲取當年美國
　　繁榮時期對「成功」的膜拜和社會浮躁心態的教訓，在
　　我國發展爬坡過坎的關鍵時期，要充分認識儉樸誠實、
　　艱苦創業、勤勞奮鬥是防範危機的根本，安於享樂、不
　　勞而獲、快速致富是危機醞釀的最佳土壤。

七、美國在大蕭條和二戰中，通過適時保持中立，避免捲入
　　戰爭，完成全球霸主地位的最終確立，我們也要抓緊做
　　好自己的事情，不輕易對外承諾，要謀定而後動，選擇

最佳出手時機。

八、在全球經濟治理新架構確立過程中，要謀求從積極參與
　　者向主動塑造者身分的轉變。[99]

　　這些建議、主張顯然是深思熟慮的結果。**中南海的經濟智
囊們雖然不可能直指黨國要害，從專制體制對經濟活動和經濟過
程的負面制約角度提出分析，但他們畢竟是一批訓練有素的經濟
專家，他們的知識對北京政權應對可能發生的危機仍然極有幫
助。**習近平所謂「必須堅持穩中求進，堅持改革開放，實行宏觀
經濟要穩、產業政策要准、微觀政策要活、改革政策要實、社會
政策要托底的政策」云云，顯然是對專家團隊意見的高度綜合。
在實踐領域，這些年習近平掛帥的中央深改小組以及李克強主政
的國務院實施了不少改革舉措，大量措施都和應對、化解現實或
潛在的危機有關。比如「去產能」，國企顯然是去產能的主要承
擔者，在中國各類企業中，國有企業以最高的資產負債率、最低
的資產周轉率和最低的主營收入利潤率著稱，且產能過剩最為嚴
重，「去產能」必須由此開刀。但淘汰落後產能的過程可能造成
大批國企員工下崗，這正是歷年李克強的兩會政府工作報告都要
把「保增長、保就業」作為每年工作的重中之重加以強調的原

---

[99]　同前註書，頁39～42。

因。2017年提出的目標是「城鎮新增就業1100萬人以上，城鎮登記失業率4.5%以內」；去產能過程中，「中央財政專項獎補資金要及時撥付，地方和企業要落實相關資金與措施，確保分流職工就業有出路、生活」。[100]此外，搞「大眾創新」、大力發展服務業等等都有轉產分流、充分吸納就業的意圖在內。

在減少企業債務方面，李克強給出的對策是：「我國非金融企業杠杆率較高，這與儲蓄率高、以信貸為主的融資結構有關。要在控制總杠杆率的前提下，把降低企業杠杆率作為重中之重。促進企業盤活存量資產，推進資產證券化，支持市場化法治化債轉股，加大股權融資力度，強化企業特別是國有企業財務杠杆約束，逐步將企業負債降到合理水平。」面對金融風險，李認為「當前系統性風險總體可控，但對不良資產、債券違約、影子銀行、互聯網金融等累積風險要高度警惕。要穩妥推進金融監管體制改革，有序化解處置突出風險點，整頓規範金融秩序，築牢金融風險『防火牆』」。李堅稱，「我國經濟基本面好，商業銀行資本充足率、撥備覆蓋率比較高，可動用的工具和手段多。對守住不發生系統性金融風險的底線，我們有信心和底氣、有能力和辦法。」[101]

此類公開發表的政府文告，當然有宣傳、鼓動的成分在內，

---

[100] 李克強2017年政府工作報告。
[101] 同前註。

不可全信。用內部人的更坦白的說法，今天中國面臨的最大問題是「怎麼能活著熬到供給側結構改革見效」的那一天。[102] **其實，根據本文提供的政治經濟學分析，中國經濟頑症的根本醫治是不可能的，因為造成這些問題的政治結構並未更改。但不能根本治癒不意味著就一定會崩潰。中國「危機」因素的存在是一個常態化過程，「危機」是否從潛在的變成現實的，除經濟本身外，還有很多非經濟類因素要考慮。這些因素有些對黨國是不利的，有些卻是有利的。**

中產階級與底層社會

比如，常有人講中國的中產階級不安全感加重，富人階層資本外逃加劇，這是中國經濟危機風雨欲來的明顯標誌。這固然是事實，但同樣是事實的是中國富人階層和中產階級的**依附性**，對這種依附性的分析不但要依靠經濟學，更要求助政治學。中國向來缺乏獨立貴族和有產階級的傳統，這與英國這樣的國家很是不同。1949年共產黨革命成功後，所謂「官僚資產階級」被打入十八層地獄，「民族資產階級」也很快成了社會主義改造的對

---

[102] 此話引自中國國家發改委學術委員會秘書長張燕生《「十三五」期間中國經濟面臨的內外挑戰》，載《清華國家戰略研究報告》2016年第3期，頁3。

象，在很長時期內，中國不再有什麼「中產階級」。這個階層的
重新出現是改革開放以後的事情。藉助有限的市場化和政治寬
鬆，中國迅速湧現出一批富人，但是，中國的政治結構決定了他
們的發財勢必要和權力發生聯繫，或者，他們本來就是權力場中
的一份子（紅二代、官二代之類），或者，他們必須依附於權力
方能財源滾滾。純粹憑勤奮、憑市場機遇掙到大錢的民營企業家
不能說沒有，但肯定不多。而當今中國中產階級的主要組成成分
是政府公務員、事業單位的教師、醫生、國企或私企的白領、律
師等，他們的收入在一般老百姓以上，有一個比較體面的生活外
觀。雖然他們內心也會嚮往自由民主（在此意義上他們構成中國
民主化的重要潛在力量），但通常不會拿自己的既得利益和現有
身分去冒險，更不會挑頭向政府挑戰。由於這個群體大部分成長
於文革後的威權主義年代，崇尚實利而不再「理想」、較少激情
而更多冷漠成為他們的特有精神氣質。加之從上一代人那裡傳遞
下來的、深入骨髓的政治恐懼，這種東西會自然轉化為生存策略
的某種超然性，他們往往漠然於社會不公，對身邊事務處於麻木
狀態，除非社會不公直接觸及到了自身。無論富人還是普通中產
階級，他們內心深處當然都有不安全感，有條件的也都在「安排
退路」，向西方移民，但即便到了美國、歐洲，他們仍然生活得
戰戰兢兢，遠談不上瀟灑，因為他們仍然與國內有著千絲萬縷的
聯繫。他們也並不希望中國真的「崩潰」，因為這同樣會影響他

們的生意，令自己遭殃。**總之，中國的富人和中產階級雖然具有潛在的革命性，但就其外在屬性而言，卻毋寧說是保守的，他們是這個體制的支持力量而不是破壞力量**。中國中產階級定位及其生存指向的「二律背反」動搖了民主轉型理論的基本假設，也給中國危機前景判斷增加了複雜性和不確定性。

再比如，關於底層社會抗爭。毫無疑問，中國現代化高速成長的二十年，也是官民矛盾頻發且越演越烈的二十年。有人據此判斷中國已經坐在火山口上，似乎只要振臂一呼，千百萬民眾就會揭竿而起，重演陳勝吳廣式的改天換地。筆者不得不說，這完全是一廂情願，是一種幻覺，澈底錯置了時空背景。今天的中國早已不是餓殍遍地、饑荒遍野的時代，中國最貧困的那部分人口，其生活與三十年前相比，也已經有了相當改善。今天發生的民間抗爭和維權運動，並不是因為吃不上飯，而是因為民眾的居住權、財產權、環境安全或勞動保護等權利受到侵害。但總的說，這些抗爭是零散的、局部的，且被官方有效地分解或「區隔化」。換言之，北京已經摸索出一套對付「刁民」的辦法，包括分化、適度收買、控制互聯網「不良」聲音，同時加大反腐敗力度、改善信訪制度，目的都在降低官民矛盾發生的頻率和烈度。從正面看，中南海深曉解決民生問題對鞏固政權的意義，近年來北京推出的最重要的民生工程之一就是「7000萬人脫貧計畫」。2014年，中國貧困人口標準是每人每年純收入2800元人民幣。按

照這個標準，中國尚有7000萬貧困人口。而中共中央、國務院頒佈的《中國農村扶貧開發綱要（2011－2020年）》規定：扶貧的總體目標是「到2020年，穩定實現扶貧對象不愁吃、不愁穿，保障其義務教育、基本醫療和住房。貧困地區農民人均純收入增長幅度高於全國平均水平，基本公共服務主要領域指標接近全國平均水平，扭轉發展差距擴大趨勢。」[103]習近平上臺以來更是多次指示要「打好精准扶貧攻堅戰」，定點定村定戶，制定扶貧規劃且有專人落實，「2020年讓全國人民一個不落都過上小康生活。」[104]官媒自然會把這些解釋為共產黨人「不忘初心」，其實，更基本的邏輯是滿足了基本民生，黨國江山就沒有大虞。這才是「政策要托底」的本意。有了「政策要托底」，潛在的危機就不會發展為現實的危機，更何況中國國民性的懦弱、老滑、隨遇而安、稍得小惠就山呼萬歲等等都在幫體制的忙。

「危機」因素常在，「崩潰」不可輕言

可以說，除非中南海高層發生內鬥進而引發黨內分裂，或

---

[103] 這個文件的全文，見中國政府官方網站http://www.gov.cn/jrzg/2011-12/01/content_2008462.htm。

[104] 見中國網2016年1月7日相關報導http://www.sishui.gov.cn/fwsnny.asp?Wygkcn_ArticleID=28562。

突發性重大公共事件引起連鎖反響，或重大外交或軍事失敗動搖了「國本」，或以上因素的某種組合真的引發危機（這種組合具有高度或然性，目前看，發生的幾率並不大），足以撼動社會整體、動搖社會基本穩定甚至危及政權合法性的仍然是傳統意義上的經濟危機，即貨幣貶值、信用斷裂、經濟跳水、銀行擠兌、股市狂跌以及由此引發的大規模民眾騷亂。事實上，只有一個國家金融系統的澈底崩潰才能引出山崩海嘯般的社會後果。而這當然是北京政權要拼死力竭力避免的。黨國處理經濟問題的原則從來是政治優先、政權優先（這也是黨國處理所有問題的原則）。政治優先可以表現為為了某種特定政治目標而不計經濟成本，比如舉國援藏或對臺灣的經濟統戰。[105]我們可以稱之為為政治服務的經濟，雖然不計成本或經濟成本為次，卻能夠據此換來政治收益。事實上，黨國體制的弱點和「優勢」都可以從中獲得解釋，它有時顯得非常敗家子，有時又真能解決大問題。就當下論題而言，若中國真的發生系統性金融風險，極權體制的特有「優勢」反倒更有可能充分彰顯。

當然，即便在美國，化解經濟危機也需要政府出手。2008年

---

[105] 在哥倫比亞大學舉辦的一次兩岸問題研討會上，筆者直接聽到來自中國國內的學者大談有關經濟部門一定要從臺灣進口香蕉的故事。儘管大陸南方地區產的香蕉質量並不亞於臺灣且價格更便宜，但為了給臺灣生產者以「好處」，大陸堅持進口臺灣的香蕉。這當然只是經濟統戰中的小小一例。

金融危機發生後，美國政府就採取了非同尋常的措施，脅迫那些相對健康的銀行替政府收拾爛攤子。「在短時間內，政府施壓讓摩根大通銀行接過了貝爾斯登的爛攤子，讓美洲銀行接管了美林銀行，讓富國銀行接管了美聯銀行。」而「在市場資金凍結惶惶不可終日的時候，美國政府最有說服力的籌碼可能也就是能夠直接得到美聯儲銀行的現金支持。」[106]而中國呢？央行（中國人民銀行）直接就姓「黨」，必須聽從黨的指令。記得上個世紀九○年代中期，國企「三角債」嚴重，很多企業發不出工資，職工轉產下崗者眾，1997年亞洲金融風暴爆發，中國經濟似乎更加危險。但北京迅速做出決策，以財政部做股東，分別成立華融、長城、東方、信達四大資產管理公司，將工商銀行、農業銀行、中國銀行、建設銀行等四大國有商業銀行的1.4萬億人民幣鉅款壞賬剝離，辦法是用債券對價換走不良資本，四大國有銀行借此擺脫困境，重新輕裝上陣，四大資產管理公司則先後與財政部設立「共管賬戶」，由財政部以未來收入（如所得稅等）抵消當前欠帳，或乾脆把那些爛帳壞賬停息掛賬，若永遠還不上了，則意味著全社會為此買單。[107]今天的中國政府已經遠非二十年前可比，它是當今世界最有錢的政府，擁有極強的財政汲取能力，2016年全國一般公共預算收入高達159552億元人民幣，比上年增長

---

[106] 見章洛菘、姜浩《金融與中國經濟》，頁121。

[107] 詳見劉海影《中國巨債：經濟奇跡的根源與未來》，頁177～179。

4.5%，其中，中央一般公共預算收入72357億元人民幣，同比增長4.7%。[108]這還沒有算中央和地方政府的各種隱性收入，沒有算中央政府掌控的巨大的國有資產存量。真需要救市時，中國政府可以調動的資源是可觀的。此外，中國政府對股市的操控、對外匯的管制，只要運用得當，也都可以轉換為危機處理的手段。而這些手段，在金融法律制度完備的西方民主國家，反倒不好使。

中國經濟的基本盤已經如此之大，即便未來GDP年增長率進一步下降至5%，仍然有足夠的自我迴旋餘地。雖然極權政府的反危機措施往往種下進一步經濟扭曲化的種子，但這種扭曲何以、何時成為動搖整個經濟大廈、甚至動搖專制政治體制的顛覆性工具，卻很難斷定。所以本文才稱「危機」因素常在，但「崩潰」不可輕言；甚至，有助於黨國經濟向好的因素也有很多，這不僅指國內，同樣指國際，畢竟，中國經濟已經是全球性的存在，對它的觀察，也必須具有全球視野。

中國經濟的世界化與紅色帝國

支撐中國經濟世界化的至少有下列外貿數字證明：2016年，中國貨物進出口總值24.33萬億元人民幣，其中，出口13.84萬億

---

[108] 見中華人民共和國財政部官方網站http://gks.mof.gov.cn/zhengfuxinxi/tongjishuju/201701/t20170123_2526014.html。

元，進口10.49萬億元，貿易順差3.35萬億元。「一帶一路」戰略
提出後，中國對部分一帶一路沿線國家出口增長強勁。2016年，
中國對巴基斯坦、俄羅斯、波蘭、孟加拉國和印度等國出口就
分別增長了11%、14.1%、11.8%、9%和6.5%。在中國最大的貿易
夥伴中，中國對歐盟出口增長1.2%、對美國出口微增0.1%、只有
對東盟出口下降2%，三者合計占中國出口總值的46.7%。此外，
作為製造業大國，中國的出口產品早已不再局限於傳統勞動密
集型產品，有一定技術附加值的機電產品正在逐漸上升為出口
主力。2016年，中國機電產品出口7.98萬億元，雖然比上一年下
降1.9%，仍占出口總值的57.7%，而傳統勞動密集型產品合計出
口2.88萬億元，僅占出口總值的20.8%。[109]當然，從整個外貿形勢
看，中國這些年的外貿增速是逐年下滑的，從2011年高峰時的
22.5%下降到2014年的3.4%，2015年甚至進一步降到-8%。然而，
中國在世界出口中的比重卻在上升，2011年是11%，2015年達到
13.4%。這反倒證明了世界貿易增速總體下降的同時中國貢獻的
上升。[110]

　　另一個衡量中國經濟世界化的指標是中國對外投資的增長。
據商務部有關統計，2016年中國共對全球164個國家和地區進行

---

[109] 見中國政府網2017年1月13日《海關總署介紹2016年全年進出口情況》
　　　http://www.gov.cn/xinwen/2017-01/13/content_5159449.htm#allContent。
[110] 《清華國家戰略研究報告》2016年第3期，頁12。

了非金融類直接投資，累計達1701.1億美元，同比增長44.1%。在對外投資中，實體經濟和新興產業受到重點關注。2016年全年對製造業投資占對外投資總額的比重從2015年的12.1%上升為18.3%。此外，中國企業的海外並購更加活躍，2016年，對製造業，信息傳輸、軟體和信息技術服務業分別實施並購項目197起和109起，占中國境外並購總數的26.6%和14.7%。[111] 截止到2015年底，中國約2萬家投資者在境外設立3萬多個對外直接投資企業，它們分布在全球188個國家和地區；中國對外直接投資累計已超過1萬億美元，境外企業資產總額達4.37萬億美元。[112]

想想100年前，中國還是一個積貧積弱的國家，如今竟頗有當年大英帝國的氣勢，高舉「全球化」和「貿易自由」的旗幟搶關奪隘、大舉進軍海外，以致有人驚呼歐洲、拉美對中國不再遙遠，非洲正在成為「中國的第二個大陸」，[113] 此情此景一定頗令國人感奮。我個人雖然批評共產黨，但對中國經濟全球化對世界經濟擁有的正面意義，仍然給予積極評價。

---

[111] 見中國政府網2017年1月16日《2016年我國對外投資增長超四成》http://www.gov.cn/xinwen/2017-01/16/content_5160377.htm。

[112] 見中國出口信用保險公司資信評估中心《國別投資經營便利化報告（2016）》http://www.sinosure.com.cn/sinosure/xwzx/xwgj/171782.html。

[113] 《紐約時報》資深記者傅好文（Howard W. French）前不久著書描述百萬中國移民如何在非洲投資建設新帝國，他的書名就是《中國的第二個大陸》，中文版由臺灣麥田出版社出版，2015年。

問題在於「中國崛起」所內具的充滿張力的蘊涵，對此仍然離不開本文意義上的政治經濟學分析。**我們首先要在概念上做出如下區分，那就是作為民族國家的中國和作為黨國的中國，前者指中國作為當今主權國家體系中的一員所具有的一般國家屬性，後者指共產黨壟斷公權力而強加給這個國家的國家政權屬性和意識形態特徵，正是兩者的結合，或更準確地說，正是黨國對民族國家的凌駕和捆綁，從根本上形塑了中國的外交政策和中國的「大國戰略」，也從根本上限定了中國內政與外交的關係。這就是本文所謂「紅色帝國」，一個雖然內部矛盾重重、甚至危機四伏但仍舊強勢「崛起」的新型帝國。「紅色帝國的政治經濟學分析」，必須在二十一世紀新的時代背景下、在中國民族國家與黨國相互扭結和相互捆綁的基點上方能展開。**

當然，為了分析方便，我們也可以採用科學研究中的抽象法，暫時懸置黨國屬性對論題的影響，而先看看作為民族國家的中國。就純經濟意義而言，中國外貿和對外投資的拓展，有利於中國產業結構的轉換升級，有利於為過剩產能尋找出路，也有利於提升中國國內的就業水準。而這些，均有助於減緩國內的經濟困局。還要看到，**與大量出口同時存在的大量進口，必然意味著中國經濟對外依存度的上升。**比如，石油、糧食、關鍵礦產品對任何國家都是重要的資源性物品。中國是當今世界第一大石

油進口和消費國。雖然2009年中國成為僅次於俄羅斯、沙特阿拉伯、美國之後的第四大原油生產國，近年來國內原油產量一直穩定在2億噸左右，但這個產量相比國內巨大需求仍然差得很多，每年需要進口原油2億噸以上。2015年中國石油對外依存度首次超過60%。[114]糧食，截止到2014年，中國糧食產量實現「十一連增」，總量達到6.1億噸，但糧食進口仍保持較快增長，2014年中國糧食類產品進口總計1億噸，比上年增加1398萬噸，增長16.2%，比2010年增加3350萬噸，增長50%。其中大豆進口7139.9萬噸，穀物進口1951.6萬噸，薯類（主要是乾木薯）進口866.6萬噸。中國的糧食自給率僅約為85%。[115]銅是重要礦產品，具有廣

---

[114] 1993年，中國首次成為石油淨進口國，2009年原油進口依存度首次突破國際公認的50%警戒線，2010年進口原油達2.39億噸，同比增長17.5%，石油對外依存度同比上升3個百分點。到了2011年，中國超過美國成為第一大石油進口國和消費國，當年，官方公佈的數據顯示中國原油對外依存度達55.2%，也首次超越美國的53.5%。當前，中國石油消費超過了GDP增速，預計到2020年，石油消費總量將達到6億噸左右。到2030年，中國石油消耗量的80%需要依靠進口。——見觀察者網2016年1月26日《中國2015年石油消費5.43億噸　對外依存度首次突破60%》，連結http://www.guancha.cn/economy/2016_01_26_349303.shtml。

[115] 綜合國際機構和中國國內有關部門的研究預測，2020年中國糧食需求總量在7.2億噸左右，其中水稻、小麥和玉米三大穀物需求總量約5.95億噸，大豆9000萬噸，雜糧3500萬噸。假設未來幾年中國主要糧食作物單產仍能延續2004年以來的增長趨勢，到2020年國內糧食產量也就6.5億噸上下，這是當前技術進步水平下國內糧食的極限產能。屆時中國糧食自給率至多達到85%。——見中國農業信息網2016年9月27日《我國糧食進口增長原因及對策建議》，連結http://www.agri.cn/V20/SC/myyj/201609/

泛工業用途和金融保值功能，歷來被各國看重。中國是全球電解銅第一大生產與消費國，但中國銅資源極度匱乏，自給率不足30%，且呈現逐年擴大之勢，所以中國也是第一大銅進口國，中國的銅進口大多來自南美、蒙古、非洲和澳大利亞等地。[116]這幾個例子可以說明中國在一些關鍵產品上對外依存的程度。進口這些東西固然是民族國家生存、發展的需要，但也凸顯民族國家安全的某種脆弱性。在許多人看來，中國作為大國，要保護其日益擴張的海外利益，保護它的戰略資源安全，在外交甚至軍事層面表現得更為積極、更有雄心似乎都是可理解的正當之舉。

甚至不僅如此。西方學術界盛行的現實主義國際關係理論喜歡講「國強必霸」。以鼓吹「進攻性現實主義」著稱的美國學者約翰·米爾斯海默就曾言：「國際政治從來就是一項殘酷而危險的交易，而且可能永遠如此。」「大國很少對眼前的權力分配感到心滿意足，相反，它們時刻懷著以自己利益為中心的求變動機。」關於中國，米爾斯海默斷言「中國經濟如果繼續增長，

---

t20160927_5293056.htm。

[116] 美國資源調查局2015年數據顯示，全球銅儲量共約7億噸，其中智利2.09億噸，澳大利亞0.93億噸，祕魯0.68億噸，美國0.35億噸，墨西哥0.38億噸，中國0.3億噸，俄羅斯0.3億噸，印度尼西亞0.25億噸，波蘭0.26億噸，贊比亞0.2億噸，剛果（金沙薩）0.2億噸，加拿大0.11億噸，哈薩克斯坦0.06億噸，其他國家0.9億噸。——見金融界網2016年8月8日《關於中國銅行業現狀　讀這一篇就夠了》，連結http://futures.jrj.com.cn/2016/08/08160021288590.shtml。

就會像美國支配西半球一樣支配亞洲」，屆時，「一個強大得多的中國會嘗試把美國趕出亞洲地區」而「打造中國版本的門羅主義」。中國還有可能在亞洲之外發展其戰略利益，甚至會「干涉美洲政治，好擾亂美國後院，讓美軍的全球運動不那麼自由」。[117]

　　米爾斯海默眼光犀利，他對中國崛起後美中兩國必然衝突的觀點的確給人強烈印象。但米爾斯海默僅僅從民族國家邏輯的角度界定這種衝突，卻是不夠的，或乾脆是錯誤的。「國強必霸」固然可以描繪中國崛起後在台海、南海、西亞、北非甚至中東歐一系列咄咄逼人的行為，但支配這些行為的卻有著更為深刻的原因。**為了理解這一點，我們必須把原來暫且舍象掉或懸置起來的紅色帝國的另一半元素重新拾起，那就是黨國政權性質對中國外交取向的決定性影響。正如前文反覆強調的，中國是民族國家與黨國的捆綁體，對北京統治者來說，政權安全是第一位的，民族國家安全從屬於政權安全，且服務於政權安全。那麼，從北京角度看，什麼才是對政權安全的最大威脅呢？那就是美國及其代表的社會制度和意識形態。北京知道以美國為首的「西方世界」總是把自己視為社會制度的「另類」，多少年來，北京最擔心的就是「西方敵對勢力」對自己的「顛覆」或「和平演變」。在一**

---

[117] 約翰・米爾斯海默著、王義桅等譯《大國政治的悲劇》，上海，上海人民出版社2014年版，頁2、391、398、401。

些內部教育場合，北京對前蘇聯的垮臺就是這樣解釋的。[118]內心裡，中共領導人認定與美國的博弈將是一場長期的生死較量，較量的本質是在社會制度和意識形態層面，而非民族國家層面，因為它關乎共產黨政權的生死存亡；但在所有公共和外交場合，黨國領導人又總是以民族國家代表者的身分出現，且總是把政權利益說成是民族國家的利益。

我們必須從這個基點出發來觀察中共黨國與美國的全球博弈。比如，北京一方面用非常高明的外交詞匯定義今天的中美關係，那就是「不衝突、不對抗、相互尊重、合作共贏」，準備和美國繼續打二十年太極拳，另一方面加緊全球佈局，包括和俄羅斯建立更緊密的戰略准同盟關係，分化、拉攏歐洲、澳洲、北美的美國盟友，全面挺進非洲、中東和拉美等「第三世界」，進一步鞏固在周邊地區（包括台海、南海、東南亞、中亞和西亞）已經獲得的戰略地位。迄今為止，這個戰略總的說是成功的。

再談「政治賬先於經濟賬」

在所有上述佈局中，「政治賬先於經濟賬」這個黨國政治經濟學的基本原則同樣適用。

---

[118] 前些年由國防大學、中國社會科學院等機構拍攝的《居安思危》內部宣傳片，就是此類洗腦作品的一個例子。

　　讓我們舉個例子：中巴經濟走廊的建設，這是北京「西進戰略」的重要一環。為什麼要「西進」？當然是考慮到美國及其同盟者日本在東面的威脅，所以要拓寬西部戰略縱深，使黨國獲得更大的戰略迴旋餘地。

　　中巴經濟走廊的創意始於2013年李克強對巴基斯坦的訪問，兩年後習近平再訪伊斯蘭堡，將中巴經濟走廊建設推向新高潮。習近平提出「一個中心、四個重點」的中巴經濟走廊建設方針，即以中巴經濟走廊為引領，以交通基礎設施建設、能源合作、產業園區合作、瓜達爾港建設為重點，兩國一股腦簽署了51項合作協議，中國向巴基斯坦提供460億美元的項目大單。巴基斯坦方面自然興高采烈，稱這個巨大工程將一舉改變巴經濟現狀，讓巴基斯坦各個省份都能受益。中國亦有學者稱中巴經濟走廊是「一帶一路戰略」的「旗艦與標杆」工程。[119]其實，從純經濟角度看，所謂「中巴經濟走廊」並不是合算的買賣。這個巨大工程的核心是建設從瓜達爾港橫穿巴基斯坦全境到中國新疆的油氣管道，配以相應的鐵路、公路和其他基礎設施。且不說陸上油氣管道運輸和鐵路運輸費用遠高於海路運輸，[120]也不說油氣管道從零

---

[119] 見北京大學巴基斯坦研究中心主任唐孟生談中巴經濟走廊「一帶一路的旗艦與標杆」，新浪網2016年5月26日。連結http://news.sina.com.cn/w/2016-05-26/doc-ifxsqxxu4430007.shtml。

[120] 據一些學者測算，用鐵路經巴基斯坦經濟走廊運送石油，要比經馬六甲的海上運輸貴4倍以上（張欣《中巴經濟走廊是令中國納稅人恐懼的深

海拔的瓜達爾港開始鋪設直到海拔5000多米的卡拉昆侖山口需要
功率巨大的泵站和電源支持，技術難度高且花費巨大，更重要的
是這個管道和路面設施要經過一系列塔利班控制的巴部落地區，
以及與印度存在爭議的北部克什米爾地區，恐怖活動猖獗，安全
形勢極為險峻。那為什麼還要搞這個項目？這就是算政治賬的結
果。前文談到中國石油對外依存度高達60%，而中國進口石油的
85%要經過馬六甲海峽，[121]中美一旦發生衝突，北京最擔心的首
先是海上石油運輸通道的被掐斷，其後果將不堪設想，所以北京
才要出鉅資，一方面控制南中國海，從側面為馬六甲海峽航道提
供保護，一方面啟動中巴走廊建設工程，使來自中東、北非的石
油可以不經水路而在瓜達爾港直接上岸，通過管道運輸直抵中
國。到2020年，經過中巴管道和中緬管道分流，最後通過馬六甲
海峽的石油運輸可以降到65%，[122]這當然大大有利於黨國的石油
戰略安全。

　　此外，瓜達爾不僅是轉口港，而且有重要軍事用途。中美

淵》，美國之音2015年4月23日）；從中東通過中巴輸油管道進口的石
油，最終到達消費者手中的運輸成本，也接近1000元/噸，遠遠超過了海
運費用（馬小軍、舒源《中國陸上油氣通道安全研究報告》，載《清華
國家戰略研究報告》2015年第3、第4合期，頁28）
[121] 以2013年為例，中國進口石油的85.85%來自印度洋方向，其中，經霍爾
木茲海峽42.04%，阿曼9.03%，亞丁灣6.36%，好望角28.43%。——見馬小
軍、舒源《中國陸上油氣通道安全研究報告》，頁79。
[122] 同前註，頁80。

較量正在向全球擴展，不僅太平洋，印度洋也將是中美逐鹿的戰場。北京若能控制從柬埔寨、泰國、緬甸、孟加拉、斯裡蘭卡到巴基斯坦和吉布提的一些重要海岸地區，建立若干軍事基地，就能形成一條「珍珠鏈」，對美軍在南中國海和印度洋的軍事部署構成有效制衡。瓜達爾港顯然是這個「珍珠鏈」中的重要一環，具有舉足輕重的軍事戰略意義。這正是北京要在這個地方花大錢的理由和根據所在。甚至，我們可以根據同樣邏輯理解中國在巴基斯坦的其他投資，這些投資未必直接服務於油氣管道建設，而確實著眼於改善巴基礎設施，且要惠及巴國各個省份，其理由在於，巴基斯坦是一個經濟落後、政治上並不穩定的國家，只有這個國家穩定了，中國在此的戰略投資才有安全保證，而北京在巴基斯坦花的錢被認為有助於這種穩定。[123]

在很多場合，中國的對外援助具有同樣性質，為了黨國的政治需要，經濟賬必須服從政治賬。根據北京發表的《中國的對外援助（2014）白皮書》，2010年至2012年，中國對外援助金額高達893.4億元人民幣，包括無償援助、無息貸款和優惠貸款三種方式。「無償援助重點用於幫助受援國建設中小型社會福利項目以及實施人力資源開發合作、技術合作、物資援助和緊急人道主

---

[123] 參見史志欽、陸洋《中國－巴基斯坦經濟走廊：利益與風險》，載清華－卡內基全球政策中心網站2016年12月21日，連結http://carnegietsinghua.org/2016/12/21/zh-pub-66519。

義援助等。三年中，中國對外提供無償援助323.2億元人民幣，占對外援助總額的36.2%。無息貸款主要用於幫助受援國建設社會公共設施和民生項目。三年中，中國對外提供無息貸款72.6億元人民幣，占對外援助總額的8.1%。優惠貸款主要用於幫助受援國建設有經濟社會效益的生產型項目、大中型基礎設施項目，提供較大型成套設備、機電產品等。三年中，中國對外提供優惠貸款497.6億元人民幣，占對外援助總額的55.7%。」[124]至於這些援助具體給了哪些國家，那就大有學問了。它們或是在各種外交場合支持過「中國的核心利益」，或是那些有幸成為北京政府的受援國一定有利於擴展「中國的核心利益」。比如柬埔寨，這個南亞國家從上個世紀五〇年代起就接受中國的援助，但毛澤東時代的援助和反美及世界革命有關，近年來的援助則主要和中國在東南亞地區的整體戰略考量相聯繫。2003年到2009年，中國對柬埔寨的援助額從557萬美元猛增到2.57億美元，北京成為柬埔寨的最大施主。這種施捨果然獲得了回報。一位黨國學者這樣描述這種回報：「2012年4月，菲律賓和越南企圖在東盟峰會上將中國南海問題『國際化』，時任東盟輪值主席柬埔寨頂住了多方壓力，在峰會期間沒有發表任何關於中國南海問題的不利言論，中國南

---

[124] 見中國國務院新聞辦公室網站發表的《中國的對外援助（2014）》白皮書（全文），連結http://www.scio.gov.cn/zfbps/wjbps/Document/1470974/1470974.htm。

海問題甚至沒有進入此次東盟峰會議程，使菲律賓和越南的企圖落空。」而「在柬埔寨政壇產生了一批以首相洪森為首的對華友好的官員，不僅在柬埔寨國內維護中國權益，還在重大的國際事務中堅定地支持中國」，這恰恰是「中國對柬埔寨援助的特點之一」。[125]

這就是紅色帝國：一個新型帝國的誕生。這個紅色帝國不再像毛澤東時代那樣推行世界革命，但要在「民族復興」和「中國夢」的旗幟下與美國爭雄，引領世界潮流。中國共產黨駕馭的這個紅色帝國正在亞洲、非洲、拉美甚至歐洲創造一系列新的臣服模式，在大多數場合，它們並非十九世紀那種赤裸裸的軍事或經濟征服，而是滲透式的、潛移默化的、以各種高大上語言為招牌的、充滿了中國式智慧和謀略的擴張進程。紅色帝國的對外關係，既不是古老華夏朝貢體制的簡單回復，也不是條約時代主權國家叢林規則的外在化的、赤裸裸的遵循。它同時在繼承這兩者，但又賦予其新的形式，更複雜也更隱晦的形式。從外部條件看，川普上臺、歐洲走衰是紅色帝國的一大利好，一個美中俄多極世界的前景似乎正在明朗化。

如果以上所論可以成立，那麼衡量、判斷中國經濟的尺度

---

[125] 宋梁禾、吳儀君《中國對柬埔寨的援助：評價及建議》，載《國際經濟合作》2013年第6期，頁56。

也將完全變化。這個尺度將會大得多，其構成要素也複雜了許多，不確定性亦增加了許多。比如，「政治先於經濟」、「經濟為政治服務」的黨國政治經濟學原則運用於紅色帝國的全球戰略場合，會在增加其力量的同時，帶來一系列冒險性。這些冒險性（包括經濟的軍事的各層面）可能給帝國招致巨大的後果。畢竟，紅色帝國是在與一個迄今為止仍比其強大得多的對手爭雄，而北京政權的極權主義性質，又決定了這種博弈的生死特徵。但，這個纏鬥很可能是長期的，北京甚至可能在某些時候占上風。我們可以從歷史哲學的意義上判定這場生死較量的最終結局，卻無法從經驗科學的意義上預測紅色帝國未來經濟的具體走向。它的內部矛盾、停滯、危機積累和外部發展機會甚至表面的繁榮完全可能共存。事實上，它的高度不確定性是我們今天唯一能夠確定的東西。讓我們繼續觀察。

（本文作於2017年3～4月，《中國戰略分析》2017年第3期〈總第4期〉刊發，輯入本書時略有改動）

中俄邪惡軸心的形成

　　題記：這是一篇即時性評論，卻講了一個對歷史有深遠影響的大問題。人們通常用「邪惡軸心」形容二戰時的德意日聯盟，那麼今日之中俄何以也構成「邪惡軸心」？又是什麼意義上的「邪惡軸心」？本文都有分析。這是理解紅色帝國的重要維度。

　　文末提到二戰結束不久美國駐蘇外交官喬治·凱南（George Frost Kennan）那封「長電報」，在這個著名的「長電報」中，凱南分析了蘇俄當局的本質，指出斯大林治下的蘇聯將把共產革命狂熱的意識形態和沙俄帝國的擴張本性融為一體，勢必對人類構成新的威脅，這才有了西方「遏制」政策的產生。今天我們正面臨類似的局面，雖然這個威脅的含義要複雜得多，也隱晦得多。世界民主共同體做好應對準備了嗎？——一年前筆者就在問這個問題。今天看，這仍然是個問題。

　　2017年7月3日至4日，習近平對莫斯科進行國事訪問，與俄聯邦總統普京會晤並分別簽署了《中華人民共和國和俄羅斯聯邦關於進一步深化全面戰略協作夥伴關係的聯合聲明》以及《中華

人民共和國和俄羅斯聯邦關於當前世界形勢和重大國際問題的聯合聲明》。這兩個重要聲明向世人宣示了中俄盟友關係的進一步鞏固和提升。我們甚至可以說，它們的簽署，標誌著中俄邪惡軸心的最終形成。

這個邪惡軸心並非傳統意義上的霸權聯盟，只是以無盡的貪婪和超強的實力為自己攫取領土之類好處；它也不是像德意日那樣，要用種族主義、法西斯主義統治世界。今天的中俄同盟主要表現為對人類普世原則的顛覆。說得具體些，**所謂邪惡軸心是指中俄綁在一起共同顛覆民主、人權、國際法治和基於人類道義的國際干預等現代文明準則，用一套虛偽的言辭欺騙世界，以「多極化」、「不干涉內政」、「尊重各國自主選擇發展道路」等名義為當代各類極權主義、專制主義、強權政治張目，並試圖據此重建世界秩序，從根本上挑戰憲政民主制度、自由民主價值觀和以此為基礎的全球治理原則。**

邪惡軸心形成的五大標誌

在「進一步深化全面戰略協作夥伴關係」的聲明中，習近平和普京宣稱「中俄關係成熟穩固，不因外部環境影響而改變，是當今世界大國、鄰國和諧共處、合作共贏的典範。中俄關係已超越雙邊範疇，成為維護國際戰略平衡與世界和平穩定的重要因

素」。「新的歷史條件下，雙方將致力於進一步發展和鞏固平等信任、相互支持、共同繁榮、世代友好的中俄全面戰略協作夥伴關係，推動深化政治互信、務實合作、安全合作、人文交流、國際協作」。文末所列五點，恰恰是中俄邪惡軸心正在形成且昭然於世的基本標誌，本質上，它們全部服務於兩國獨裁者對抗普世價值的根本意圖。

首先，建立「互信」基礎上的政治捆綁關係。該聲明稱「無論國際形勢如何變化，（中俄雙方）都將恪守《中俄睦鄰友好合作條約》，相互視對方為外交優先夥伴」，「相互支持對方維護主權、安全和領土完整等核心利益的努力，支持對方走符合本國國情的發展道路，支持對方發展振興，支持對方推行自主的內政方針」。就中國而言，熟悉中共語言的都知道，所謂「符合本國國情的發展道路」和「推行自主的內政方針」都是指堅持共產黨的獨裁制度而不容國人質疑和外部世界批評。俄羅斯方面，普京當政十幾年來，俄國已經從本已初步建立的民主憲政體制倒退回個人獨裁，民主架構形同虛設。在這個背景下，雙方要「相互支持」自然不足為怪。聲明甚至坦承「牢固的互信是中俄政治關係的本質屬性和最重要特徵」，這樣的界定在中俄與其他國家簽署的文件中似乎從未出現過。聲明還特意列出「支持中國共產黨同俄羅斯主要政黨保持機制化交往，交流治黨治國經驗，增進相互理解與信任，推動雙邊關係整體發展」。誰是「俄羅斯主要政

黨」？顯然指多年來一直執政的統一俄羅斯黨，而這個黨作為臭名昭著的「政權黨」不過是普京、麥德維傑夫輪流執政的白手套，難怪聲明乾脆稱雙方將「繼續在中共中央辦公廳、中央紀委監察部與俄總統辦公廳建立的交流合作機制下開展全面協作」，這是視俄羅斯多黨制如棄屣，連一塊遮羞布都不要了。

其次，實現雙方經濟戰略對接。聲明稱：雙方商定，將繼續發揮各自優勢，本著互惠互利、相互理解的原則，推動「一帶一路」建設（中方）與歐亞經濟聯盟（俄方）的戰略對接，致力於深化各領域務實合作，鞏固中俄關係持續發展的物質基礎。兩國要「積極構建能源戰略夥伴關係」、「推動落實兩國核領域戰略性合作項目」、「推動實施交通和基礎設施項目」、「探索科技合作新模式、新項目」、「在和平利用外層空間基礎上，加強中俄航天領域合作，落實火箭發動機、對地觀測、探月與深空探測、空間碎片監測等重點項目合作」、還要「增強網絡安全領域互信，加強網絡安全標準化、網絡安全人才培養、關鍵信息基礎設施保護等領域協作」。此外，要「加強雙方在『一帶一路』建設與歐亞經濟聯盟對接框架下的金融合作，建設長期、穩定、可持續的融資體系」，「運用中國東北地區和俄羅斯遠東及貝加爾地區政府間合作委員會、中國長江中上游地區和俄羅斯伏爾加河沿岸聯邦區地方合作理事會機制合作經驗，拓展地方合作範圍和領域」。還有北極，中俄將「支持雙方有關部門、科研機構和企

業在北極航道開發利用、聯合科學考察、能源資源勘探開發、極
地旅遊、生態保護等方面開展合作」。真可謂包羅萬象，全面而
廣泛。其中很多合作領域不僅具有經濟意義，而且具有重要戰略
意義，核心在為同盟提供強大而有力的「物質基礎」。

　　第三，在安全領域聯手，建立高水平的戰略互信與軍事合
作。「雙方指出，面對當前共同的安全風險和挑戰，基於兩國高
度的政治和戰略互信，雙方將繼續本著維護共同安全的目標，高
度重視並大力推進安全領域合作，合力應對傳統和非傳統安全威
脅挑戰，共同維護各自國家及地區和世界的和平安寧」。這裡特
別重要的是「加大政治安全領域相互支持，不允許任何勢力利
用本國領土從事反對對方的活動」並「維護各自國家的社會穩
定」。可以斷言，今後中國公民在中國互聯網上批評普京，將和
「妄議」習核心一樣成為不被允許的行為，中國互聯網的敏感詞
範圍將進一步擴大。此外，「發展軍事和軍技領域交流與合作，
加強軍事互信」也極其重要，亦早已成果累累。中國的尖端武器
有很多來自俄國或模仿俄國，包括近年引進的蘇-35戰鬥機。就
在筆者敲下這些文字時，中國的海軍艦艇編隊正在遙遠的波羅的
海參加2017中俄海上聯合軍演。雙方宣示要「推進兩軍現有合作
機制不斷深化，共同應對地區和全球安全威脅」。考慮到中俄均
是當今世界屈指可數的軍事大國，這個宣示的份量自不待言。

　　第四，發展「人文交流」，拓寬、拓深中俄合作的「民間

基礎」，聯合打造中俄「文化軟實力」。這可不是虛的，聲明中就明確列出要「繼續支持深圳北理莫斯科大學建設，為各領域務實合作聯合培養高層次專業人才」。筆者未曾聽說「深圳北理莫斯科大學」是何方神聖，網上一查才知這是由深圳市政府、莫斯科國立羅蒙諾索夫大學和北京理工大學在深圳合作舉辦的一所新學校，目的在引進俄羅斯的「優質教育資源」。就在中國全力封殺「西方教材」、嚴令「七不講」時，這所中俄合辦大學的開張極具象徵意義。難怪該校創辦得到兩國領導人的「親切關懷」，普京就曾親自聽取莫斯科大學校長對建校工作的彙報。中俄還要「共同推動在華俄語研究和在俄漢語研究，致力於在2020年前將兩國留學交流人員規模擴大到10萬人」。媒體方面，兩國要「舉辦媒體交流年」，以「加強兩國媒體新聞領域的合作」。的確，同為大外宣工具，中國中央電視臺（CCTV）、中國國際電視臺（CGTN）和今日俄羅斯電視臺（RT）之間有太多可以彼此交流、借鑒的心得與經驗。

第五，也是邪惡軸心形成更明顯的標誌，那就是中俄將「基於兩國發展和維護新型國家關係的共同經驗」，在國際場合協調彼此立場，用同一個聲音說話。這個話聽上去常常很動人，比如「中俄將以人類團結和共同利益為基礎，推動國際秩序朝著更加公正、合理的方向發展」，但它的潛臺詞是批評「西方」主導的國際秩序不公正、不合理、是「霸權主義」的。果然，聲明再次

重申「雙方呼籲國際社會尊重各國人民自主選擇本國政治制度和
發展道路的權利，尊重別國利益」。鑒於普京獨裁和中國黨國制
度的不合理早已昭然若揭，聲明要人們尊重的「利益」其實不是
中俄作為民族國家的利益，也不是中國和俄羅斯兩國民眾的利
益，而是中俄兩國獨裁者和統治集團的利益。

更充分地體現中俄兩國對外「一個聲音說話」的，乃是習近
平和普京同日簽署的另一份文件《中華人民共和國和俄羅斯聯邦
關於當前世界形勢和重大國際問題的聯合聲明》。這個文件洋洋
灑灑近6000字，從22個方面表述中俄對全球事務的共同立場。聲
明稱「當前國際體系正在朝著多極化演變，新興市場國家和發展
中國家崛起已成為不可阻擋的歷史潮流」，但「世界經濟增長總
體乏力，由發展不平衡、分配不公正等引發的各類矛盾也在不斷
積聚，經濟全球化進程遭遇逆風」，聲明特別強調「地區衝突頻
發，影響全球戰略穩定的消極因素正在世界各地增加，冷戰思維
和強權政治依然存在，恐怖主義、難民危機、重大傳染性疾病、
氣候變化等非傳統安全威脅持續蔓延」，而本著「共商、共建、
共享」原則，通過完善全球治理應對各類威脅與挑戰，推動互利
合作，構建以全人類團結和共同利益為基礎的國際關係，則是國
際社會的「必然選擇」。

話聽上去漂亮得很，可惜十分虛偽，甚至充滿謊言。在中
國國內，人們早已習慣「建設中國特色社會主義」一類大話、空

話、假話，知道它們和社會實際並不著邊，徒為黨國粉飾而已。同樣伎倆現在被用於外交場合，所謂「共商、共建、共享」云云，似乎中俄真的要出以公心，為全人類謀福利了，殊不知這樣的話出自普京和他所代表的俄羅斯之口，尤其顯得滑稽。俄國強佔克里米亞，和誰「商量」過呢？崛起的中共黨國也越來越霸氣，竟然稱關於南中國海的國際仲裁「廢紙一張」，又哪裡有一點「商量」餘地？聲明還打著維護主權和聯合國憲章的名義，「反對通過非法外部干預對任何國家實施政權更迭，反對違背國際法在域外適用國內法」，同時「反對將人權政治化，反對以人權為藉口干涉他國內政」。熟悉中共政治語言的都知道這些不過黨國拒絕人權批評的慣常套路，如今卻成了中俄聯合聲明的共同語言，反倒證明了習近平和普京所代表的政權果然「高度一致」。

在安全領域，這份文件繼續中俄兩國傳統立場，再次指責「某些國家以所謂導彈威脅為藉口，單方面發展並在歐洲和亞太地區部署反導系統，嚴重損害包括中俄在內的域內國家戰略安全利益，對國際和地區戰略平衡與安全穩定帶來消極影響，破壞各方為應對導彈及導彈技術擴散所作的多邊政治外交努力，中俄兩國對此強烈反對」。然而，恰恰在中俄聯合聲明發表的同一天，朝鮮金正恩政權宣布成功進行洲際彈道導彈發射試驗，可謂諷刺之至。事實上，正是由於中俄（尤其中共）多年來對北朝鮮政權

的支持、縱容，養虎成患，才造成今天這樣的局面。邪惡軸心，
此亦謂也。

不期然的、然而又是合乎邏輯的結果

二十年前，人們還無法想像中俄會像今天這樣走到一起。

中共和蘇俄曾經是盟友，那是共產革命旗幟下的聯盟關係，
這個關係早已解體。誠然，今天的中國仍然是黨國體制，俄羅斯
卻已經幾經變遷。1989年天安門鎮壓發生後，中國在政治上迅速
倒退，回到萬馬齊喑的政治高壓時代，同期的俄羅斯則在經歷戈
巴契夫（Mikhail Gorbachev，又譯戈爾巴喬夫）改革和葉爾欽的
民主化轉型，其勢頭一直延續到蘇聯解體後的整個九〇年代。中
共雖然在內部哀歎前蘇聯「紅旗落地」，指責「叛徒」戈巴契夫
葬送了蘇共、葉爾欽則是「兇惡的敵人」，但在國家關係層面上
維持與俄羅斯的正常國家關係。2001年，當時的中國國家主席江
澤民和俄羅斯總統普京簽署《中俄睦鄰友好合作條約》，條約稱
雙方將「根據互相尊重主權和領土完整、互不侵犯、互不干涉內
政、平等互利、和平共處的原則，長期全面地發展兩國睦鄰、友
好、合作和平等信任的戰略協作夥伴關係」，「締約雙方在其相
互關係中不使用武力或以武力相威脅，也不相互採取經濟及其他
施壓手段，彼此間的分歧將只能遵循《聯合國憲章》的規定及其

他公認的國際法原則和準則，以和平方式解決」，雙方「承諾互不首先使用核武器和互不將戰略核導彈瞄準對方」。條約特別強調「不針對任何第三國」。顯然，這時的中俄關係充其量是剛剛恢復正常狀態的鄰國、大國間關係，「戰略協作夥伴」云云並不具特殊意義，中國與許多其他國家建立了此類「夥伴關係」。

其後的這些年，中國迅速崛起。與美國和西方世界巨額的貿易交往、大筆的經濟買賣，並沒有改變中共視美國為意識形態敵人的事實，只是使這個事實隱蔽化而已。中共當政者一天也沒有停止對「自由化」的圍剿、對公民社會和反對派的壓制，習近平上臺後的這幾年尤其為甚。另一方面，俄羅斯掌權者普京雖非列寧主義者，也非自由主義信徒，卻是一個繼承了傳統沙俄帝國血脈的國家主義者。普京用十五年時間重演沙俄時代高度個人化的權力遊戲，當他受到國內公眾指責時，則施展克格勃時代訓練出的手段，包括恐怖暗殺，讓媒體和反對派閉嘴。在國內政治領域，對人權、自由、公民社會的蔑視和侵犯，是中俄兩國統治者共有的特點。也正因為如此，他們受到西方民主世界同樣的批評。這也是讓他們彼此視對方為同類，抱團取暖的原因。我們當然不應忽視中俄同盟關係形成的個人因素，習近平與普京都是政治強人，每年平均五次的見面頻率足以說明他們之間互相欣賞的程度。但這不是最重要的，雙方所代表的權力性質、由於這種性質所導致的各自內政外交政策、以及這些政策在國際場合受到的

類似批評才是促使他們走到一起的重要背景。

　　過去五年來，北京和莫斯科基於不同動機都在和美國進行全球博弈。習近平是要打破歐巴馬時代美國的「重返亞太」和「戰略圍堵」，拓展周邊，劍指西太、波斯灣、印度洋，實現紅色帝國的強勢崛起；普京是要抗拒北約東擴，捍衛俄羅斯在東南歐的傳統勢力範圍，並在中東（特別是敘利亞）與美國一決雌雄。雙方都把美國描繪為「挑釁者」，也自然把美國視為共同的戰略威脅。在地緣政治層面，雙方互為戰略後院，相互依託，漫長的中俄邊界非但不再是重兵集結之地，而且成了「友誼」的橋樑。俄國甚至容忍了中國在上海合作組織框架內對中亞各國日益加深的影響，這些地區本來是俄國傳統的勢力範圍。

　　總之，**正是在戰略層面對抗美國和以美國為代表的「西方」的共同需要，改變了中俄關係的性質，決定了習近平和普京一定要聯手。**

　　2016年6月25日雙方簽署、發表的「關於加強全球戰略穩定的聯合聲明」已經是中俄准同盟關係建立的標誌。該聲明指責「個別國家和軍事－政治同盟謀求在軍事和軍技領域獲得決定性優勢，以便在國際事務中毫無阻礙地通過使用或威脅使用武力來實現自身利益。他們公然無視各國安全不受減損的安全基本原則，企圖以犧牲他國安全換取自身安全」，這是對美國及其盟友不點名的、嚴厲的批評。未成想的是，在接下來的半年裡，美國

國內政治發生重大變化，川普當選新一任美國總統。這位商人出身的總統在競選期間就對普京頻頻示好，為了和俄羅斯合作消除恐怖主義威脅，川普甚至表示可以解除因俄吞併克里米亞美國對俄羅斯的制裁。然而，就在美俄關係有望緩和之際，川普和俄羅斯的關係是否「乾淨」卻成為美國政治的焦點。俄羅斯干預美國大選的肆無忌憚，川普本人的自私、無知加上愚蠢，都使得「通俄門」嫌疑越演越烈。普京自然希望川普當選，但他做得太過分了，反倒幫了倒忙，已經引起美國上上下下的高度警惕。暗自得意且在旁邊哂笑者則是北京，因為美俄若真的走近，對中南海絕非福音。北京一方面充分利用川普急於消除朝鮮核威脅的心理，迫使川普在貿易等問題上讓步（儘管習近平只是給川普開了張空頭支票，在逼迫北朝鮮棄核方面並無實質進展），一方面加強和俄羅斯的合作，把原來的准同盟關係發展為更加全面的戰略同盟關係。而普京眼見俄美緩和無望（至少在最近的將來），也只得在盯著川普的同時，勒緊和中國捆綁的繩子

這就是7月4日習-普兩個聯合聲明的實質。值得加上一句的是，在「關於當前世界形勢和重大國際問題的聯合聲明」中，北京支持俄國在敘利亞採取的軍事行動，強調阿薩德政權是「敘利亞合法政府」，「高度評價俄羅斯空天軍應敘利亞合法政府要求，為恢復敘利亞領土完整和國家主權開展的反恐行動」。在做出這樣的宣示時，北京似乎並不在乎一直與俄國角力的美國會有

何種反應。這是耐人尋味的。它告訴我們，**如今的中美俄三角關係，北京成了最長的那條邊，具有最充分的迴旋餘地和戰略主動性，這已經完全不同於40年前。**

新冷戰已經來臨？

是的，新冷戰已經來臨。但不像半個世紀前那場冷戰，鐵幕落下，對手清楚，陣線分明。

至少在表面上，中俄結盟並不否定、甚至提倡世界格局的「多極化」，中俄自己也沒有使用「結盟」這樣的用語，只是在強調在重大國際議題上中俄雙方會「對表」，從而結成事實上的同盟關係。

這個同盟也並不排斥經濟的多邊發展，比如，中俄建立緊密的經濟聯繫並不意味著中美要斷絕經濟往來。當今世界的複雜正在於此。甚至，俄國並不反對某種意義上的「中美共治」，只要此類「共治」沒有動搖中俄戰略利益的一致性。

從根本上講，新冷戰事關「原則」，中俄對世界的挑戰是專制主義、極權主義、強權政治原則對自由、民主、人權原則的挑戰，所以我們才稱之為「邪惡軸心」。然而，今天被挑戰的一方似乎顯得遲鈍，部分原因是挑戰者使用了玫瑰般的語言，它也把自己裝扮成世界和平、人類平等的守護者，從而具有迷惑性，讓

人難辨真假；部分原因是經濟的力量，特別是人民幣的力量（盧布在這方面就差遠了），中國經濟與歐美經濟的你中有我、我中有你，讓金錢成了中國獨裁者手中最得心應手的武器，它可以橫掃世界，讓各國政府臣服。畢竟，「原則」不像經濟或軍事，它可以悄無聲息地被修改，可以縮水，乃至被閹割，比如人權。近年來西方民主國家對中國惡劣的人權記錄越來越「克制」，甚至乾脆視而不見，就是證明。

當然，也要看到，中俄同盟並非鐵板一塊。由於歷史的、現實的、經濟的、地緣政治的種種原因，邪惡軸心內部也隱藏著矛盾乃至潛在的衝突。莫斯科賣尖端武器給印度、越南，北京當然不會高興。中國在歐洲走紅，與英法德各國搞得火熱，俄國內心也心存警惕。但它們都不至於影響中俄合作的大局。正如前文指出的，美俄緩和本來是川普當選美國新總統後雙方都願意走出的一步，從戰略層面講，這才是能影響三國戰略關係格局的重要之舉，從而是北京真正擔憂者，但「通俄門」調查阻止了普京和川普接近的腳步，也阻止、至少是延緩了美俄關係緩和的腳步。從這個意義上可以說，俄國人對美國大選的無恥干擾和破壞，卻收到鞏固中俄聯盟的意外功效。

就美國方面言，川普總統給世界製造的一系列麻煩，包括退出巴黎氣候協定，反全球化和貿易保護主義等，正在沖淡人們對中俄邪惡軸心已然形成所應有的警覺，反倒提供了機會

讓習近平的中國充當全球化和新世界規則制定的棋手。就此而言，川普成為美國總統乃是全世界的災難。沒有了美國領導和普世價值的所謂「多極化」，是否是對十九世紀叢林原則的默認和回歸？看來是這樣的。克里米亞已經是個證明。南中國海可能成為下一個證明。

第二次世界大戰臨近結束時，羅斯福總統曾寄希望於戰後世界的「四強共治」（美英蘇中），歷史已經證明了這位美國總統的幼稚。反倒是美國駐蘇外交官喬治·凱南（George Frost Kennan）那封「長電報」對世界的提醒，今天仍然令人難忘。在這個著名的「長電報」中，凱南分析了蘇俄當局的本質，指出斯大林治下的蘇聯把共產革命狂熱的意識形態和沙俄帝國的擴張本性融為一體，勢必對人類構成新的威脅，這才有了西方「遏制」政策的產生。當下的世界與70年前相比，又複雜了許多。面對披著玫瑰色光環卻又咄咄逼人、意欲顛覆普世價值從而給人類（包括中俄兩國人民）帶來災難的中俄統治集團的邪惡同盟，民主世界共同體做好應對準備了麼？

（本文作於2017年7月，以「鄭林」為筆名發表於《中國戰略分析》2017年第3期〈總第4期〉）

新極權、新冷戰、新叢林
——二十一世紀的中國與世界

　　提記：本文通過界定「新極權」、「新冷戰」、「新叢林」，對習近平掌權以來中國內政外交的變化及其對世界的影響作出總結。關於習近平新極權主義五個特徵的概括、關於「價值觀外交」和「中國模式」的討論構成本文的重點。作者強調，與專制相比，民主代表著社會進化水平的更高階梯，但紅色帝國的崛起意味著中國民主轉型仍然任重而道遠；致力於中國民主事業的人士應該有「功成不必在我」的胸襟和心態，方能腳踏實地，集跬步以成千里。對西方民主共同體而言，民主自身需要完善，尤其是在「新冷戰」、「新叢林」博弈中利益-價值觀雙重交織、充滿緊張的這樣一個時代。只有民主國家更好地處理了內部問題，克服政客的短視和人性的局限，讓民主變得更為堅實、合理，才能最終戰勝紅色帝國和其他專制強權的挑戰。

　　我們正在走進一個似曾相識、但又全然陌生的世界。「新極權、新冷戰、新叢林」當是對這個世界不錯的概括。就筆者個

人而言，這三個提法已分別出現於過去的若干文字或視頻節目中，[126] 本文試圖給出一個綜合性檢視。

從價值層面講，「三新」世界絕非人類福音；但作為事實判斷，我們又無可回避。特別是，**「三新」命題是從中國引出的，由中國國內政治的「新極權」定義，引申出中共黨國與美國為代表的世界民主共同體的「新冷戰」格局，再到與「新冷戰」並存的「新叢林」世界的出現，這個敘述邏輯本身就凸顯了崛起中的中共紅色帝國在當代世界中的「明星」角色。它只是顆轉瞬即逝的流星麼？還是說，它真的在利用人性的醜惡而構成對當代文明成果的嚴肅挑戰？**俄羅斯的倒退、美國改造伊斯蘭部族世界和其他落後地區的失敗、以及西方民主自身遭遇的問題是否給了中共以機會，從而強化了紅色帝國這一挑戰的

---

[126] 早在2013年11月，筆者已在《一個紅色帝國的崛起？——從中共十八大到十八屆三中全會》一文中使用了「新極權時代」概念；2014年6月，筆者在明鏡中國研究院的一次學術討論會上提出：中共十八大以來的內政外交新格局，其根本特徵就是對內的新極權主義和對外的新冷戰，以「和平崛起」形式出現的新冷戰；2016年12月，筆者作《重回叢林時代：川普當選後世界格局的可能演變》，分析了21世紀「新霍布斯時代」出現的可能；2017年12月至2018年2月，筆者應《歷史明鏡》主持人高伐林先生的邀請，連續做了4期關於「新冷戰」的視頻節目；2018年4月至5月，筆者借助博訊網站張傑先生主持的「博聞焦點」和《美國之音》的「時事大家談」節目，開始把「新極權、新冷戰、新叢林」作為一組概念提出並進行論證；2018年6月，筆者接受香港《立場》記者2小時專訪，更加詳細地闡釋「21世紀中國與新冷戰、新極權、新叢林」。

力度？本文亦將進行探討。

　　當然，紅色帝國並非全無**軟肋**。它的得勢藉助了這個世界提供的很多**偶然**，它的衰敗卻植根於自身機體內部的原發病灶，只要這個機體不改變，病灶的擴展、癌化就是**必然**的，它早晚會要紅色帝國的命。在這個意義上，我們仍然可以對人類的未來抱有信心。

　　現在，我們就從界定一些基本概念做起。

新極權與老極權

　　如果說習近平政權代表二十一世紀中共黨國政體之「新極權」，那麼「老極權」則是指毛澤東時代的黨國建構和政策構成。

　　嚴格地講，按照中共黨國政權建構和不同時期內政外交的政策特點及其演化邏輯，我們可以區分出黨國體制的以下四種不同類型：

一、**經典極權主義**：指1949年中共建政時建立的國家體制，它大體符合國際學界對斯大林式黨國極權主義的一般描述，包括單一執政黨、列寧主義意識形態、對經濟的國家控制、壟斷大眾媒體、實施政治恐怖、消滅或幾乎消滅全部私人空間。1949年到1953年的「新民主主義」

在經濟形態和政治形態上仍帶有某種過渡性；[127]1954年
第一部《中華人民共和國憲法》公佈、1956年中國進入
「社會主義時代」，[128]則標誌著斯大林式黨國極權主義
在中國正式就位。外交方面，當時的中國與蘇聯處於蜜
月狀態，是冷戰中對抗「帝國主義」的「同一戰壕的戰
友」。

二、**動員式極權主義**：特指毛澤東從1958年大躍進開始、而
在文化大革命期間達到極端的升級版極權主義。毛澤
東不滿意斯大林主義的官僚社會主義品性，擔憂等級
化、幹部特權化消磨革命理念、敗壞黨的肌體、使黨成
為「資產階級糖衣炮彈」的俘虜。毛甚至認為從中央到
地方，三分之一以上的領導崗位已經被蛻化變質分子和
「資產階級野心家」所篡奪，[129]所以要發動群眾從底層
「造反」，重構「無產階級權力結構」。為了「鬥私批
修」、澈底剷除「修正主義根子」，毛批判「物質刺
激」、「獎金掛帥」，限制「資產階級法權」，大力推

---

[127] 按照中共社會發展藍圖，「新民主主義」和「社會主義」代表兩個不同
發展階段，前者是初級的、帶有過渡特徵，經濟領域仍然保留私人資
本，政治領域鼓勵「民主黨派」參政。

[128] 中國大陸在1956年完成對農業、手工業和資本主義工商業的「社會主義
改造」，標誌著中國進入「社會主義時代」。

[129] 毛在發動文革前的1963年到1965年多次有此表述。

行烏托邦社會改造工程，試圖向經濟行為中人性的自私性宣戰。[130]這些亦構成1960年代中蘇論戰的主題。所以，**動員式極權主義，毛澤東獨享發明權**。毛的狂妄、深刻、執拗、悖謬是文革墓誌銘的不同表達，也從使動者一方註定了文革的悲劇屬性。外交方面，毛曾極力推行世界革命，與赫魯曉夫爭奪國際共產主義運動的領導權，只是當中蘇國家關係惡化、乃至有爆發戰爭的危險時，毛才不得已同昔日的宿敵美國重新握手。

三、**黨國威權主義**：本文把鄧小平和鄧後時期（包括江澤民、胡錦濤主政期）的政治架構和政策導向稱為黨國威權主義，特點是延續性的一黨政治壟斷和被重新承認的、有限的市場經濟的結合。對文革教訓的汲取、重塑黨的合法性的需要、改變中國落後狀態的急切需求，迫使鄧小平時代的中國打開國門、對外開放。中國的高層政治權力結構也發生了微妙變化，從毛澤東的個人獨裁演變為鄧小平時代的元老政治，再演變為江、胡時期的「集體領導」甚至「九龍治水」，[131]中央權威逐次弱

---

[130] 這個問題的更詳細討論，參見拙作《權力語境內認知邏輯和利益邏輯的雙重嬗變：也談改革開放30年》，載拙著《解構與建設：中國民主轉型縱橫談》，香港，晨鐘書局2009年版，頁95～142。

[131] 「九龍治水」是對胡錦濤當政時期中共中央政治局9位常委各管一段、最高當權者缺乏權威的形象比喻。

化。黨國威權主義在經濟領域的重要後果是權貴資本的
產生、膨脹和極度氾濫，這是權力壟斷與經濟自由化並
行的必然結果，一定意義上，它反諷性地證明了毛澤東
的先見之明。外交方面，鄧為中國確定的國策是「韜光
養晦、決不當頭」，[132]這種低調反映了鄧的智慧，也保
證了鄧及鄧後時代中國的悄然崛起。

四、**新極權主義**：這是筆者對習近平當政以來中國政治演變
的特有指稱。如果說經典極權主義代表著中共建政後馬
克思主義意識形態、列寧主義國家建構和斯大林主義暴
力控制的**起點**；毛澤東動員式極權主義用更極端的形式
既要繼承、又要打碎中國從斯大林那裡學到的東西，從
而構成獨屬於中共黨國極權主義歷史特質的發展**高峰**；
鄧和鄧後威權主義是對毛時代的反動，帶有收拾殘局、
自我調整、偃旗息鼓、低調行事的屬性，就此進入黨國
歷史的**波谷**；那麼習近平的新極權主義則是歷史曲線的
又一次**偏轉**和**回復**，習繼承了毛、鄧時代一切有利於黨
國延續的制度構造和精神遺產，試圖扭轉黨國的精神頹

---

[132] 這個決策的背景是1989年到1991年蘇東劇變和1991年蘇聯解體。鄧在多
個場合強調要「冷靜觀察」、「穩住陣腳」、「沉著應付」、「韜光
養晦」、「善於守拙」、「決不當頭」，同時也講要「有所作為」。
見人民網2012年10月28日相關報導，連結http://theory.people.com.cn/
n/2012/1028/c350803-19412863.html。

敗趨勢，實現「黨國中興」，打造一個更加「完美」的
現代獨裁體制。外交上，習一反鄧的老成和低調，以紅
色帝國之新面目，強勢步入世界舞臺。全球新冷戰、新
叢林格局的出現，都與這一變化相關。
　　下一小節，是對習近平新極權主義的更詳盡的考察。

習近平新極權主義的五個特徵

　　首先，**習式新極權主義高揚民族主義大旗，訴諸「中國
夢」，標誌著中共合法性又一次悄然轉換的最終完成**。中共政權
的合法性本來是建立在1949年「中國革命」成功的敘事基礎上，
體現列寧主義和共產革命的邏輯。這個邏輯，由於文革失敗而遭
到深刻動搖。自毛澤東去世以來，中共發生過三次合法性轉換：
第一次，文革後的改革開放，用「發展才是硬道理」取代「階級
鬥爭為綱」；第二次，「六四」後的GDP戰略，用經濟績效挽回
天安門鎮壓中失去的民心；第三次，崛起後的「走向復興」，用
民族主義而非革命敘事解釋黨的傳統和黨的「偉業」。最後這個
轉換並非始於習近平，早在胡錦濤執政中後期，隨著中國經濟
上的崛起，「大國」、「復興」話題已不絕於耳。[133]但真正充分

[133] 2006年電視政論片《大國崛起》播出，縱論西、荷、英、法、美、俄各
國崛起歷程，令人印象深刻。次年，中央電視臺推出另一部政論片《復

利用這個「勢」而將其推向極致的是習近平，習的雄心和胡錦濤個人的弱勢乃至「缺乏擔當」恰成對比。[134]據說毛使中國「站了起來」，鄧使中國「富了起來」，習的使命則是讓中國「強起來」。**這個三段論本身已是典型的黨國民族主義敘事結構和話語表達，而迥異於當年毛澤東的階級鬥爭與世界革命邏輯。**甚至，中國傳統文化也被新極權主義派上用場。當下黨國的宣傳語言中，「三個自信」已經變成「四個自信」，除「理論自信」、「道路自信」、「制度自信」以外，又加上「文化自信」——儘管鼓吹「自信」，恰恰意味著自己的**不自信**。毛當年橫掃「四舊」，[135]說明他不需要從傳統文化那裡尋找支持；習今天動輒宣示中共是中國5000年文明的繼承者，無非是要給黨國的「民族復興」邏輯再添一圈光環。然不能不說，有「百年國恥」的背景，[136]有當今中國崛起和經濟上的成功，這套民族主義、新國家

興之路》，直接以中國「崛起」為主題。

[134] 紅二代中的一些人對胡錦濤「不作為」、「擊鼓傳花」多有批評。參見拙著《改變中國：六四以來的中國政治思潮》第12章第3節「『擊鼓傳花』說代表了一批紅二代的不滿」，香港，溯源書社2015年版，頁270～274。

[135] 文革中有「破四舊」口號，「四舊」指中國的「舊思想」、「舊文化」、「舊風俗」、「舊習慣」。

[136] 關於「百年國恥」，要區分其真實的一面和黨國渲染的一面。1840年鴉片戰爭以來，中國國勢走衰，傳統文明遭遇西方文明強烈衝擊，被迫簽署的一系列條約確有不平等內容，在這個意義上說「百年國恥」不無道理，這個提法也曾激勵無數中國青年為國家自強而奮鬥。但1949年後中

主義的語言，在中國受眾那裡，還是蠻有蠱惑力的。

　　其次，習重新回到個人獨裁，且青出於藍而勝於藍，這是習近平新極權主義構成中頗具個人特色的部分。誠如前述，鄧以後的中共高層政治呈現中央權威弱化的趨勢，按照極權主義權力邏輯，這本來是共產黨高層權力掌控的非典型現象，體現極權主義和後極權主義（黨國威權主義）之間的「鐘擺式」搖動。如果沒有體制內部的分化和民主轉型的發生，體制向極權主義方向重新「擺回」是完全可能的，畢竟一人獨裁才是黨國極權主義最經典的形式。但習近平的回擺方式、速度、力度、乃至規模仍然令人意外。習不但繼江澤民之後再次獲得「核心」稱號；[137]而且在中共十九大的新常委班子裡不再安排接班人，從而事實上廢掉鄧時代確立的黨的總書記任職不超過兩屆的規矩；[138]習甚至通過修憲，在2018年「兩會」上正式廢除國家主席的任期限制。[139]這個

共把「百年國恥」當作渲染中國共產革命或「民族復興」的背景之一，刻意回避鴉片戰爭到第二次條約體系建立過程中中國自身的種種內弊，「百年國恥」成了統治者操作的意識形態口號。迄今此類問題仍存。

[137] 2016年10月召開的中共十八屆六中全會首次提出「以習近平同志為核心的黨中央」，是為「習核心」正式亮相之開始。

[138] 十九大新常委7人都是1950年代生人，最年輕者趙樂際1957年出生，習本人1953年出生。而按照慣例，十九大常委班子本應有和習近平相差10歲以上的人，才是接班機制的正常體現。

[139] 從2017年9月29日中共啟動憲法修改工作，到2018年2月25日新華社授權播發《中國共產黨中央委員會關於修改憲法部分內容的建議》，到2018年3月11日第十三屆全國人大代表「投票表決通過」該憲法修正案草案，整

「三級跳」令人瞠目結舌，它不但顛覆了鄧時代中共政治改革僅有的一點正面成果，而且再次證明憲法不過黨權手中的玩偶和遮羞布。部分出於上位前的經歷難以服眾的擔憂，部分出於掌控權力的現實需要，習縱容、鼓勵對自己的個人崇拜，以致短短數年間，中國新的頌聖文化竟再達巔峰，讓人慨歎文革殷鑒不遠，新一代奴才又在成批複製之中。[140]習的個人獨裁同樣體現在十九大政治局的人事安排上：25名政治局成員竟然有半數以上乃習的舊部、跟班、甚或抬轎者，其中有些人屬於典型的「火箭式提升」。[141]即便按照共產黨自己的組織人事原則，十九大「習家

個過程可謂神祕且神速。

[140] 這方面的例證舉不勝舉。看看今天的中國官媒，包括新華社網站、中央電視臺、人民日報，你會驚歎似乎中國已經回到文革頌聖年代，習近平當年插隊的陝西農村梁家河，如今竟成了新的「聖地」。而在媒體一線工作的記者、編輯、編導大多40歲以下，完全沒有經歷過文革。可見專制條件下奴才基因的代際複製是多麼可怕。

[141] 十九屆政治局委員中，丁薛祥、李強、黃坤明、李希等皆為十八屆後補中委，現在跨過中委門欄直接進入政治局；蔡奇甚至連十八屆後補中委都不是，連升三級，屬「火箭」提拔；栗戰書是十九屆政治局常委，十八屆政治局委員，但十七屆僅是後補中委，當時也是破格進入政治局。再看看這些人的履歷，稱之「習家軍」一點不過分：栗戰書早年擔任河北無極縣委書記，和其時在正定工作的習是老相識；丁薛祥是習的老部下，習2007年主政上海時，薛是上海市委常委、祕書長；李強情況也很相似，習2002～2006主政浙江時，李任浙江省委祕書長；陳敏爾亦是習主政浙江時的舊部，擔任浙江省委宣傳部長；黃坤明、蔡奇則既在福建、又在浙江任職過，而且都是習在當地主政時期；再加上李鴻忠、劉鶴、陳全國、王晨等親信、左棍或拍馬抬轎者，這些人至少構成十九

軍」的出現也完全是違規、出格之舉。但，這又算得了什麼？習近平的名字已經被冠以「新時代中國特色社會主義思想」的頭銜而超越鄧、直逼毛，相應地，習的「治國理政思想」、「經濟建設思想」、「軍事思想」、「外交思想」等等都已成為全黨全軍全國人民必須頂禮膜拜的對象。荒唐麼？當然荒唐，但這就是活生生的現實。

習式新極權主義的第三個特徵同樣極富個人性，儘管不無爭議，那就是習的個人認知層面似乎有某種馬列毛原教旨成分，使其在拒絕普世價值時更加堅決、鎮壓異議聲音也更加嚴厲，且缺少負罪感。說習「原教旨」不意味著他讀過多少馬列原著，在這方面他不能和也是紅二代的張木生等人相比。[142]但習大概和很多紅二代相似，青年時代就深信紅色歷史，奉毛澤東為他們的共同教父，哪怕在文革中他們的父母經歷過迫害。按照他們的邏輯，被迫害也是黨的人，何況最終得到黨的重新認可和使用。習從梁家河農村返回北京、作為工農兵學員在清華完成學業，馬上就

大政治局的半壁江山。而許其亮、楊潔篪則是深得習信任的軍界和外交界人物。

[142] 張木生，原中國稅務雜誌社社長，紅二代代表人物之一，青年時熟讀馬列，2011年出版《改造我們的文化歷史觀》一書，主張重回「新民主主義」，影響很大。

任職耿飆祕書、[143]又在老爹安排下到河北正定「鍛鍊」、[144]繼而「孔雀東南飛」在福建進一步奠定從政基礎，哪一步不是托紅色基因之庇佑呢？在這個意義上，習的原教旨，既有認知成分，又是本能，同時富含現實政治層面的實用主義考量。習作為「少東家」不同於江、胡之類「守攤者」，這使他的執政行為多了一份責任（對紅色江山的責任），少了一分敷衍；多了一份率直，少了一分表演。評價蘇東劇變，一句「竟無一人是男兒」盡顯「紅色接班人」本色，[145]甚至充滿站在道德高地的自詡、自欺。「不忘初心」，大概也可以作如此解。習上任之初，很多自由派人士抱有期待，至今，人們對習近平仍有截然不同的判斷。[146]其實，

---

[143] 耿飆與習近平的父親習仲勳早在紅軍時代就建立了良好關係。習1979年到耿身邊工作時，耿剛剛離任國務院副總理，調任中央軍委祕書長。當時習26歲。

[144] 1982年習到河北正定「鍛煉」、任職縣委副書記也是習仲勳的安排，後來因當時的河北省委書記高揚不滿意這種幹部「空降」做法、不買習仲勳的眼，老習又托人把小習調到福建，從1985年始任職廈門市委常委、副市長，後在福建繼續高升。

[145] 據《亞洲週刊》2013年3月報導，習近平在當月「兩會」期間曾對新任中共中央委員、後補委員談到蘇聯解體的情況，他說「葉利欽在坦克上發表講話，軍隊完全無動於衷，保持所謂中立。最後戈巴契夫輕輕一句話，宣佈蘇聯共產黨解散，偌大一個黨就沒了。按照黨員比例，蘇共超越我們，但竟無一人是男兒，沒什麼人出來抗爭。」

[146] 習剛上臺時，人們並不瞭解他，自由知識界對習充滿期待的主要根據是他有一個較為開明的老爸。而今，絕大部分自由派人士早已放棄這種期待。仍然在「挺習」的人則出於各種原因，有的已經轉變立場，從泛自由派轉向更靠近官方的新權威主義；有的是出於對民主運動乃至中國國

稱習是保衛祖業的「少東家」應該是對他比較準確的定位，但正因為如此，習政權比江、胡時代更左、更倒退、更危險。

第四，習近平新極權主義同時繼承毛、鄧一切有利於黨國統治的東西，在打造「完美獨裁」方面充分汲取前人經驗和教訓，可謂精准發力，更上一層樓。不少人批習「重回文革」，自然沒有冤枉他，因為「習皇帝」縱容媒體對他的歌功頌德，大有文革之風，確實到了恬不知恥的程度。但說習從毛而棄鄧，卻是對習的嚴重誤讀。習固然在許多方面刻意模仿毛（包括「新古田會議」、「新延安文藝座談會」之類[147]），但習不可能重新回到計畫經濟年代、不可能再次否定市場原則、不可能再搞毛時代的人性改造和經濟烏托邦工程，在這個意義上，習又不可能真的回到文革。習也沒有當年毛的勇氣，靠動員底層造反來整治貪腐和「走資本主義道路的當權派」，而寧願靠他的「東西廠」──紀檢機構和巡視隊伍。習真正從毛那裡接收的，是黨國江山的創始牌位，是定於一尊的「太祖」傳統，是「黨權高於一切」的祖傳

民性的絕望而寄希望於「黨內民主」，習則成了這種希望的投射對象。

[147] 1929年紅軍召開「古田會議」，中共黨史給予很高地位。2014年10月30日中共全軍政治工作會議在福建古田召開，被稱為「新古田會議」，習本人到會並講話。此前半個月的10月15日，習在北京親自主持召開「文藝工作座談會」，又令人聯想起1942年毛在延安召開的「文藝座談會」。在這兩個場合，習的講話都在刻意模仿毛、追隨毛，比如強調軍隊政治工作的重要，強調文藝要「為人民」，等等，儘管時代背景已全然不同。

祕籍，是無論何時都要握在手中的專政利器。但他不會再搞毛式折騰，也不會再用「階級鬥爭」去衝擊經濟。在這方面，習要繼續效法鄧小平。習甚至高調宣稱要「依法治國」、實現「國家治理能力的現代化」。2014年10月中共十八屆四中全會通過《關於全面推進依法治國重大問題的決定》，習一方面堅稱「全面推進依法治國這件大事能不能辦好，最關鍵的是方向是不是正確、政治保證是不是堅強有力」，「黨的領導是中國特色社會主義最本質的特徵，是社會主義法治最根本的保證」，另一方面又對所謂「科學立法、嚴格執法、公正司法、全民守法」做出「全面部署」。[148]文件的「技術性」條文，主要圍繞如何建構「法治政府」的具體舉措展開，比如要「推進機構、職能、權限、程序、責任法定化，規定行政機關不得法外設定權力，沒有法律法規依據不得作出減損公民、法人和其他組織合法權益或者增加其義務的決定；推行政府權力清單制度，堅決消除權力設租尋租空間」等等。習也談到要「探索設立跨行政區劃的人民法院和人民檢察院，這有利於排除對審判工作和檢察工作的干擾、保障法院和檢察院依法獨立公正行使審判權和檢察權，有利於構建普通案件在行政區劃法院審理、特殊案件在跨行政區劃法院審理的訴訟格

---

[148] 見習近平《關於「中共中央關於全面推進依法治國若干重大問題的決定」的說明》，新華網2014年10月28日，連結http://www.xinhuanet.com/politics/2014-10/28/c_1113015372_3.htm。

局」。[149]諸如此類，還有很多。能說這些具體舉措全無意義麼？當然不能。習中央在推進「法治」上似乎是認真的，絕非裝裝樣子而已。但其最終目標仍然是鞏固政權則確定無疑。誰對黨的權威構成威脅，照樣整你沒商量，而且一定用「法治」的名義![150]總之，習深得鄧「兩手都要硬」的精髓，可謂又一個「青出於藍而勝於藍」。

最後，第五個特徵，**習近平新極權主義創造了黨國內政與外交相互支撐的新模式，對內實現「黨國中興」，對外催動紅色帝國崛起**。習式「大國外交」一改鄧的「韜光養晦」，充滿戰略主動性、進攻性，要堂堂步入「世界舞臺中央」，更自覺地實現黨國政體與民族國家的捆綁，以美國為戰略對手，試圖挑戰人權、民主原則和自由主義國際秩序，但其公開聲稱者不再是「世界革命」，而是打造「人類命運共同體」。新冷戰的序幕正是這樣打開的。我們馬上進入這個論題。

---

[149] 同前註。

[150] 黨國越來越重視司法的「程序性」，至少在形式上。對薄熙來等官員的審判就是如此。甚至對異議人士的審判也在咬文爵字地搬弄「法條」。當然，這並不排除在必要的時候，政府會讓某人「突然消失」或實施「跨境抓捕」，卻不走任何法律程序。這種黑社會式的法西斯手段成了形式化「法治」的重要補充，以震懾黨國認為需要震懾的人或力量。

新冷戰與冷戰

冷戰，人們記憶猶新。二戰結束不久的1946年，丘吉爾訪問美國小城富爾頓時發表著名演講創「鐵幕」說，對蘇聯共產主義擴張敲響警鐘。從那時起直到1991年蘇聯解體，這個世界的主軸是東西方之間的「冷戰」，其特點是：

一、**以意識形態劃界，營壘清晰，陣線分明**。東方共產黨集團稱冷戰為「社會主義與資本主義的對決」，西方自由世界則把它看作民主與極權的對壘（後中蘇分裂、中美重新握手，但並未影響兩大陣營對峙的基本格局，原因不但在於中國在當時的世界中份量還不夠重，更在於即便毛澤東實施「聯美制蘇」大戰略，也從未改變中共國家政權的意識形態屬性，美中之間除了聯手一面，仍有對立一面）。

二、**兩大軍事集團（北大西洋公約組織和華沙條約組織）對峙**，各自抱團取暖，相互威脅。

三、**經濟上幾乎互不往來**（美蘇兩國間很少貿易，1971年以前，美國亦對中國長期實施貿易限制）。

四、**局部衝突不斷，甚至發生戰爭**。兩次柏林危機（1948、1961）、古巴導彈危機（1962）均是冷戰期間東西方衝

突的典型場景；1950年代的韓戰和1960年代的越戰則是
冷戰年代最著名的長時間大規模軍事對抗。

1991年蘇聯解體，冷戰結束，世界進入後冷戰時代，大約持
續了二十年。人們曾以為以意識形態鬥爭為標杆的大國博弈已成
歷史，西方在與共產極權體制的鬥爭中獲得完全勝利。然而，
就在西方沾沾自喜於「歷史的終結」時，[151]中國卻在悄然崛起。
2007年中國超過德國成為世界第三大經濟體；2010年中國又超日
本，穩居世界第二大經濟體的寶座。在這個基礎上，2012年上臺
的習近平提出「中國夢」並迅速將之解釋為「強國夢」，紅色帝
國引擎發動，此乃中美「新冷戰」的**真正開端**。

那麼，為什麼叫「新冷戰」？

不少人喜歡用「修昔底德陷阱」（Thucydides Trap）解釋今
日中美大國博弈，似乎中國只是在以「新興大國」的身分挑戰美
國這個「傳統大國」，其實它只說對了問題的一半，還是非實質
性的那一半。**中國是中共作為黨國政體與中國作為民族國家的捆
綁體，中共的政權性質和意識形態屬性決定了它勢必視美國這樣
的民主國家為敵人。這一點，毛澤東時代如此，鄧小平及鄧後時**

---

[151] 1992年，美國學者弗朗西斯·福山（Francis Fukuyama）發表《歷史的終結
及最後的人》（*The End of History and the Last Man*）一書，斷言冷戰結束
後，自由民主體制將成為人類政府的最終形式。

代如此，今天的習時代仍然如此。我們也可以說，前蘇聯解體後，中共從未退出冷戰，但也不敢宣布新的冷戰，因為它還要靠美國的幫助發展經濟。就此而言，鄧的「韜光養晦」實乃無奈之舉，畢竟保政權是第一要務。今天的習不一樣了，習政權似乎有了更大的雄心實現「黨國中興」，也有了更大的底氣向美國叫板。**這個「叫板」本質上是一個重新煥發活力的現代極權主義政體對民主體制的挑戰，一如當年斯大林的紅色蘇聯對自由世界的挑戰。這是新冷戰與傳統冷戰性質上共有的、一脈象承的地方。** 但，新冷戰又不同於傳統冷戰。這不但是說，今天挑戰的一方已經「換將」，中國在新冷戰中已經在唱主角而非配角，更在於新冷戰表現出許多新特點，而迥異於三十年前那場舊冷戰：

一、不像傳統冷戰旗號明確、陣線分明，新冷戰在外觀上是灰色的甚至玫瑰色的，挑戰者一方雖內心仍然認定「西方亡我之心不死」，但不會再以世界革命為號召（「埋葬帝修反」之類）。北京的長遠戰略目標仍然是戰勝美國，[152]而作為策略，表面上卻一直在強調「不衝突」、

---

[152] 這裡需要做一個說明。有些美國學者認為北京早就有一個最終戰勝美國的「計劃」，比如白邦瑞（Michael Pillsbury）2015年出版的著作《百年馬拉松：中國稱霸全球的祕密戰略》（The Hundred-year Marathon: China's Secret Strategy to Replace America as the Global Superpower）就持此說。但此說法有一個缺點：所謂戰勝美國的「計劃」並不是事先設計好且一以貫之的。毛澤東曾經想戰勝美國，但那是1950年代國際共運處於高潮的時

「不對抗」，甚至用**去意識形態語言**大談「建立中美新型大國關係」；即便批評美國（比如在南中國海場合），標準用詞亦是「霸權主義」而非「帝國主義」，以凸顯衝突的民族國家性質而非意識形態性質；面對西方的人權指責，北京反說這是「冷戰思維」，「用過時的冷戰眼光看待中國」——儘管真正堅持冷戰思維的恰恰是黨國自己，只不過採取了更為狡猾、隱晦的形式。

二、**挑戰者一方抱團的形式和性質發生重大變化**。今日北京的主要盟友是俄國，但中俄並非意識形態上的同類，這與過去那場冷戰截然不同。俄之對抗美國出於傳統因素（大國地位、地緣政治、俄羅斯沙文主義、還有普京的個人統治），北京則基於黨國政權性質和全球戰略的需要。中俄利益亦有很多潛在衝突點，只是因為有美國這個共同敵人才形成對抗普世價值的「邪惡軸心」。

候，後來中蘇分裂、中美聯手，中美關係發生巨大變化，毛的首要戰略目標是戰勝蘇聯而不是美國。改革開放年代的中國一方面經濟上求助於美國，另方面仍視美國為意識形態上的敵手，但中共能做的僅限於防禦性自保，其戰略設計也不再以「戰勝」美國為優先，而強調「和平外交」。只是到習近平紅色帝國崛起時期，才似乎有了和美國分庭抗禮的本錢，並重燃「戰勝美國」的熱望。《百年馬拉松》還有一個缺點，就是把「百年馬拉松」解釋為「中國鷹派」鼓動領導人做出的計劃，其實這是不準確的。中共之對抗美國出於其政權性質和意識形態的需要，並非僅僅由於「鷹派」的鼓動。

三、**經濟上聯繫緊密，甚至到了水乳不分、難辨你我的程度。**中美之間的年貿易量高達6000億美元，中美之間的相互投資同樣數量驚人。[153]這構成新冷戰的又一重要背景，甚或其本身就是新冷戰的特點之一。根本上說，這種情況所以產生是由於紅色帝國自身的二元結構（政治極權+經濟開放），也由於後冷戰年代中國經濟已深深融入世界。但這個特點恰恰有利於新冷戰中挑戰的一方：資本家要賺錢，華盛頓的政客要選票，這給了北京太多的機會去影響美國政治，而這在冷戰年代絕難想像。

四、**新冷戰中的衝突帶有更為隱蔽、更技術化、更悄無聲息、也更無孔不入的特點，包括網絡間諜、黑客攻擊、治理模式輸出、文化軟實力滲透，如此等等。而新冷戰中有可能發展為「熱戰」的衝突，則無不以民族國家的名義出現**，比如南海問題、東海釣魚島問題、臺灣問題，在所有這些場合，黨國政權利益其實都是北京決策的主要依據，但它們卻都隱匿於「民族復興」鮮亮的招牌之後。

---

[153] 有報導稱，1990年到2015年，美國對華直接投資累計達2280億美元，同期中國對美直接投資達640億美元。見新華社2016年11月17日《中國對美直接投資歷史上首次超過美對華投資》，連結http://www.xinhuanet.com/world/2016-11/17/c_1119936063.htm。

「價值觀外交」與「中國模式」

明瞭了新冷戰的如上特點後，我們要對紅色帝國外交中的兩個重大問題進行深一步討論。這兩個問題是：紅色帝國有自己的「價值觀外交」嗎？如何理解「中國模式」對當今世界的含義？它是否真的對現存國際秩序構成挑戰、甚至改寫人類歷史？

所謂「價值觀外交」，指國家行為體在設計外交政策、推動外交行動時體現的價值原則和行動願景。 比如，冷戰時對峙雙方都有明確的價值追求和行動指南，都符合上述「價值觀外交」的定義：蘇聯、中國是要推動世界革命和國際共產主義運動（儘管中蘇兩黨對何為國際共運的「總路線」理解各異、爭吵不休），美國及其盟友則是要遏制共產主義擴張，在全世界推進自由和民主。冷戰後，美國的「價值觀外交」仍在延續，雖然其場景、目標和國內政治背景發生了變化。[154] 相比較而言，中國在冷戰後相當長一段時間內是否還有「價值觀外交」似乎是一個被質疑的問題，因為中共不再像冷戰年代那樣要「推動世界革命」，也不再

---

[154] 冷戰後美國價值觀外交的延續主要表現為維護全球化秩序、對人道主義災難地區實施救助或干預、出於反恐需要打擊西亞中東的獨裁政權、支持中歐中東地區的顏色革命等。這些政策總的說獲得美國民眾的支持；但阿富汗、伊拉克戰後重建遭遇挫折，在美國國內引起巨大爭議，美國公眾也不再希望犧牲自己子弟的生命去解決那些遙遠地區的問題。

像毛澤東那樣有清晰的意識形態綱領。中國似乎就是在「摸著石頭過河」，專注內部事務，一切以發展經濟為要，變成了赤裸裸的實用主義者。

這樣解讀北京當然過分簡單了。**事實上，黨國從來沒有放鬆過意識形態，無論內政還是外交。只不過人家使用了更複雜、也更巧妙的語言，不太容易識破而已**。熟悉中共運作的人都知道，中南海至少有兩套不同語言分別用於「對內」和「對外」。對內（所有可以聽內部傳達的「自己人」）自然還是「西方敵對勢力與我搗亂妄圖顛覆」那一套，不再贅述；對外（包括對中國公眾和外國媒體）則有一套精巧別致、精心推敲的話語系統，分別用於描述己方和對手。比如，北京公開批評美國的標準語言是「霸權主義」，這個詞有時會引起美國人的誤解，以為北京真的是在該詞的字面意義上指責美國。[155]其實不然。就起源而言，「霸權主義」作為中共外交用語最早出現於毛澤東的「三個世界理論」，在那裡，「霸權主義」代替「帝國主義」成了中共指斥蘇美兩個超級大國（所謂「第一世界」）的標準用語，強調的重點是「南北對立」（不發達世界與發達世界之間的衝突），而非過去的「東西對立」（社會主義與資本主義之間的鬥爭），以服務

---

[155] 2002年美國「美中經濟及安全檢視委員會」就在其報告中這樣理解中國人所說的「霸權」，見白邦瑞《百年馬拉松》，臺北，麥田出版公司2015年中文版，頁171。

於毛澤東聯美制蘇大戰略的需要。鄧及鄧後時代直到今天的習繼續沿用「霸權主義」這個詞，除了保留原有的某些考量或宣示外（如中國仍然是「第三世界」的「一部分」且是第三世界國家最可靠的支持者），還增加了新的內涵，或言之，它是適應中共合法性轉換需要而推陳出新的外交新概念。**共產革命邏輯下的美國是「帝國主義」，民族復興邏輯下的美國才是「霸權主義」，因為它一直在「遏制中國，試圖阻止中國崛起的步伐」。看上去，這是一個非意識形態、甚至去意識形態表達，但黨國要的就是這個效果，因為當把美國指斥為「霸權」時，凸顯的是民族國家邏輯，似乎美國是在與中國為敵，而非與中共為敵，民族國家邏輯完美地遮掩了黨權邏輯。把這個詞用於臺灣、南海，用於今天的貿易戰尤其合適，尤其能煽動國人的憤慨和民族主義情緒。「新冷戰」對內忽悠國內公眾、對外動員「第三世界」追隨者，玩的就是這手活兒。**

另一方面，中共外交語言在描繪自身時又極富自我誇讚、充滿高大上的自我標榜。比如，「構建人類命運共同體」已經成為「習近平外交思想」的重要組成部分。據說「習近平主席把准世界跳動脈搏，深入思考『建設一個什麼樣的世界、如何建設這個世界』等重大課題，形成了科學完整、內涵豐富、意義深遠的思想體系」，用於「指導」當代中國外交乃至當代世界發展，包括「政治上要相互尊重、平等協商，堅決摒棄冷戰思維和強權政

治，走對話而不對抗、結伴而不結盟的國與國交往新路」，「安全上要堅持以對話解決爭端、以協商化解分歧」，「經濟上要同舟共濟，促進貿易和投資自由化便利化，推動經濟全球化朝著更加開放、包容、普惠、平衡、共贏的方向發展」，「文化上要尊重世界文明多樣性，以文明交流超越文明隔閡、文明互鑒超越文明衝突、文明共存超越文明優越」。總之，體現「新時代中國特色社會主義思想」的習近平外交「給世界上那些既希望加快發展又希望保持自身獨立性的國家和民族提供了全新選擇，為解決人類問題提供了中國智慧和中國方案」。[156]

然而，**這些表述可以理解為是習近平政權「價值觀外交」的表達麼？似乎是，因為北京慣於用漂亮的語言包裝自己、粉飾自己；然則它們真的構成價值層面北京政府的「外交指導規範」、體現北京政府的「行動願景」麼？又不是。它們只是要處處顯得與美國的「霸權主義」、「單邊主義」、「國際干預論」、「經濟保護主義」、「文明優越論」等等不同而已，似乎北京才是道德的化身，人類的楷模。而就現實操作言，這些漂亮的修辭和黨國外交的實際取向相距甚遠、乃至南轅北轍。看看北京在南中國**

---

[156] 新華社2018年3月23日專稿「引領世界潮流的航標：習近平主席推動構建人類命運共同體的時代啟示」，連結http://www.xinhuanet.com/2018-03/23/c_1122581050.htm。

海的瘋狂填海造島、[157]看看北京拿下斯裡蘭卡漢班托塔港的前後經過、[158]看看北京對非洲大陸的開發過程和在拉丁美洲的迅速推進、[159]再看看北京對伊朗、朝鮮等國家明裡暗裡的支持，[160]就可

---

[157] 北京從不公佈南沙造島工程的具體數字。據金燦榮等國內學者在一些公開講座中透漏：越南、菲律賓、馬來西亞等國過去45年在南沙共造人工島100英畝，中國一年半造島就達3200英畝，效率是前者的1000倍。這些數字有待更權威的來源核實。另據鳳凰衛視2018年7月25日《軍情觀察室》節目，南沙永暑、渚碧、美濟等人工島上均已建成3000米長的飛機跑道和其他軍用設施，包括機庫、天線雷達、各類電子干擾設施等。這些人工島為中國軍隊控制南海創造了有利條件。

[158] 獲得漢班托塔港應是北京印太珍珠鏈戰略的一環。紐約時報中文網前不久（2018年6月26日）刊發長文《中國如何令斯裡蘭卡將漢班托塔港拱手相讓》，完整地講述了這個故事，梗概是中國貸款給斯裡蘭卡修建港口，當斯政府無力償還債務時用控股方法將港口據為己有，其中自然穿插如何收買斯政府高官的各種細節，資料充實。連結見 https://www.nytimes.com/2018/06/26/world/asia/china-sri-lanka-port-hans.html。

[159] 這方面也有越來越多的資料，最近一則消息見《華爾街日報》7月26日的文章《中國成為更多非洲國家的債權國》，文章稱，中國至少持有非洲國家14%的主權債務，中國已向非洲提供1000多億美元的貸款，但非洲三分之一以上的國家幾乎無力償還貸款，這為中國尋求控制創造了條件。連結見https://cn.wsj.com/articles/CN-BGH-20180726111320。關於中國在拉丁美洲的推進，《紐約時報》的最新文章（2018年7月30日）《從經濟援助到太空計劃：中國『登陸』拉丁美洲》給出了全景分析，該文稱，2017年，中國和拉美及加勒比海地區的貿易已高達2440億美元，中國也通過貸款和大規模投資加大對拉美國家的影響力。中國甚至在阿根廷修建了巨大的衛星和太空測控站，這引起美國的深度不安。連結見https://cn.nytimes.com/world/20180730/china-latin-america/dual/。

[160] 北京對北韓的支持無需多述，儘管金正恩、習近平曾有5年之久的相互冷談，但北京一直是朝鮮政權存在的經濟支柱。朝鮮核武計劃的成功讓金正恩有了底氣和美國接近談條件，迫使北京不得已跟進，這就有了習近

以斷定中南海制定外交政策的真實動機和戰略意圖到底何在。**這些動機體現新冷戰和社會達爾文主義的混合，體現紅色帝國勃勃上升的雄心和行動原則。**如果說它們同時體現著「中國智慧」，那麼它一定是「合縱連橫」、「遠交近攻」、「中原逐鹿」、「隆中對」式的中國傳統博弈思想和征伐邏輯，而絕非什麼「親誠惠容理念」或「與鄰為善、與鄰為伴」、「秉持正確義利觀」的「儒家理想」。

　　總之，黨國外交語言中呈現的「價值觀」是虛偽的，一如它在國內政策宣示中經常出現的虛偽性一樣。這種東西，炮製者自己都未必信，這又是習時代同毛時代截然不同的地方。

　　然而，如果說「價值觀外交」在北京政權那裡是虛偽的，那麼「中國模式」作為「效能」卻具有極高實用性，從而有被廣泛認可、廣泛接受的可能。某種意義上講，「中國模式」乃是紅色帝國挑戰二戰後民主、人權原則與自由主義國際秩序的真正利器，由於其在下列領域的「傑出」表現，它甚至越來越被想像為

平和金正恩最近的三次見面。但這些互動同時證明了，兩個極權政權畢竟是「同志關係」，關鍵時候還是要相互依託。北京和伊朗的關係稍有不同。伊朗石油對北京十分重要，這不但在於進口數量大（中國石油進口的10%以上來自伊朗），更在於「安全」，因為伊朗是美國的敵對國家，在石油問題上不會聽從美國擺佈。且正因為伊朗是美敵手，在新冷戰意義上自然是北京的盟友。北京多年來支持伊朗的軍事工業、甚至與伊朗進行核合作，顯然有更長遠的戰略意圖。

西式民主之外的另一種選擇：

　　效率：直觀地看，似乎黨國體制在治理國家時更有「效率」（雖未必「平等」），用鄧小平的話說就是「不扯皮」、「集中力量辦大事」。中國在很短時間內建起四橫四縱全國高速鐵路網，這在任何西方國家都是做不到的。[161]為了舉辦一次安全、體面的國際活動，政府可以勒令企業全部停工，甚至強迫一個城市的居民臨時外出「旅遊」，[162]同樣為了「安全」，政府也可以在數天內驅趕所謂「低端人口」。[163]在這些場合，強政府、高效率同時伴隨著對人權的侵害，但後者對於一個極權或威權體制來說本來就無足掛齒。

　　一黨式「民主」：據說一黨制下也可以有「民主」，而且是更具「實質性」的「民主」；[164]它造就體現東方傳統的「賢人政

---

[161] 相關消息見2018年1月3日《人民日報》，中國政府網做了轉發，連結見 http://www.gov.cn/xinwen/2018-01/03/content_5252696.htm。

[162] 2018年6月青島舉行上海合作組織領導人峰會，為保安全，市政府做了詳細部署，要求會議期間會場周邊地區居民放假「外出旅遊」，政府給予每家數百元補貼。家住青島的朋友證實了這一消息。

[163] 2017年11月，為「杜絕安全隱患」，北京市政府強令住在城區和城鄉結合部、從事「低端」勞務的外來人口遷離北京，限期完成，且不做任何安置。這個強制驅離行動引發廣泛不滿。

[164] 新左派學者王紹光就持此說，見他在《環球時報》發表的文章〈中國人更重民主實質而非形式〉，連結見http://opinion.huanqiu.com/opinion_china/2013-12/4631227.html。

治」，比西方的選舉制度更優；[165]即便某些場合需要強人政治，這也符合卡爾·施密特的政治神學和「擔綱者」原則，[166]關鍵是，它適合東方這片土壤，故在儒教世界、甚至非儒教的其他東方世界或非東方世界有廣泛「價值」。

最高權力更替：至少在習近平此次修憲之前，西方學界普遍認為中共已經建立起較為平穩且制度化的接班機制。[167]這似乎是除世襲制、西式民主選舉以外，最高權力更替的另一種可行選擇。

政治權力壟斷與經濟開放的並存：這是更具根本意義的、中國模式的重大「傑作」，它甚至從根上顛覆了傳統的現代化理論

---

[165] 加拿大學者貝淡寧（Daniel A. Bell）持此說，他批評西方的選舉制往往選出不合格的領導人，而中國的「賢能政治」卻可以保證高層領導的質量。連結見http://cul.qq.com/a/20161101/035061.htm。本文後面將證明，川普的當選驗證了貝淡寧前一半觀點的正確性，這也正是本文作者主張西方民主制仍需完善的理由；但貝淡寧後一半觀點是完全錯誤的，中共高層領導人的產生和最高權力的接替，並非「賢能政治」的結果，這只是對中國情況一知半解的想像而已。

[166] 這是國內毛左派學者劉小楓的觀點。筆者在拙著《改變中國：六四以來的中國政治思潮》中對之有詳細評論，見該書香港溯源書社2015年中文版，頁182～186。

[167] 比如，哥倫比亞大學資深中國問題專家黎安友（Andrew Nathan）教授曾在2003年發表文章〈威權主義的韌性〉（Authoritarian Resilience），作者根據江澤民政權和胡錦濤政權的和平交接，認為中共正在形成「受規範約束的繼承政治」，連結見http://yyyyiiii.blogspot.com/2010/03/blog-post_19.html。

和轉型理論。[168]開放的經濟強化了威權或極權統治而不是相反，這給了統治者以信心，也給了別人仿效的動力。

完美的統治術：包括軍隊黨化、高超的媒體控制和互聯網控制、馴化知識分子、以利益共享方式收買經濟精英、通過「扶貧工程」、「照顧弱勢群體」以收民心之效、營造小時代的藝術氛圍讓人們遠離政治，等等。黨同時用「中國夢」鼓勵「愛國憤青」和「小粉紅」佔領社交媒體舞臺，各種群團組織（青年團、婦聯、學聯）則是背後的組織者。

被精心包裝的「文化」：黨國體制被形容為一個偉大文化傳統的當代順延，這激發了人們的想像，用更巧妙的形式讓歷史為當今統治者貼金。「文化」還有另一個妙用，那就是它可以抵擋「西方的東西」，藉助「固本清源」證明自己的卓爾不群。「文化」甚至常常顯得高深莫測，讓外人雲裡霧裡抓不著要領。[169]其實，「文化」在黨國統治者那裡的真正價值只是招牌和工具而已，但精心包裝的招牌往往更加誘人。

以上所列只是「中國模式」在內政方面的特點。「中國模

---

[168] 無論現代化理論或民主轉型理論，一般均把經濟發展導致政治民主當作基本立論假設。

[169] 如把「中國特色社會主義」理解為儒家文明加社會主義，甚至一些很優秀的美國比較政治學者也犯此類錯誤。

式」的外交方面同樣表現不凡，它正在創造一系列新「範式」，
讓世界驚奇不已：

一、**北京藉助自由主義國際貿易規則迅速發展起來，卻巧妙
地利用各種托詞拒絕「入世」承諾**；北京對國有企業的
巨額補貼、對人民幣匯率的有效操控破壞了國際貿易的
平等原則，但在當下的中美貿易戰中卻把自己說成維護
貿易自由化的戰士和旗手。[170]這種指鹿為馬、顛倒是非
是否正在創造國際經濟交往中的某種「中國模式」呢？

二、**北京以「主權」為由反對別國「干涉內政」，給了全世
界的專制統治者一個共同理由去拒絕外部人權批評**。在
這個場合，被混淆的乃是主權國家的有限性和人權的國
際標準之普遍適用性之間的根本區別。[171]

---

[170] 此次中美貿易戰中，北京批評川普總統提高關稅是「貿易保護主義」，
而自己才是真正維護貿易自由化和經濟全球化的一方。這樣的文章多
如牛毛，如新華社的《美堅持貿易保護主義持續遭批》，連結見http://
www.xinhuanet.com/fortune/2018-03/16/c_1122549140.htm。

[171] 關於「主權國家的有限性」，參見拙作《全球治理與民主：兼論中國民族
國家戰略的價值重構》，載拙著《解構與建設：中國民主轉型縱橫談》，
香港晨鐘書局2009年版，頁288～298。另需說明的是，在中共官方文件
中，關於「主權」的強調最早可追溯到1954年提出的「和平共處五項原
則」，當時是出於反美需要而和不同社會制度的國家搞統一戰線。而今北
京強調主權，在很多場合是為了對抗人權批評，此即所謂「主權高於人
權」。「主權」的另一個意識形態功能，是批判「霸權」，似乎美國常常
利用「霸權」干涉其他國家的內政、甚至顛覆別國政權。美國的許多人道
主義干預行動被北京解讀為「霸權行徑」。

三、用「文化多樣性」去抵禦普世價值也是中國模式外交層
面的「發明」，它宣稱文化的「自足性」乃至「獨一無
二性」，而故意混淆另一種根本區別，那就是代表歷史
特殊性的文化與體現社會進化普遍性的文化之區別。[172]
但這個東西特別好用，儒教社會、斯拉夫社會、伊斯蘭
社會不是都可以從中找到拒絕普遍性的理由麼？

四、現代強權政治與虛偽的「價值觀外交」的奇妙混合。在
像南海、印度洋這樣的場合，北京的努力帶有赤裸裸的
社會達爾文主義海權擴張性質，它在南沙等地的「切香
腸」行動也非常成功，但它同時在爭取周邊國家的「理
解」、合作、至少是不對抗，「價值觀外交」宣示、金
錢收買和武力恐嚇成了同時並用的三種手段。

五、「不講前提的對外援助」通常被說成是北京與西方國家
對發展中國家援助的重要區別；其實，它恰恰是北京在
外交領域攻城略地的重要方法，也是北京瓦解、顛覆自
由主義國際秩序的重要手段。[173]

---

[172] 「代表歷史特殊性的文化」和「體現社會進化普遍性的文化」之區分是
一個更為複雜的學術問題，這裡無法展開。有興趣的讀者可參閱拙著
《從五四到六四：20世紀中國專制主義批判》（第一卷）（香港晨鐘書
局2008年版）第3章，那裡有對這個問題的詳細討論。

[173] 西方國家對第三世界的援助往往附帶一些條件，包括人權或法治建構方
面的承諾，這既是為了保證援助資金的安全使用，也體現美國等西方國

六、大外宣、軟實力輸出與搶佔海外媒體市場並行正在成為
　　黨國外交領域的重大戰略。

在這個進程中，北京充分利用了西方自由的社會條件，完全不對等地實施社會滲透。[174]

無論內政還是外交，**並非所有這些做法、「經驗」都可以被別人仿效**，畢竟，黨國體制和一般威權體制、軍人政權、宗教政權、或仍然建立在部落基礎上的國家政權有很多不同，它的控制力、動員力和組織效能遠遠高於後者。**但基於人類的共性，特別是人性中共有的缺點、弱點，「中國模式」中的許多「精華」仍然對其他威權國家政府有示範意義，這些也正是北京真正可以對外輸出的東西。而在這個過程中，中共虛偽的「價值觀外交」往往成為「中國模式」輸出的華麗裝飾，二者均構成北京挑戰西**

家價值觀外交的原則，而北京則常常批評這是「霸權主義」的表現。北京自詡其對外援助不附加任何條件，在下述意義上是事實，因為北京當然不會對受援國提出人權、民主或法治方面的要求；但北京「不附帶條件」的外援其實有一個更大的功能，那就是爭取受援國對北京外交立場的支持、建立更廣泛的「反霸」統一戰線、在某些場合也有加強對受援國控制的意圖，在這方面，北京的「援助」和投資往往擁有類似的目標。此外，北京很多「不附帶條件」的外援給了威權國家的統治者，從而有助於威權主義的統治。

[174] 遍佈全球的「孔子學院」是典型例證。北京在美國、歐洲、澳洲等地改造華文媒體、收編英文媒體、建立黨媒在全球各地的分支機構方面也卓有成效。

方之「新冷戰」的有效手段。再說一遍,「中國模式」利用、放大人性的弱點,並在此基礎上進一步腐蝕人性、摧毀社會良知和法治秩序,但它絕對有利於統治者。如果問什麼是「中國模式」對世界、對當代文明的最大挑戰?那麼這就是。**這個挑戰極其嚴肅,因為它涉及當代人類文明建構中那些最根本的原則——良知、人權、自由、憲政民主和國際正義等等——能否存續。**

美國遲來的醒悟

令人驚奇的反倒是,美國對紅色帝國崛起及其內具的挑戰性質的**驚人遲鈍**。

在冷戰年代,美國政治家們就用不一樣的眼光看待中蘇,認為蘇聯才是共產主義的撒旦,中國至多是蘇聯三心二意的幫手。文革後的中國似乎證明這個共產黨國家是可以爭取的,它的「商業共產主義」有可能和西方市場經濟接軌。[175]即便發生六四天安門屠城,老布什政府仍然保持與鄧小平的密切交往,甚至不惜打破自己設置的禁令。[176]柯林頓政府的人權與貿易掛

---

[175] 布熱津斯基(zbigniew brzezinski)1989年問世的《大失敗》(The Grand Failure: The Birth and The Death of Communism in the Twentieth Century)一書,就把中國成為「商業共產主義」,他的親華而反蘇的立場應與此有關.

[176] 六四天安門鎮壓發生後,美、歐、日各國政府相繼發表聲明,終止與中國的高層互訪、停止向中國軍售、推遲國際金融機構向中國提供新的貸

鉤政策也沒能持續多久，在華爾街的壓力下，美國加快了與中國做買賣的步伐，雖然這不意味著美國人放棄了在中國促變的想法。轉眼二十年過去了，中國已經成長為經濟上的巨人，但政治上依然故我。希拉蕊·柯林頓對中國的新定位是「非敵非友」，[177]某種意義上，這反映了當代美國政治家面對這個新崛起的龐然大物的深度困惑。[178]

　　直到2017年快要結束的時候，美國才在它的官方文件《國家安全戰略報告》中首次表述了對中國作為全球第一號「戰略對手」的擔憂。這個報告承認，美國必須「重新思考過去二十年的政策──這個制度基於這樣一種假設：即與競爭對手的接觸以及將其納入國際機構和全球貿易，將使他們成為良性的參與者和可信賴的合作夥伴。在很大程度上，這個前提被證明是錯誤的」。「中國和俄羅斯正在挑戰美國的實力、影響和利益，企圖侵蝕美國的安全和繁榮。中俄意圖通過削弱經濟自由和公平、擴

款等，但老布什總統繞過美國國會、突破他本人下的禁令，在六四暴行不到一個月的時間內就派遣他的國家安全事務助理斯考克羅夫特秘密訪華，與鄧小平見面。

[177] 見希拉蕊·克林頓（Hillary R. Clinton）的《抉擇》（Hard Choices），臺北，城邦文化事業有限公司-商業週刊2014年中文版，頁107。

[178] 相比較而言，一位前中共高官、中共黨內改革派人物朱厚澤反倒在這個問題上頗具預見性。2010年去世前不久，朱厚澤在同友人的談話中明確指出，21世紀的中國道路和中國模式，可能給本國和世界帶來悲劇性後果。見《朱厚澤文選：關於近現代中國路徑選擇的思考》，張博樹主編，香港，瀟源書社2013年版，頁121～122。

展軍隊以及控制信息和數據來壓制社會和擴大他們影響力」。[179] 這是一種**遲來的醒悟**。但是，文件在一些關鍵問題上仍然顯得**自相矛盾**，比如它一方面宣稱「雖然這些挑戰在性質和程度上各不相同，但它們本質上都是尊重人的尊嚴和自由的國家與壓迫個人並強制統一的國家之間的根本對立」，另一方面又沒有把這種對立視為美國外交的應有出發點，而反過來強調「美國優先」是「一種原則性的現實主義戰略，是以結果而不是意識形態為導向的」。[180]所以出現這種矛盾，大概和文件起草者的窘境有關：文件既要反映美國的傳統價值立場，又必須吻合現任總統川普的偏好、說法。考慮到川普本人全無價值關懷，是美國歷史上最為另類的總統，**這份《國家安全戰略報告》應該是雙重妥協的結果，它既是現任總統對美國傳統的妥協，又是代表美國傳統之白宮精英對現任總統的妥協。但正是這樣的妥協決定了這份官方文件的不徹底性。它遠沒有揭示二十一世紀人類正在、或將要經歷的「新叢林」時代的兇險、悖謬性質。**

---

[179] 這份《國家安全戰略報告》的中文版連結見http://www.sohu.com/a/218686093_120790。

[180] 同前註。

新叢林與舊叢林

在人類事務中，「叢林世界」這個詞並不陌生，它強調大大小小人類群體交往中的實力原則，強調弱肉強食、「物競天擇」才是這個世界的自然規律，所以又稱**社會達爾文主義**。叢林世界不講道義，只服強權，誰的胳膊根硬就聽誰的。中國先秦時代有「春秋無義戰」之說，國與國之間只有利益考量而鮮有道德衝動，頗似自然世界「狼與狼的關係」。同樣情形見於人類歷史的各個時段、各個地域、各種文明，可謂放之四海而皆準。**這是人類動物性的標誌，人類曾長期囿限於此而不能自拔**。近代歐洲創大國均衡說，無非是強權之間達成暫時妥協，找到利益均衡點，並靠著這種均衡維持大體的和平。一旦平衡打破，戰爭就為期不遠了。這正是我們從近200年歐洲歷史中看到的東西：1815年維也納會議保證了此後60年歐洲的平靜，直到俾斯麥統一德國、從而創造出新的不平衡。這個不平衡構成下一個世紀（二十世紀）大國衝突的重要策源地，於是就有了第一次乃至第二次世界大戰的發生。藉助現代戰爭機器的發明，「叢林世界」的搏鬥具有了全新規模和更加血腥的性質。

人類要感謝一個民族的出現，它為結束這種血腥帶來了曙光，這就是美利堅合眾國。威爾遜總統在一戰臨近結束時提出的

「14點和平倡議」代表著一種**全新的價值理念和國際交往原則**。他問道「目前的戰爭是為正義且安全的和平而戰，還是僅僅為新的均勢而戰？世界必須是權力的共同體，而非權力的均衡；它必須是有組織的共同和平，而非有組織的敵對」。[181]一戰結束時成立的「國際聯盟」、二戰結束後建立的聯合國都體現威爾遜主義理想，都是這個理想的產物。它崇尚建立在道德權威上的集體安全，而不是崇尚實力的所謂大國均勢。威爾遜另一個重要的思想是「必須將民主政府向全世界普及」，這是實現人類集體安全的制度保障。為此，我們「必須摧毀任何地方的可能個別、祕密及獨斷獨行地擾亂世界和平的專制強權，如果目前無法摧毀，至少也要壓制它到近乎無能為力的地步」。[182]冷戰的發生不在威爾遜總統預測之內，也超出富蘭克林·羅斯福總統的預估，但冷戰的目標是戰勝共產極權——一種全新類型的專制體制——卻完全符合威爾遜主義理想。這個勝利確曾成為現實。蘇東社會主義垮臺，蘇聯意識形態威脅不再，這才有了冷戰後二十年美國獨步世界的那一段時光。

而今，我們似乎正在進入一個「新叢林時代」。何謂「新叢林」呢？**「新叢林」首先保留了「叢林世界」的基本特點，包**

---

[181] 轉引自亨利·季辛吉（Henry A. Kissinger）《大外交》（*Diplomacy*），海口，海南出版社1998年中文版，頁33。
[182] 同前註，頁34。

括大國博弈重現，實力原則重新成為這個世界的行動指導，價值
退居其次甚至澈底隱身，利益而非道德凸顯為支配國家行為的樞
紐。至少從形式上看，川普的「美國優先」、普京的「再造俄羅
斯」和習近平的「中國夢」都在訴諸民族國家利益，還有次一等
的大國印度、日本、土耳其、西歐各國也在不同程度地回歸各自
的叢林索道。世界民主共同體還在，但似乎在衰弱、甚至分裂
中；[183]聯合國也還在，但越來越不起作用，越來越成為擺飾，因
為無論中美俄法英，任何一個聯合國安理會常任理事國都可以在
自認為需要的時候行使否決權、從而令安理會無法通過有意義的
決議。總之，這些都讓人們看到了舊叢林的回歸，或者說，**它們
正是新叢林與舊叢林的歷史連續性所在**，背棄威爾遜理想，重回
實力世界，是新叢林正在接續舊叢林的核心表徵。

但，新叢林又不同於舊叢林。至少就中美關係言，它不是簡
單的、單一性的、現實主義意義上的民族國家博弈，而同時包含
政權性質、意識形態上的鬥爭，且就北京方面說，後者才是第一
位的，才是主要的東西。北京與西歐（英、法、德）、日本、印
度等國的關係也都兼有民族國家和政權性質的雙重博弈特徵，只
是不像中美之間那樣明顯罷了。這種爭鬥性質的雙重纏繞是新叢
林世界不同於舊叢林的根本所在，也就是說，它既是民族國家水

---

[183] 美歐在分裂，歐洲內部也在分裂。雖然原因很多，但總體效果是動搖了
世界民主共同體的整體性和堅韌性。

平社會達爾文主義的當代再現，又滲透著、裹挾著新冷戰之制度層面、政權性質層面、意識形態層面的生死較量。只是由於北京對博弈之新冷戰性質的刻意遮蔽，人們往往看不到這種爭鬥的複雜性、多面性，才做出關於「大國博弈」的過於簡單的解讀，這就是當代「修昔底德陷阱」之說盛行的原因。

然而，我們還是要問：歷史進程中的這種**回流、反覆**如何可能？它只是某種暫時性扭曲麼？還是說，人類社會進化的**方向性原則**真的受到了挑戰？

美國主導的自由主義國際秩序的某種偶然性

事實上，二戰後美國能夠主導世界，乃基於兩個重要條件：美國自身的建國理想，和足以推動這種理想實現的能力。自1776年建國以來，美國自命為人類的自由燈塔，它所推崇的自由、民主、人權、憲政也確實和人類近代以來追求的政治現代化目標相吻合。這使得美利堅合眾國佔據了道德制高點，足以引領戰後新世界規則的制定。但，只有這個不夠，如果美國只是個小國，沒有實力去貫徹理想，理想就等於零。而美國恰好同時具備了後一個條件。南北戰爭後，經過十九世紀下半期的發展，美國迅速成為世界第一經濟強國。又經過一戰、二戰，美國積蓄了足夠的實力，已經成為名副其實的超級大國，可以遂其所願去貫徹它的理

想，建立新的國際準則，哪怕為此獨自充當世界警察的角色。

　　問題是，這兩個重要條件同時出現在一個國家身上，同時被一個國家所滿足，從近代歷史發展看，並不是必然的，它有偶然性。換言之，美國這個國家在這樣一個重要歷史時間點的出現，有偶然性。雖然十八－十九世紀歐洲民主的發展、成熟是重要基礎，美國作為英國文化的繼承者也分享了大英帝國的很多優點而又恰好規避了它的一些缺點，[184]但它能在人類需要這樣一個國家的時候應時而降、挺身而出，仍然令人驚異。試想，對戰後德國、日本的和平改造是一項多麼艱巨的工程，但美國人憑藉他們的理想、熱情，當然也憑藉他們的力量，硬是完成了。他們和世界上其他正義力量一起，既戰勝了德意日法西斯主義，又在隨後的冷戰中最終戰勝共產極權主義。美國主導的自由主義國際秩序保障了經濟全球化的實現，保障了國際水道的安全，保障了半個世紀以來世界的大體和平。就此而言，美國的出現實在是我們這個星球的幸運。

　　然而，**現如今這兩個條件正在發生變化，它證明了由單一國家支撐的自由主義國際秩序的某種偶然性和脆弱性**。首先，美國的經濟實力正在衰落中，雖然只是相對衰落。二戰結束時，美

---

[184] 美國人繼承了大英帝國的宗教文化和經商傳統，但避免了（至少弱化了）大英帝國貿易帝國主義的某種貪婪性。美國自身的建國理想和自成一體、獨樹一幟的政治體制成為後來美國引領世界的最重要基礎。

國一家的國民生產總值占了世界的一半；今天，這個比例已經降到不足四分之一。[185]經濟的捉襟見肘自然妨礙美國的全球行動能力。而中國正在快速趕上，它的名義GDP完全可能在未來十年內超過美國。[186]另外一個變化更加驚人，那就是**美國的價值理想似乎正受到挑戰，自由火炬的燈光正在變得暗淡**。筆者這樣講不僅僅是因為美國出了個川普總統，川普上任以來的所作所為，自然早已證明他不但沒有堅持美國理想，而且處處背離美國理想。**更深刻的問題在於，冷戰後二十年美國在推進「價值觀外交」方面的一系列失敗，讓這個偉大而年輕的民族充滿挫折感**。本來，冷戰的結束曾經讓美國人歡欣鼓舞，1990年代美國試圖影響中國，改造俄羅斯，在索馬裡、海地、前南斯拉夫、科索沃實施人道主義干預，都是其人道和民主價值觀外交的明確表達，但總的說並不成功。[187]進入新世紀不久，9.11事件發生，美國把注意力集中到反恐方面，出兵阿富汗、推翻伊拉克薩達姆政權都有反恐意圖

---

[185] 根據世界銀行的統計，2015年全球GDP總量為74萬億美元，其中美國為18萬億，排名第一，占比24.32%。連結http://finance.ifeng.com/a/20170224/15214241_0.shtml。

[186] 根據同前註統計，2015年中國GDP總量為11萬億美元，排名第二，占比14.80%。而第三名日本的GDP總量僅為4.4萬億美元，占比5.90%。

[187] 麥克・曼德爾邦（Michael Mandelbaum）的新書《美國如何丟掉世界》（Mission Failure: America and the World in the Post-cold War Era）對此有詳細討論，可以參考。該書中文版由臺灣八旗文化/遠足文化事業股份有限公司出版，2017年。

在內，但「任務延伸」迫使美國捲入阿富汗、伊拉克的戰後重建，這使美國陷入新的無底洞。[188]不能說美國在西亞、中東地區建設民主體制的動機、出發點不對，但美國人大大低估了這個任務的困難程度，它涉及改變一個部族社會的文化基礎，哪裡可能一蹴而就？更何況複雜如織的教派衝突本來就是伊斯蘭社會的傳統，美國一頭撞進去難免被一團亂麻捆住，再難脫身。簡言之，花了太多的錢卻收效甚微，自然令人心灰意冷。這正是不少美國人主張回到「光榮孤立」狀態的大背景，也是川普「美國優先」口號獲得不少人喝彩的原因之一（另一個原因是一部分失意美國藍領對全球化的錯誤解讀）。無論怎樣，川普當上了總統，並迅速開始了一系列「退群」行動：退出《跨太平洋夥伴關係協定》（TPP），退出《巴黎氣候協定》，退出伊朗核協議，退出聯合國人權理事會……。連中共媒體都承認川普的「悔棋」、「毀棋」，恰好給中俄提供了機會去填補。[189]川普的商人式計算正在把美國外交引向狹隘、自私、勢利、斤斤計較的可悲境地。即便川普真的盼望「美國再次偉大」（對此我並不懷疑），但**沒有了自由燈塔光輝的美國，無非新叢林世界的又一個強者而已**。它不過是在為自己的利益而戰，而不再為那曾經令人心動的價值而戰。

---

[188] 參閱同前註書。

[189] 見2018年6月30日中央電視臺（CCTV）中文國際頻道《深度國際》的專題節目《美國：「悔棋」、「毀棋」？》。

歷史仍在生成中

那麼，二十一世紀餘下的歲月，人類將迎來什麼？我們只能說，歷史仍在生成過程中。作為自由主義學者，本人堅信社會進化的大方向不會更易，人類民主化的大趨勢不會改變；但這不等於說局部的動盪甚至倒退不會發生。我們必須正視民主遭遇的困境，同時也要對紅色帝國的未來做出**冷靜分析**。

僅就中國近代以來的歷史看，必須承認今日之中國乃150年來「國勢」之最旺者，這個成就在共產黨治下取得，充滿了歷史的吊詭與嘲諷。本來，經濟騰飛不能都記在黨國的功勞簿裡，市場經濟法則在改革開放條件下的重新被認可，才是促成這一偉大變化的真正原因。中共的成功在於把政治權力壟斷和有選擇地承認、駕馭市場經濟從而推進經濟增長合在一起，並不斷地用後者鞏固、強化前者。中共也成功利用了全球化帶來的全部紅利，這是紅色帝國能夠強勢崛起的重要基礎。

當然，紅色帝國的**軟肋**也異常清晰。**它在創造經濟奇蹟的同時不斷製造著危機因素。**產能過剩、地方政府債務、扭曲的房地產市場、超量增發的貨幣、以及由上述因素構成的潛在而巨大的金融風險無時不在威脅著這個龐大帝國。黨國制度結構本身決定了公民權利、勞工權利、弱者權利被漠視乃至被踐踏，構成這個

國家另一個巨大的不穩定因素。這裡還沒有提到民族問題，那是一顆真正的**不定時炸彈**。黨國統治集團的愚蠢決定了它不願意和達賴喇嘛認真對話，反而在強化藏區、維族居住區的控制力度，甚至正在把新疆推入准戰爭狀態。[190]歷史上沒有哪個國家可以用高壓、恐怖和製造仇恨而達到長治久安的。

　　但這不意味著黨國崩潰在即。[191]至少在未來一段時間內，這些破壞性因素尚不至於動搖黨國根基，紅色帝國的上升趨勢還會持續。這不但在於盤子大了，騰挪空間也大了，更在於外部條件還是有許多有利於北京的地方。目前的中美貿易戰，對北京是個考驗，但不算大考驗。原因在於川普的弱點也很明顯，北京完全可以找到對付他的手段。[192]更何況這本來就不是北京的主戰場，北京在這個方面做出重大妥協也完全可能。北京真正的主戰場是

---

[190] 筆者從不同渠道得到的消息，都證明新疆的情況確實到了非常糟糕的地步。由於當局對維族等少數民族實施歧視性乃至侮辱性強制政策，那裡已經成為一座大監獄，陷入種族仇視的對抗之中。

[191] 此類「崩潰論」盛行於中國海內外民主運動和一部分自由知識界人士中，心情、焦慮可以理解，但絕非深入研究、理性思考的結果。我稱之「反共幼稚病」。

[192] 作為商人出身的總統，川普有非常精明、敢說敢幹的一面，但知識結構不完整，又剛愎自用、自以為是，這讓他的貿易戰戰略漏洞多多。川普家族的產業在北京也不少，這讓川普同樣很不利。此外，川普的對外動作往往有國內政治方面的考慮，「通俄門」壓力、和媒體界的爭吵、吸引選民和支持者的需要，都會促使川普更多地施展「忽悠」手段，到處虛張聲勢。這對一場嚴肅的貿易戰而言與其說是優勢，不如說是敗點。

臺灣、南海，未來十年，這裡是真正硬碰硬的地方。我在其他場
合分析過為什麼臺灣對習近平如此重要，無論從個人的「千秋偉
業」著想，還是從紅色帝國的全球戰略佈局出發，臺灣都志在必
得。[193]那麼，美國人願意為臺灣與中共兵戎相見、一決雌雄麼？
還真不好說。如果美國決策者仍以捍衛自由價值為重，決心與北
京一戰，有可能保衛臺灣，遏制紅色帝國崛起的勢頭，甚至促成
中國內部的某種變化，有利於中國的民主轉型；但若白宮（甚至
美國國會）決定放棄臺灣，中共成功實現「祖國統一」，乃至真
的把南海變為中國內湖，其在民眾中的合法性又將大大提升，中
國民主化將因此推遲五十年到一百年。

這裡需要就習近平個人對黨國未來的影響再做些分析。毫
無疑問，在共產極權體制中，獨裁者個人影響巨大，具有超強的
「使動性」，[194]所以我們在談「新極權主義」時會用習的名字命
名。但這種情況往往遮蔽獨裁者和極權體制關係的另一面，那就
是他同時是這個體制的執行者，他的能量來自體制，雖然也會給
體制帶來鮮明的個人特色。習在最近應對朝核問題美朝峰會時，
三見金正恩，儼然北韓小兄弟的大哥和靠山，凸顯了習個人和這

---

[193] 參見拙作《重回叢林時代？——川普當選後世界格局的可能演變》，載
《中國戰略分析》2017年第1期（總第2期），頁46以下。

[194] 關於極權體制中獨裁者的「使動性」，拙著《從五四到六四：20世紀中
國專制主義批判》（第1卷）中有專門界定和討論，見該書，頁84以下。

個體制的邪惡；但習的弄權和操縱個人崇拜，又會招致體制內同僚的反感。如果未來出現重大外交失敗或軍事失敗，黨內借機把習掀翻的可能性並非沒有。但即便習下臺，習之後的中國仍然充滿變數。向民主化方向轉型只是可能性之一，條件是體制內出現新的開明力量並能和民間自由力量相結合；但也可能出現新的獨裁者或新的寡頭聯合執政的場面，黨機器的慣性畢竟是巨大的，紅色帝國業已形成的體量和趨勢決定了它的掉頭不會輕而易舉。**總之，中國未來充滿張力，歷史尚在生成之中。致力於中國民主事業的人士應該有「功成不必在我」的胸襟和心態，方能腳踏實地，集蹉步以成千里。**

西方民主體制的自我反省和更新

中共紅色帝國的崛起，俄國民主化倒退和普京帝國的再造，從前東歐地區到土耳其、從緬甸到菲律賓，世界上很多地區威權主義政權的起死回生、重新興盛，特別是西方民主體制自身遇到的問題，迫使世界民主共同體必須自我反省。

英國「脫歐」、川普當選美國總統，都是近期民主共同體內部出現的重大變故。其背後原因——用美國學者法蘭西斯・福山（Francis Fukuyama）的話說——都有「民粹民族主義」作祟的因

素在。[195]民族主義不用說了，當像川普這樣的美國總統放棄（或者根本就沒有在意）美國所代表的價值的重大意義時，退歸「讓美國重新偉大」的民族主義立場幾乎是必然之舉。而民族主義和叢林政治是直接相關的，民族主義的美國成為「新叢林世界」的一員是這個邏輯的自然結果。然則**民粹主義**呢？當代西方民粹主義的產生有著更複雜、更深刻的背景。以美國為例，全球化過程導致美國的資本家紛紛到勞動力更便宜的地區投資設廠，導致美國本土勞工的就業困難，這使傳統製造業的很多白人藍領抱怨華盛頓精英無視他們的利益，川普這樣一個「反精英」、「反建制派」人物的出現，自然給了他們希望。民眾未必瞭解全球化複雜的經濟關係，而寧願相信一個魅力人物的驚天忽悠——這本來就是民粹運動的特點。然而，美國實行的一人一票選總統（選舉人團制度仍然以此為基礎，只是略加調整而已），[196]恰恰給了川普這類人上臺的機會和可能。這促使人們反思：美國式的大眾民主制度是否到了需要調整甚或重新設計的時候？和這個問題相關的還有移民問題，美國的西裔、亞裔人口正在迅速增長中，若干年後美國選民中非白人比例完全可能大幅提升。這對美國的選舉制

---

[195] 見FT中文網2016年11月29日刊發的福山〈特朗普的美國和新全球秩序〉一文，連結http://www.ftchinese.com/story/001070227?full=y&archive。

[196] 美國大多數州「選舉人團」投票時的「贏者通吃」仍然要建立在本州所有選民投票結果的基礎上。

度意味著什麼？讓普通人都能參政（包括投票選舉國家領導人）本來體現一種崇高理想，但它的前提應是公民政治認知和判斷能力的普遍具備。但至少就選總統而言，這一點事實上是做不到的，因為不能要求每一位普通公民都通曉國內外大事，而他們選的總統恰恰要充當這樣的角色。這自然意味著，全民選總統這種憲政安排本身並不合理，需要改變。[197]英、法、德等歐洲民主國家面臨類似的問題（雖然它們的憲政制度各異，有各種不同的選舉而不一定是選總統），那裡的選民結構都在變化之中。

這只是個例子。西方國家民主架構需要調整、解決的問題還有很多。但，這不意味著民主自身的價值遇到了挑戰，**從社會進化意義上看，民主與專制相比仍然代表著社會進化水平的更高階梯。但民主自身需要完善，尤其是在「新冷戰」、「新叢林」博弈中利益－價值觀雙重交織的這樣一個時代。**只有世界民主共同體更好地處理了內部問題，克服政客的短視和人性的局限，讓民主變得更為堅實、合理，它才能為世界的其他地區樹立榜樣，才能最終戰勝「新冷戰」中紅色帝國和其他專制強權的挑戰。

---

[197] 比如，中國學者周舵就曾提出，應該實行「公民資格考試制度」，每位公民必須在參加全國最重要的投票選舉前達到及格分數，否則沒有投票權。「開車都需要有資格（駕照），大選這麼生死攸關的大事為什麼反倒不需要具備資格？」——見周舵〈圍堵民粹，升級民主〉，載《中國戰略分析》2018年第2期（總第7期），頁29。

（本文作於2018年7月，《中國戰略分析》2018年第3期〈總第8期〉刊發，輯入本書時有若干改動）

新‧座標27　PF0242

新銳文創
INDEPENDENT & UNIQUE

紅色帝國的邏輯：
二十一世紀的中國與世界

作　　者	張博樹
責任編輯	洪仕翰、劉亦宸、石書豪
圖文排版	林宛榆
封面設計	楊廣榕

出版策劃	新銳文創
發 行 人	宋政坤
法律顧問	毛國樑　律師
製作發行	秀威資訊科技股份有限公司
	114 台北市內湖區瑞光路76巷65號1樓
	電話：+886-2-2796-3638　傳真：+886-2-2796-1377
	服務信箱：service@showwe.com.tw
	http://www.showwe.com.tw
郵政劃撥	19563868　戶名：秀威資訊科技股份有限公司
展售門市	國家書店【松江門市】
	104 台北市中山區松江路209號1樓
	電話：+886-2-2518-0207　傳真：+886-2-2518-0778
網路訂購	秀威網路書店：https://store.showwe.tw
	國家網路書店：https://www.govbooks.com.tw

出版日期	2019年4月　BOD一版
定　　價	380元

國家圖書館出版品預行編目

紅色帝國的邏輯：二十一世紀的中國與世界 / 張
博樹著. -- 一版. -- 臺北市：新銳文創，
2019.04
　　面；　公分. -- (新.座標；27)
BOD版
ISBN 978-957-8924-50-5(平裝)

1.中國大陸研究 2.文集

574.107　　　　　　　　　　108004285

讀 者 回 函 卡

感謝您購買本書，為提升服務品質，請填妥以下資料，將讀者回函卡直接寄
回或傳真本公司，收到您的寶貴意見後，我們會收藏記錄及檢討，謝謝！
如您需要了解本公司最新出版書目、購書優惠或企劃活動，歡迎您上網查詢
或下載相關資料：http:// www.showwe.com.tw

您購買的書名：＿＿＿＿＿＿＿＿＿＿＿＿＿＿＿＿＿＿＿＿＿＿＿＿＿

出生日期：＿＿＿＿年＿＿＿＿月＿＿＿＿日

學歷：□高中 (含) 以下　　□大專　　□研究所 (含) 以上

職業：□製造業　□金融業　□資訊業　□軍警　□傳播業　□自由業
　　　□服務業　□公務員　□教職　　□學生　□家管　　□其它＿＿＿

購書地點：□網路書店　□實體書店　□書展　□郵購　□贈閱　□其他

您從何得知本書的消息？

　□網路書店　□實體書店　□網路搜尋　□電子報　□書訊　□雜誌

　□傳播媒體　□親友推薦　□網站推薦　□部落格　□其他＿＿＿＿＿

您對本書的評價：（請填代號　1.非常滿意　2.滿意　3.尚可　4.再改進）

　封面設計＿＿＿　版面編排＿＿＿　內容＿＿＿　文／譯筆＿＿＿　價格＿＿＿

讀完書後您覺得：

　□很有收穫　□有收穫　□收穫不多　□沒收穫

對我們的建議：＿＿＿＿＿＿＿＿＿＿＿＿＿＿＿＿＿＿＿＿＿＿＿＿

＿＿＿＿＿＿＿＿＿＿＿＿＿＿＿＿＿＿＿＿＿＿＿＿＿＿＿＿＿＿＿＿

＿＿＿＿＿＿＿＿＿＿＿＿＿＿＿＿＿＿＿＿＿＿＿＿＿＿＿＿＿＿＿＿

＿＿＿＿＿＿＿＿＿＿＿＿＿＿＿＿＿＿＿＿＿＿＿＿＿＿＿＿＿＿＿＿

11466
台北市內湖區瑞光路 76 巷 65 號 1 樓

秀威資訊科技股份有限公司 　　收

BOD 數位出版事業部

....

（請沿線對折寄回，謝謝！）

姓　　名：＿＿＿＿＿＿＿＿＿　年齡：＿＿＿＿＿　性別：□女　□男

郵遞區號：□□□□□

地　　址：＿＿＿＿＿＿＿＿＿＿＿＿＿＿＿＿＿＿＿＿＿

聯絡電話：(日) ＿＿＿＿＿＿＿＿＿＿＿ (夜) ＿＿＿＿＿＿＿＿＿＿＿

E - m a i l：＿＿＿＿＿＿＿＿＿＿＿＿＿＿＿＿＿＿＿＿＿